Contraste insuffisant

**NF Z 43**-120-14

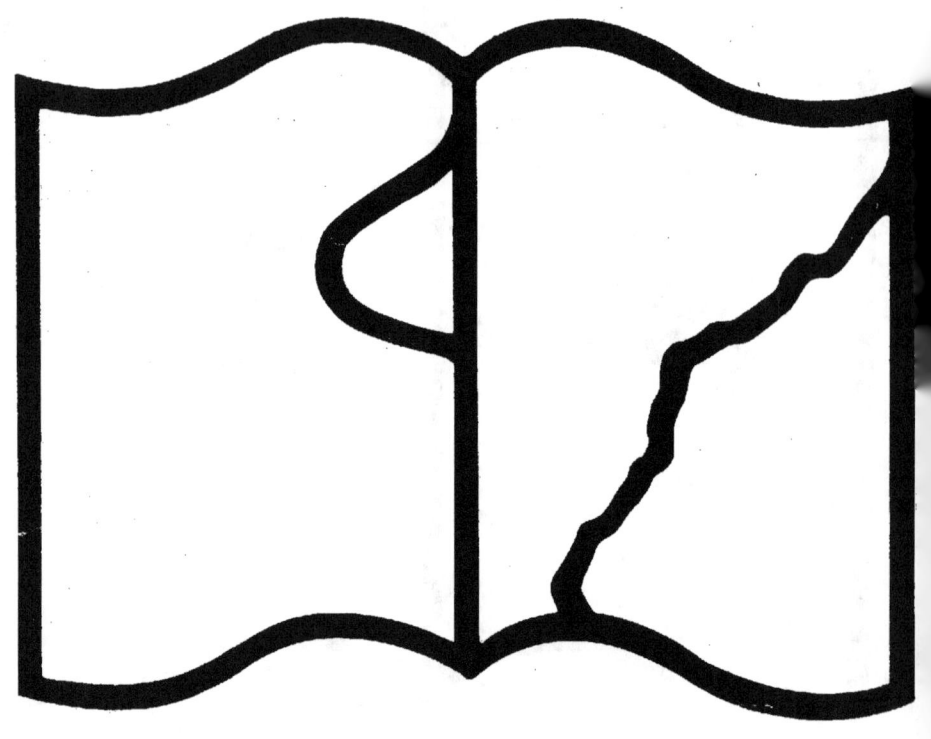

Texte détérioré — reliure défectueuse

**NF Z 43**-120-11

Z. 2193.
A — 10.

20063

# OEUVRES
DE FRANÇOIS
## DE LA MOTHE
# LE VAYER,
CONSEILLER D'ETAT, &c.
Nouvelle Edition revuë & augmentée.
*Tome V. Partie II.*

*avec Privilèges.*

imprimé à Pfœrten,
& se trouve à Dresde
chez MICHEL GROELL.

MDCCLVII.

# AVERTISSEMENT.

Tous ceux, qui connoissent Monsieur de la Mothe le Vayer savent qu'il suivoit la doctrine de Pyrrhon; mais en même tems tous ceux, qui veulent bien lui rendre justice, conviennent, que son Pyrrhonisme n'a rien que de très raisonnable, & que jamais il n'étend ses doutes sur les articles de Foi, ou sur le moindre objet, qui touche la Réligion. Il a lui-même inseré si souvent cette limitation, qu'il seroit tout à fait inutile de la repeter encore. L'on pourroit aussi ajoûter, que ce grand Homme a souvent proposé ses doutes dans la simple vuë de s'amuser, ou pour donner plus de jour à ses pensées, ou pour étaler sa grande lecture. Nous

## AVERTISSEMENT.

avons recueilli dans cette seconde Partie du Tome V. tous les différens petits Traités, qui paroissent avoir été composés à cette fin. Le premier est un Discours pour montrer, que les doutes de la Philosophie sceptique sont de grand usage dans les Sciences. L'auteur étoit déja à sa soixante-troisieme année, lorsqu'il composa cette piéce; mais comme dans l'ordre, que nous avons suivi jusqu'ici, nous nous sommes plûtôt attachés au sujet dont il traite, qu'à l'ordre chronologique, & que même l'auteur n'a proposé dans ce discours, que des Remarques générales pour toutes les sciences, nous avons crû ne pouvoir mieux le placer qu'à la tête des autres.

Le second est un petit Traité sceptique sur cette commune façon de parler: n'avoir pas le sens commun.

L'auteur ne l'avoit composé que pour s'amuser; il est dans le même goût que la Prose cha-

# AVERTISSEMENT.

grine qu'on trouve dans la premiere Partie du Tome III.

*La troisieme Piéce est* un discours sceptique sur la Musique. *Le Pere Mersenne aiant eu dans ses entretiens avec Monsieur le Vayer, occasion de lui parler de ses discours harmoniques, qu'il étoit sur le point de publier, il l'avoit en même tems engagé à lui donner par écrit ses pensées sur la Musique. Monsieur le Vayer se prêta aux intentions du Reverend Pere, & redigea ses idées tout en badinant & à la hâte, & les lui donna. Le Religieux les insera telles qu'il les avoit reçuës, dans son livre; dèsque Monsieur le Vayer les vit ainsi publiées, il en fut de très mauvaise humeur, & se détermina à les retoucher, & les mettre sous une meilleure forme, pour les publier lui-même. Cet ouvrage parût ainsi corrigé dans la premiere édition de ses Oeuvres, à la suite du Traité de l'Immortalité de l'ame. Le libraire donne*

# AVERTISSEMENT.

*pour raison de cet ordre, que ces deux objets n'ont pas si peu de rapport ensemble, qu'il ne se soit trouvé des Philosophes, qui ont crû, que nous ne vivions que par le moïen de la Musique, & qui n'ont pris l'ame, que pour une parfaite harmonie.* Mais nous croions que la place, que nous donnons ici à cette piéce parmi les autres traités sceptiques lui sera tout au moins aussi convenable, pour ne rien dire de plus. Le quâtrième Traité contient des Problemes sceptiques, ou 31. propositions de morale, sur lesquelles nôtre auteur n'a rien oublié de ce qui peut raisonnablement se dire pour & contre de pareils sujets. Comme ces remarques sont très amusantes, elles ne sauroient manquer de plaire aux lecteurs. Le Traité qui suit & qui est le 5ème a pour titre: Doute sceptique, si l'étude des belles lettres est préferable à toute autre occupation? Nôtre auteur aiant lû dans Juste Lipse & dans

# AVERTISSEMENT.

Scaliger, que s'ils avoient des enfans, ils se garderoient bien de les faire étudier, il lui vint dans l'idée de rechercher les raisons, surquoi l'étude des belles lettres avoit tant déplû à ces illustres savans, & il s'imagina que ç'avoit été l'incertitude des connoissances humaines, que ces Héros de la literature avoient enfin reconnuë: il coucha sur le papier ses ideés là dessus & les publia à Paris en 1667. Ses ennemis saisirent avec avidité cette occasion de le dénigrer, & de publier, qu'il étendoit son Pyrrhonisme jusques sur la Réligion.

Mais il est bien aisé de montrer au juste le contraire par le traité même dans lequel l'auteur avouë ouvertement, que son scepticisme est celui d'un chrétien qui respecte les lumieres du ciel, & les verités, qu'il nous a revelées avec une parfaite soumission à ses loix & à celles de l'Eglise.

# AVERTISSEMENT.

*Nous finissons ce Volume par la petite Piéce qui traite du peu de certitude qu'il y a dans l'Histoire. Ce sont des réflexions pleines d'érudition, & qui mettent dans tout son jour le brillant de l'esprit de l'Auteur, aussi bien que son profond savoir.*

# DISCOURS
POUR MONTRER,

QUE LES DOUTES

DE LA

# PHILOSOPHIE
SCEPTIQUE

SONT DE GRAND USAGE
DANS LES SCIENCES.

# DISCOURS
POUR MONTRER,

QUE LES DOUTES

DE LA

# PHILOSOPHIE
SCEPTIQUE

SONT DE GRAND USAGE
DANS LES SCIENCES.

# AU LECTEUR.

L'on dit, que Socrate donnoit à ses disciples ces trois préceptes principaux, de rendre leur esprit recommandable par la prudence, leur visage par la pudeur, & leur langue par le silence; dont le dernier article ne me semble pas moins important que les deux qui le precedent. Et certes si pour remedier à quelque maladie corporelle, un Mecenas, autre que le favorit d'Auguste, eût bien ce pouvoir sur lui d'être trois ans sans proferer une parole; que ne devons nous point faire pour éviter le vice de trop parler, qui rendit dans la fable Tantale si malheureux, & qui dans l'histoire véritable a souvent causé les plus grandes disgraces de la vie. Multi ceciderunt in ore gladii,

Pline lib. 28. c. 6.

Eurip. in Oreste.

A ij

## 4 AU LECTEUR.

*Ecclesiasticus c. 28.* sed non sic quasi qui interierunt per linguam suam. *Ce n'est donc pas sans sujet que les Pythagoriciens respectoient les poissons, comme observateurs du silence; il a sans doute de grands avantages; il faisoit la principale vertu des Areopagites, & Demosthene, tout grand Orateur qu'il ait été, gagna plus à se taire qu'à parler. Les Italiens ont une gentille façon de recommander la taciturnité, quand ils disent proverbialement,* assai sa, chi non sa, se tacer sa. *Aussi mettent-ils entre les plus avisés du siécle, ceux qui sans dire mot, font bonne mine, &, comme ils parlent,* s'ajutano col silentio. *Tant y a que le silence entre même dans les mysteres de la Réligion, & il me souvient d'avoir lû une Rélation du Levant qui porte, que la devotion des Mahometans de l'Etat du Grand Mogol est telle, qu'ils se mettent allant en pélerinage un cadenas à la bouche pour s'empêcher de parler, ne l'ôtant que pour manger.*

*Cependant,* LECTEUR, *ce silence n'est pas toûjours à priser, & il est des tems, où il peut devenir condamnable.* *cap. 30.* *L'Ecclesiastique compare de bonnes pensées dans une bouche toûjours fermée, à ces mets, dont l'on chargeoit autrefois le tombeau des morts,* bona abscondita in ore clauso, quasi appositiones epularum circumpositæ sepul-

# AU LECTEUR.

chro. *Et Seneque proteste dans une de ses Epitres, qu'il refuseroit la Sagesse même, dont il a fait autant d'état que personne du Paganisme, s'il ne la devoit recevoir qu'à cette condition, de la tenir cachée sans la manifester.* Si cum hac exceptione detur sapientia, ut illam inclusam teneam, nec enunciem, rejiciam. *Il est donc des saisons pour se faire entendre, & d'autres pour se taire, dequoi je crois que nous conviendrons aisément ensemble.*

*Mais à quel propos tout ceci, si ce n'est pour vous faire comprendre la perplexité où je me suis trouvé sur l'edition de ce petit livret. Me considérant d'abord dans l'année qu'on appelle la grande climacterique, parce qu'elle est de neuf fois neuf, j'ai pensé, que difficilement j'aurois les Muses favorables, pour mettre au jour quelque chose que vous puissiés approuver, parce qu'étant filles, & comme telles peu portées de bonne volonté pour les vieillards, je ne devois rien esperer de leurs bonnes graces. Ie songeois d'ailleurs, que de mettre la main à la plume sans vous satisfaire de cette sorte de propos, qui pour être accompagnés de plaisir & de quelque utilité n'ont pas accoutumé de déplaire; ce seroit mal emploier mon tems, ou, pour user des termes de Ciceron, faire l'action*

*d'un homme peu judicieux*, hominis intempe-
ranter abutentis & otio, & literis. *Pour vous
en parler franchement, ces considérations, ni
quelques autres que je supprime n'ont pû m'empêcher de contenter mon génie, enclin à cette
sorte de divertissement que je prens à vous communiquer mes petites rêveries. I'avouë que j'ai
aussi quelque sorte d'interêt, de faire paroitre
que la Parque, s'il est permis d'user de ce mot
poëtique, n'a pas encore disposé de moi, de façon
que je continue, sur l'exemple de Diogene, à rouler mon tonneau; & je fais justement ce qui se
dit à Rome, & se fait en beaucoup d'autres endroits,* jo midimeno, per parer vivo.

*Or déja quant au titre de la composition que je
vous présente, il ne vous doit ni étonner ni rebuter, quelque avantageux qu'il soit à la Philosophie
Sceptique, après tant d'autres écrits, qui ont
précedé celui-ci, & ou j'ai témoigné l'estime que
je faisois d'une secte qui s'oppose, sans rien condanner absolument, aux affirmations trompeuses des Dogmatiques. Ie n'empêche personne d'être opiniâtre si bon lui semble, mais qu'on me permette aussi de douter avec une simplicité innocente. Si je me trompe, mon erreur ne sera pas de
celles dont on fait des hérésies, puisque je n'ai ja-*

l. 1. Tusc. quæst.

# AU LECTEUR.

mais honte de me retracter d'une opinion douteuse, pour en prendre une autre, quand elle me paroit plus vraisemblable. La plume du Pan pour
être changeante, n'en est pas moins agréable, ni
moins estimée. Au contraire sa principale recommandation vient des différentes couleurs, dont elle
est susceptible selon ses divers mouvemens. Comme
la meilleure lance, & l'épée dont on fait le plus
de cas, sont les plus souples; le meilleur esprit
est toûjours le plus accommodant, & le moins inflexible. Et puis tous les hommes sont sujets,
humainement parlant, à se tromper, jusques-là
que les Mahometans nomment leur Alcoran le Cotou.
Code de la vérité. En tout cas le titre, dont je c. 3.
viens de parler, ne vous trompera pas, comme ceux
qui ne disent presque rien de ce qu'ils contiennent.
Henri Etienne en mit un à son livre de la Latinité de Lipse, où il ne traitoit quasi d'autre chose
que des moïens de faire la guerre au Turc, ce qui
fut trouvé si ridicule, qu'on l'allongea plaisamment
de deux mots, de latinitate Lipsiana, adversus
Turcam. Les chapitres de Montagne tiennent
beaucoup de cette liberté; & ceux des Moïens de
parvenir sont tout à fait exorbitans, Verville
s'étant plû à les rendre tels, pour couvrir des sa-
letés honteuses & condamnables. Enfin je consens
par complaisance, qu'au lieu de l'inscription que

A iiij

j'ai mife à ce livret, vous lui fubftituiés celle que le Grammairien d'Augufte Cajus Meliffus donna en l'âge de foixante ans à de petits ouvrages qu'il intitula libellos ineptiarum, comme nous l'apprenons de Suetone, s'il eft l'auteur du Traité des Illuftres Grammairiens.

Pour mon ftyle, il eft toûjours le même; j'appuie mes fentimens de ceux des plus grands hommes de l'antiquité, & je les cite fans être plagiaire, n'aiant aucun égard à ceux qui craignent qu'une citation porte préjudice à leur éloquence. Je n'ignore pas, qu'il y a des connoiffances générales, qui tombent dans l'efprit de tous les hommes, mais auffi faut-il avouër qu'une bonne autorité les fortifie merveilleufement. L'importance eft de s'en prévaloir à propos, & avec reconnoiffance. Car il faut diftinguer les Pirates des marchands, & ceux qui empruntent de bonne foi, d'avec les voleurs, qui au fujet, dont nous parlons, s'approprient le bien d'autrui. Avec cette précaution je penfe qu'on fe doit moquer dans le genre d'oraifon didactique, de ceux qui ne vifent qu'à l'élegance des termes, & à la rondeur de leurs periodes, penfant avoir affez fait, fi on ne peut rien leur reprocher fur cela Cependant ce n'eft pas affez de poffeder en ceci une fanté *grammaticale, si l'on ne possede les forces qui doivent accompagner l'oraison;* prope abest ab infirmitate in quo sola sanitas laudatur; *parce que comme porte encore le texte de l'auteur du Dialogue des grands & illustres Orateurs, cette santé ne vient que de jeûnes & d'inanition,* illam ipsam quam jactant sanitatem infirmitate & jejunio consequuntur. *En effet ceux qui sont trop scrupuleux en cela, voulant éviter ce qu'ils croient peut-être faussement être un vice, se voient ordinairement destitués de toute sorte de vertus;* dum satis putant vitio carere, in idipsum incidunt vitium, quod virtutibus carent; *ou bien Quintilien, qui en parle ainsi, n'a pas bien sçû en quoi consistoit la perfection du métier qu'il a si glorieusement enseigné.*

l. 1. Instit. c. 4.

*Les différens jugemens qu'on fait des livres, ne sont pas toûjours des témoignages certains de ce qu'ils peuvent valoir, soit à cause des préoccupations passionnées de ceux qui les lisent; soit à cause de leur incapacité; les liqueurs prenant par force la forme des vaisseaux où elles sont versées,* quicquid recipitur ad modum recipientis recipitur. *Un esprit bien fait prend en bonne part ce qu'un autre ne peut souffrir,* omnia munda mundis; *& en effet, selon qu'AuluGelle l'a curieu-*

l. 17. c. 4.

A v

sement remarqué, de cent & tant de Comedies, dont l'incomparable Menandre fut auteur, il n'y en eût que huit, qui reçûssent l'approbation du peuple Athénien, un Philemon, ou quelque autre d'aussi peu de mérite, lui étant préferé. Et Varron se plaint au même lieu, que des soixante & dix sept Tragedies d'Euripide, cinq seulement emportèrent le prix, qu'obtinrent sur lui de miserables Poëtes qui ne lui étoient nullement comparables. Ajoutés à cela l'iniquité de ceux qui médisent de ce qu'ils tachent néanmoins d'imiter, & qui maltraitent en public des compositions qu'ils étudient en particulier, pour en faire leur profit; ce que Saint Jerôme témoigne qui se pratiquoit dès son tems, quidam, *dit-il*, publice lacerant, quæ occulte legunt. Pour moi je ne puis souffrir dans Denys d'Halicarnasse, qu'on n'attribue à Platon que le plus bas genre d'éloquence, l'accusant de commettre des puerilités, dans le sublime, au sujet de quelques figures poëtiques; car il me souvient de ce que d'autres Gentils ont osé proferer, que Iupiter même n'eût pû s'expliquer en meilleurs termes, ni plus éloquemment que faisoit Platon. Il ne faut donc pas sômettre aveuglément au jugement du commun toute sorte d'ouvrages, comme l'on dit qu'Apelle le pratiquoit des siens. Le peuple est un Mon-

*ep. ad Cn. Pomp.*

## AU LECTEUR.    11

*...re, qui pour avoir tant de têtes n'en a pas plus de cervelle, & à qui un nombre infini d'yeux ne font voir assez souvent les choses que très imparfaitement. Horace s'est contenté d'écrire qu'il se trompoit quelque fois,*

> Interdum vulgus rectum videt, est ubi peccat. ep. 1. l. 2.

*Mais beaucoup de gens ont pensé plus sinistrement que lui des jugemens du peuple, sur tout en matière de livres.*

*Au surplus,* LECTEUR, *je ne vous recommande mon petit ouvrage ni par son éloquence, ni par aucun autre mérite que je lui attribuë; mais si sa sincerité ou quelque autre considération vous portent à le voir, je vous exhorte seulement de le faire sans prévention, & avec l'indulgence que vous demanderiés d'un autre, si vous étiés en ma place. Il s'impriment tous les jours assez de livres, qui vous fourniront toutes les richesses de nôtre Langue, & qui ajouteront à cela mille ingénieuses pensées pour vous plaire; prenés généreusement en bonne part nôtre pauvreté, & trouvés bon, que je vous y convie par les propres termes d'Evandre, lors qu'il reçût Enée chez lui,*

l. 8. Aen.
> Aude hofpes contemnere opes, & te quoque dignum
> Finge Deo, rebufque veni non afper egenis.

*Il me vient encore quelque chofe dans l'efprit, que je ne puis m'empêcher de vous dire ; c'eft que vous pourrés avoir commune cette lecture, telle qu'elle eft, avec les plus grands Princes de la Terre. Voudriés-vous bien après cela me refufer la favorable attention que je vous demande ?*

Phædrus præf. l. 4.
> Dum nihil habemus majus, calamo ludimus.

# QUE LES DOUTES DE LA
*Philosophie Sceptique sont de grand usage dans les sciences.*

CE n'est pas sans sujet, que les meilleures plumes & les mieux taillées, ont nommé la demangeaison d'écrire une maladie d'autant plus dangereuse, qu'elle est incurable *). En effet il est comme impos- *Juvenal.* sible de se défaire de certaines inclinations, qui nous y portent, sur tout quand dans un profond loisir nôtre imagination se forme des sujets, qui semblent convier ceux, qui ont quelque talent pour cela, de s'y appliquer. Je pense qu'on peut comparer leurs mouvemens à ceux des personnes qui aiment extraordinairement le vin, & qui ne sauroient voir une bouteille sans ressentir un transport de joie, que des hommes sobres n'éprouvent jamais. On voit même, que la seule vuë des livres excite un desir de les voir aux hommes stu-

*) Tenet insatiabile multos scribendi cacoëthes.

dieux, dont d'autres qu'eux ne font nullemènt touchés; ce qui part fans doute d'un même principe. Pour moi, je reffens quelque chofe, qui a du rapport à la morfure de la Tarentule, qui fait danfer tous les ans, dit-on, ceux qui en ont été piqués une fois, fans qu'ils s'en puiffent empêcher. L'année paffée je la barboüillai un peu de papier, comme j'avois fait les précedentes, & celle-ci, qui eft ma grande climacterique, j'ai de la peine a n'en pas faire autant. La Minerve qui m'infpire eft femblable à celle des Athéniens, qu'ils nommèrent Ἐργάνην, ou laborieufe, voulant dire que ceux, qu'elle regardoit d'un œil, ne devoient pas demeurer oififs, parce qu'elle defiroit qu'ils fiffent quelque chofe digne d'elle.

Cependant il femble que ce foit mieux le fait d'un jeune homme, que de ceux qui me reffemblent, d'expofer fi hardiment au jour ce qui vient d'eux, tant parce que la jeuneffe obtient aifément une favorable indulgence pour tout ce qu'elle produit; qu'à caufe que fes premiers ouvrages ont je ne fai quel charme qui les recommande, de même que les premiers fleurs du Printems font toûjours trouvées les plus agréables, encore que ce ne foient pas affez fouvent les plus belles. Les personnes d'âge au contraire ont ce grand désavantage, qu'on ne peut souffrir d'elles la moindre bévuë, si ce n'est qu'on dise par raillerie qu'elles retournent en enfance, *bis pueri senes*, & qu'elles commancent à radotter. Il est certain qu'on voit assez de vieillards, qui sont plûtôt éblouïs par les lumieres qu'ils ont autrefois possedées, qu'elles ne les éclairent dans leur arriere saison; & qu'on ne peut pas toûjours dire d'eux avec raison le mot de Plaute,

*Sapienti ætas condimentum est, sapiens ætati cibus est:* [in Trinummo act. 2. sc. 2.]

Puisqu'on voit si souvent, que la sagesse dont ce Poëte parle, & le bon raisonnement, ne tiennent pas à la vieillesse une fort fidele compagnie.

Si est-ce que les productions d'esprit des jeunes gens sont ordinairement si précipitées; & ils les exposent au jour avec une ardeur tellement inconsidérée, qu'on n'a pas mal comparé leurs premieres compositions à l'écume d'une marmite qui commence à bouïllir, & qui n'est bonne qu'à jetter derriere les tisons. Tous ceux qui ont ressenti l'impetuosité de ce premier feu de jeunesse ne s'offenseront pas d'une si basse & si desavantageuse comparaison, & m'aideront, je m'assure, à soutenir, que leurs pensées telles qu'ils les conçoivent & enfantent prématurément, n'ont pas encore mauvais rapport à ces grenouïlles d'Eté, qu'une pluie chaude semble faire tomber du Ciel, & sauter aussi-tôt qu'elles sont animées. C'est pourquoi Pline le Jeune pour condanner une méchante déclamation que l'Orateur Regulus avoit publiée sur la mort de son fils, use fort ingenieusement de ces termes de mépris, *credas non de puero scriptam, sed a puero.* Sans mentir, il doit être de toutes nos meditations studieuses, quand nous voulons les communiquer au public, à peu près comme des vignes qu'on cultive soigneusement. Elles veulent être traitées & coupées, *) tant pour les empêcher d'avoir trop de mauvais bois, que pour rendre leur fruit plus abondant & plus agréable; à quoi les diverses façons que leur donnent les bons vignerons ne contribuent pas peu. Toutes les saillies de l'esprit, telles que les ont ordinairement les jeunes gens, ne doivent pas être admises dans des compositions qu'on veut faire estimer, & si l'on ne repasse dessus à diverses reprises pour en ôter les superfluités, aussi bien que pour leur donner ces derniers traits que

*marginalia:* l. 4. ep. 7.

*marginalia:* Virg. Georgic.

―――
*) Dura exerce imperia & ramos compesce fluentes.

que la peinture appelle si bien des finissemens, jamais elles ne passeront pour des piéces de maitres, dont la posterité doive faire quelque cas.

Cela présupposé de la sorte l'on ne se doit pas rebuter de ce que des personnes d'âge osent quelquefois publier de leurs veilles, sur tout quand ce n'est qu'une suite de ce qu'ils ont fait par le passé avec quelque succès. La Republique des Lettres est absolument populaire, tout le monde y est reçû à donner son avis; & l'on n'y a jamais vû, comme dans la Romaine, *sex agenarios de ponte dejicere*, de quelque façon que ces termes doivent être entendus. Elle écoute favorablement les sentimens de toute sorte de personnes, pourvû que ces sentimens méritent d'être écoutés. Et j'ai vû des compositions à qui l'on pouvoit donner le nom Espagnol de *olla podrida*, qui ont passé pour excellentes; aussi est-ce un des bons mets qui se serve sur la table de nos voisins. Tout ce qui est requis à ceux qui se mêlent de faire connoitre ce qu'ils pensent, c'est de le faire mûrement lorsqu'ils ont assez de loisir pour cela, & que ce qu'ils ont à dire vaut mieux que le silence. Car les anciens ont eu raison de loger les Muses au haut d'une montagne, pour dire que ceux, qui veulent courtiser ces aimables filles, doivent être hors du bruit, & des interruptions du monde. Et l'on peut ajoûter, que ceux, qui ont le plus de part en leurs bonnes graces, n'ont pas moins besoin de calme & de profond repos, pour la production de leurs ouvrages, que les Alcions pour élever heureusement leurs petits.

*Deus nobis hæc otia fecit.*

Or je me trouve dans une position, où par la grace de Dieu, & par la bonté des Princes que j'ai servis, je puis emploier quelque reste d'un honnête loisir à suivre l'inclination que j'ai toûjours euë de communiquer charitablement à d'autres, les petites vûës que m'ont fourni les livres dont j'ai fait le plus doux divertissement de ma vie. J'espere qu'il se trouvera des personnes qui ne m'en sauront pas moins de grè, que je me suis senti redévable à ceux de qui j'ai reçû un pareil bienfait, lorsque comme mes devanciers & mes guides, ils m'ont informé de beaucoup de choses dont je leur suis redévable. Ne laissons donc pas nonobstant nôtre caducité, de rouler à l'exemple de Diogene nôtre tonneau selon la petite portée de nos forces. Les soldats nommés Veterans parmi les Romains n'étoient pas toûjours exemts de continuer leur métier, nonobstant le privilège de leur âge,

& de leurs longs services. Seneque nous l'apprend dans ses Controverses en ces termes, *Si magnum aliquod bellum incidit, tunc & Veterani vocantur ad arma.* Nous portant à cette action volontairement & sans nécessité, elle en sera plus méritoire. Mais je suis toûjours retenu par la considération de ce qu'est obligé de faire celui qui met la main à la plume, tant à l'égard du langage, que des choses dont il veut entretenir son Lecteur. Car encore que l'élegance du discours n'entre point en comparaison avec la pensée, qui en est sans doute la principale partie; si est-ce qu'on peut soûtenir qu'en quelque façon, l'éloquence & le beau debit des paroles sont presque à présent aussi nécessaires à un livre que le bon sens, dont toute sorte de personnes ne sont pas également touchées. De même qu'aujourd'hui pour paroitre honnête homme, un bel habit n'est pas souvent moins requis, que le bon esprit & le mérite, parce que nous sommes en un tems où les beaux habits sont pour le moins autant considérés que ceux qui s'en couvrent, & qui nous imposent & nous trompent presque toûjours par l'éclat de ces mêmes habits, & par ce qu'ils appellent le bel air, dont ils les accompagnent. Or suivant cette comparaison, je ne me suis jamais beaucoup peiné de rendre confidérable ce dont je voulois m'expliquer fur le papier, par des termes fardés & peniblement arrangés, mon humeur prompte, & affez d'autres raifons, m'aiant toûjours fait negliger un foin, dont affez de gens font leur capital. Il y a donc grand fujet de pefer un peu fur ce point, & peut-être de m'empêcher de paffer outre, étant bien difficile de s'ajufter avantageufement, lorsqu'on s'habille à la hâte, & qu'on ne fe foucie pas d'être brave.

Pour ce qui concerne la matiere, & le fujet d'un difcours, dont je pourrois entretenir le Lecteur, en me divertiffant moi même le premier, felon que j'en ai ufé jufqu'ici, c'eft furquoi je me trouve encore le plus embaraffé. J'ai renoncé il y a long-tems à la Poëfie à caufe de fa contrainte & du préjudice qu'elle peut caufer, fur tout en Cour, à ceux qui s'y adonnent; & pour avoir reconnu, que ma naiffance ne m'avoit pas donné le talent qui doit venir d'elle, fi l'on y veut bien reüffir. Je me repréfentois ce qu'a obfervé Octavius Ferrarius dans fes difcours fatyriques, qu'un vieillard favant & excellent Poëte, aiant foutenu que le mot *Luculeus*, dont avoit ufé le Pape dans un Poëme, étoit barbare & non Latin, il fut difgracié, & reduit à mendicité.

*Ob hoc ea pœna dicta est, ut cum sua Latinitate simul ac paupertate consenesceret.* Ne lui eût-il pas mieux valu de n'avoir jamais grimpé sur le Parnasse. Ce n'est pas que je ne l'estime beaucoup ; mais il faut avouër, qu'à moins d'y exceller c'est un miserable métier, & que la mediocrité, qui est une si grande vertu dans toute la Morale, est presque un vice insupportable dans la Poësie. Il faut aussi ne faire autre chose que la cultiver, si l'on veut y être de quelque consideration, ce que mon esprit ne pouvoit goûter. L'on sait que Virgile ne fit jamais de bonne prose, comme s'il y avoit de l'antipathie entre ces deux facultés ; me souvenant à ce propos que le Pere Bourbon, si capable d'en juger, attribuoit là-dessus, & comme en riant, quelque avantage à Buchanan sur ce Prince des Poëtes Latins, pour nous avoir donné de si beaux vers, & tout ensemble des compositions en prose, de si grande valeur que nous les avons de lui. Boccace excellent Auteur en prose Toscane, aiant commencé par un fort bon vers son Decameron, reçût ce mot de raillerie, qu'il n'en faisoit de bons qu'en prose. Petrarque a écrit dans le même sentiment d'un Donatus Padoüan, qu'il eût été le plus grand Poëte de son tems, sans son application à la Jurisprudence, ou, pour parler comme lui, *Niſi Iuris civilis ſtudium amplexus, novem Muſis duodecim tabulas immiſcuiſſet.* C'eſt ſur cela qu'eſt fondée la raillerie qu'on fit d'un autre, auſſi mauvais Auteur proſaïque, qu'il compoſoit d'excellens vers; quand l'on dit qu'il reſſembloit à l'hirondelle, en ce que marchant mal, il ne laiſſoit pas néanmoins de voler fort bien.

Sans mentir, l'entouſiaſme d'un grand Poëte le fait voler bien haut; & c'eſt par cette conſidération qu'on a nommé la verſification le langage des Dieux. Il ne laiſſe pourtant pas de l'être auſſi de ceux, qui n'ont pas le cerveau trop bien timbré, témoin ce bourgeois de Syracuſe dont parle Ariſtote, à qui l'alienation d'eſprit faiſoit faire de ſi beaux vers; & la verve d'un Du Lot, connu de nos jours pour enfant du Parnaſſe, pourroit être rapportée à ce propos. Mais autant qu'il eſt conſtant que tous les Poëtes ne ſont pas fous, autant eſt-il certain, que tous les fous ne ſont pas Poëtes. Tout ce qu'on peut dire avec quelque apparence de vérité, c'eſt que généralement parlant, il eſt des vers de nôtre poëſie comme des hommes, en ce que la plus grande partie ſont méchans. Cela va à la recommandation des bons, puiſque la rareté donne le prix preſque à toutes choſes. Du

*30. ſect.
probl.*

este on ne sauroit nier, que comme la prose sert ordinairement à expliquer des pensées sérieuses & raisonnables; la Poësie ne soit principalement occupée à des discours fabuleux, qui ne reüssissent bien que dans la fureur; & à représenter des visions qu'Apollon lui inspire, qui sont la plûpart du tems chimeriques & évaporées. Sans mentir, il y auroit dequoi s'étonner, que son extravagance l'eût fait appeller, comme nous venons de le dire, le langage des Dieux; mais c'est plûtôt ce qu'elle a d'ailleurs d'excellent & d'ingenieux, qui la fait ainsi nommer.

Quant au stile libre, & sans contrainte de pieds mesurés, & de rythmes, ou plûtôt de rimes Françoises, il a plus de conformité avec mon génie, grand ennemi de la contrainte; mais comme toutes choses sont mêlées en ce monde, on l'emploie assez souvent à des narrations aussi peu à priser par un Lecteur judicieux, que toutes les fables de l'Helicon. Je serois donc fort aise, que ma prose s'occupât sur quelque matiere qui meritât mieux l'attention des honnêtes gens, que beaucoup de compositions qui sortent tous les jours de dessous la presse, dont on peut dire ce que Plaute a prononcé des nouvelles Comedies dans le prologue de sa Casine,

B iiij

*Multo funt nequiores quam nummi novi.*
C'est ce qui me fait apprehender de n'être pas plus heureux que les autres, & qu'une même censure ne m'envelope avec ceux, que je ne puis pas m'empêcher de condanner. Il faut pourtant que je déclare ici librement, que je ne puis être de l'avis de ces rigides Critiques, qui dans l'une & l'autre éloquence, oratoire, & poëtique, défendent la lecture des livres, où parmi de bonnes choses & fort instructives, il s'en rencontre quelquefois quelqu'une, qui choque leur humeur chagrine, & qu'il seroit peut-être à souhaiter qui n'y fût pas. Saint Jerôme, tout austere qu'il étoit, & tout rempli des graces du Ciel, se recréoit souvent l'esprit, comme il l'écrit lui-même, dans les Comedies de Plaute, qui ne sont pas toûjours exemtes de paroles & d'actions qu'une bonne Morale ne sauroit approuver. Saint Chrysostome ne faisoit pas difficulté non plus de se divertir avec Aristophane, qui prend encore plus de licence dans son Grec, que l'autre ne fait dans le Latin. Tant il est vrai, que les ames les plus saintes ont cherché quelque relâche dans la lecture de certains Auteurs, qui leur plaisoient en ce qu'ils avoient de bon, encore que le mal y fût mêlé, dont ils savoient bien se défendre.

*ad Eustoch. de virg.*

Car il ne faut pas déferer à ce que Platon a écrit dans son Timée, & dans son Cratyle, qu'on doit croire par le respect des loix & des créances reçûës, ce que les poëtes ont dit fabuleusement des Dieux. Aussi s'en est-il retracté dans ses livres de la République, d'où il a chassé les Poëtes, & où il avertit Adimantus que de tels discours peuvent scandaliser tout le monde, & qu'on les doit sur tout supprimer à l'égard des jeunes gens; ce que Theodoret a merveilleusement bien examiné dans son troisiéme discours qui est des Anges. Or ce n'est pas seulement au sujet des contes d'Homere, d'Hesiode, & de leurs semblables, qu'on doit être averti, de ne pas prendre les choses à la lettre, *litera occidit, spiritus autem vivificat*. Il y a des proses qui ne sont pas moins à craindre que la Poësie, & dont les narrations, du tout contraires aux bonnes mœurs, sont absolument à rejetter. Mais il s'en trouve aussi d'autres dans l'un & l'autre genre d'écrire, qui pour avoir des défauts & des macules, de même que les corps celestes qui nous éclairent, ne doivent pas être condannées, à cause de ce qu'elles ont de bon, à l'égal des ouvrages tout à fait scandaleux.

Je rapporterai volontiers pour cela le sentiment de ce Leonard Aretin, aussi considérable par son mérite, qu'un autre de son nom est en détestation à cause de ses sales impietés. Celui dont je veux parler est qualifié par Trithemius, grand Philosophe, Orateur & Historien, étant decedé en l'an mille quatre cent quarante trois. Il a fait entre autres ouvrages un petit traité qu'il adresse sous ce titre, *De studiis & literis*, à la savante Isabelle Malateste. Là il lui soutient que les libertés des Auteurs anciens ne la doivent pas empêcher de voir leurs ouvrages, qui ont beaucoup d'autres choses à estimer, puisque nous lisons mêmes dans la Bible des exemples d'assez d'actions, qui ne sont pas à imiter. Par exemple, ce qu'elle apprend de Samson amoureux de Delila, qui lui coupa le cheveu fatal d'où dépendoit sa force: L'inceste des filles de Loth: L'abomination des Sodomites: L'adultere criminel de David avec la femme d'Urie: Le fratricide de Salomon, & ses débauches avec tant de concubines, qui le firent sacrifier à de faux Dieux. Car, insiste nôtre Leonard, ce qui se voit dans la Bible devant être tenu très véritable, fait par consequent une toute autre impression sur nos esprits, que des Metamorphoses d'Ovide, reconnuës pour fabuleuses de tout le monde. Elles s'interpretent toûjours allegoriquement, & ne manent jamais de sens moraux, ou physiques, considérables. Ne sait-on pas que les intentions d'Homere, & de la Théogonie d'Hesiode, ne nous obligent pas non plus à les prendre à la lettre? Ni les amours d'Enée & de Didon à être tenus pour historiques, puisqu'ils n'ont pas vécu en un même siécle?

S'il étoit besoin d'ajoûter quelque chose aux pensées de ce savant homme, je les fortiferois de celles de saint Basile, qui les confirme si bien dans son Homilie vint quatriéme, qui est du moïen de profiter de la doctrine des Gentils: Et j'observerois ici comme les Mousis & autres Interpretes de l'Alcoran de Mahomet, disent, qu'il faut prendre les plaisirs de ces belles femmes du Paradis que promet ce faux Prophete, comme l'on fait les baisers du Cantique des Cantiques, que les Chrétiens expliquent toûjours mysterieusement. Ceci soit simplement dit contre la trop grande rigueur de quelques Critiques, qui priveroient la République des Lettres d'une partie de ce qu'elle conserve de plus précieux, s'il faloit condanner au feu tous les volumes, & entre autres ceux de la premiere classe, parce qu'ils ont un peu de Zizanie mêlée parmi le meilleur grain que nous possedions.

Je ferois bien fâché qu'on prit au defavantage de la Poëfie, ce qu'avec ma franchife ordinaire je viens de proferer, qui tient un peu de la raillerie. Il s'en faut tant, que j'aie aucun mépris pour un art reconnu divin presque par tous les grands efprits, qu'à peine me puis-je empêcher par le refpect de nos autels, d'appeller Saints après Ennius fes principaux Profeffeurs. Les autres fciences, dit Ciceron, s'apprennent par l'étude, & par une grande application, mais celle-ci vient du Ciel, & il n'y a que Dieu & la nature qui en gratifient ceux qui doivent y exceller, *fiunt Oratores, nafcuntur Poëtæ.* C'eft fur cette confidération qu'eft fondé ce vers d'Ovide.

*Quotque aderant vates, rebar adeffe Deos.*

l. 3. de Laud. Stillic.

Et j'ofe dire avec Claudian, qu'il n'y a perfonne qui ait quelque talent digne d'être eftimé, qui ne faffe grand état de la Poëfie;

*Carmen amat quifquis carmine digna facit.*

Or afin qu'on ne penfe pas, que les feuls favoris du Parnaffe parlent ainfi, en s'applaudiffant à eux-mêmes, je veux me fouvenir ici des actions de deux des plus célébres hommes qu'ait eus la Grèce; qui nous feront voir ce qu'ils penfoient des Poëtes, par le refpect qu'ils ont porté au chef de leur famille. Alcibiade donna un foufflet à je ne fai quel mai-

e d'Ecole, qui n'avoit point d'Homere. Et
lexandre le Grand voiant venir vers lui un
ourier avec un air de visage fort gai, & une
ouche riante: Qu'est-ce qu'il y a, lui dit-il,
t-ce que tu m'apportes la nouvelle qu'Ho-
ere est ressuscité? Certes le riche coffret
e Darius, où ce Conquerant renfermoit les
uvres d'Homere, ne témoigna point si bien,
e me semble, la véneration qu'il avoit pour
a poësie, que de semblables paroles. Plutar-
ue compare dans la vie de Timoleon, l'Iliade
& l'Odyssée de ce coryphée des Poëtes, avec
excellente Peinture d'un Nicomachus, en ce
que les ouvrages de l'un & de l'autre parois-
ant fort faciles, leur excellence néanmoins
es rendoit inimitables. Et je me souviens,
que Scipione Ammirato en dit autant du Poë-
e Arioste, & du Peintre Andrea del Sarto, à
ause de leurs agréables compositions, qui
semblent les plus aisées du monde à imiter,
bien que leurs naïvetés soient inexprimables.
Tant y a qu'à l'égard d'Homere, l'on peut
dire qu'il a été admiré dans toutes les professions; & nous voions dans Suidas qu'un Ari- *ad vocem*
stocles Messenien, Philosophe Péripatéticien *Aristo-*
composa dix livres de Philosophie, où il dou- *cles.*
toit que Platon dût être préferé à Homere.

Quoi qu'il en soit, l'on ne sauroit nier que de tout tems les excellens Poëtes n'aient reçû des honneurs presque divins; n'y aiant eu que les moindres, comme mal voulus d'Apollon, qui aient été quelquefois diffamés. Car les Athéniens ne furent blâmés, comme l'observe Dion Chrysostome dans sa trente uniéme oraison, d'avoir donné une statuë à un Poëte Phénicien, que pour ce qu'étant des derniers de sa profession, ils avoient placé cette statuë auprès de celle de l'incomparable Menandre, & avoient même attribué le surnom d'Olympien, ou de Divin, à un sujet si peu digne de le recevoir. Nôtre Grand Henri IV. se railla par une indignation aussi juste qu'on en prit contre les Athéniens, d'un Poëte qu'il n'estimoit pas, le voiant dans un carosse traîné par six chevaux, au retour de Savoie où il avoit fait quelque fortune: Jamais, dit ce Prince spirituel, il n'eût fait en France un si bon sixain que celui qui le tire. Mais les Poëtes célébres ont été en toute saison, & presque en tous lieux traités favorablement; & quand Oppien reçût de Marc Antonin, pour chaque vers d'un Poëme, qu'il lui présenta, *staterem aureum*, ce qui monta, selon le calcul de Suidas, à vingt mille écus d'or, l'on ne peut pas dire, que la Poësie fût en petite considération.

*tom. 2. p. 321.*

l'excellente a toûjours été respectée, & ce n'est pas Oppien seul qui a fait *aurea carmina*, aussi bien que Pythagore. En vérité je ne puis approuver le mot de Mairet, quand dans sa lettre au Duc d'Ossone il n'a pû s'empêcher d'écrire, que Desportes Abbé de Tiron avoit lui seul recueilli les recompenses de tous les Poëtes ses devanciers, ses contemporains, & ses successeurs.

Je viens de faire une digression, que je ne puis m'empêcher de trouver moi-même un peu longue, pour une personne qui ne fait pas état d'avoir long tems la main à la plume. Un Episode doit être proportionné à la piece, comme la voile au vaisseau; autrement ce n'est plus une digression, c'est une pure transgression. Mais cependant il m'est arrivé en quelque façon comme à Diogene le Cynique. Quelqu'un se moquoit de lui, de ce qu'il faisoit le Philosophe, encore qu'il ne fût nullement savant: C'est philosopher, lui repartit Diogene, de contrefaire le Philosophe, *si Philosophiam simulo, hoc ipsum philosophari est*. A la vérité l'on en voit beaucoup, qui selon cette maxime passent pour d'autant plus grands personnages, qu'ils savent mieux couvrir leur jeu. Tant y a que pour faire quelque reduction du mot de Diogene à ce qui m'arrive;

cherchant le sujet & la maniere d'entretenir un Lecteur avec quelque agrément, & si faire se pouvoit avec quelque utilité, il se trouve qu'insensiblement j'ai presque fait un livre, suivant le dessein que j'ai eu dès le commencement, de n'en grossir pas beaucoup le volume. Ce n'est pas que je ne sache bien, que la grandeur ne préjudicie jamais aux bonnes choses & qu'on en a dit toûjours comme des oraisons de Ciceron, que la plus longue étoit sans doute la meilleure. *Vt aliæ bonæ res*, dit Pline le Jeune écrivant à Tacite, *ita bonus liber quisque melior est, quo major. Vides ut statuas, signa, picturas, hominum denique multorumque animalium formas, arborum etiam, si modo sunt decoræ, nihil magis quam amplitudo commendat.* Mais parce que ce n'est pas souvent la masse qui fait les gros livres, les superfluités, les mauvais discours, les landes, & ces païs vuides, où Balzac disoit qu'il faloit faire vint lieuës pour trouver un clocher, étant ce qui cause ordinairement la pesanteur des volumes; j'ai grand sujet, me connoissant comme je fais, de reduire à peu ce qui vient de moi, & de me souvenir de ce que prononça en riant le Cardinal du Perron d'une composition du Pere Coëffeteau, qu'il faloit l'excuser de l'avoir donnée si grande qu'elle étoit, parce qu'il n'avoit

*l. 1. ep. 20.*

-oit pas eu assez de tems pour la rendre petite.

Enfin pour nous determiner, *& per entrar hormai nello steccato,* comme porte le proverbe Italien, à quel sujet nous attacherons-nous qui puisse mériter quelque attention, & dont le discours vaille la peine de noircir le papier, plus estimable peut-être dans la blancheur que je lui ferai perdre. Certes la Sceptique Chrétienne a trop de pouvoir sur mon esprit, pour me laisser le chois libre, & son *Epoque* ou suspension, son *acatalepsie*, ou incomprehensibilité, à l'égard des connoissances humaines, ont jetté de trop profondes racines dans mon ame, pour hésiter tant soit peu là-dessus. Cette Philosophie fournit toûjours de si belles & de si charmantes considérations, qu'il est bien difficile de lui en préferer d'autres; & quoique la secte des Réaux ou des dogmatiques ait aujourd'hui de puissans protecteurs, & qu'elle emporte les prix dans les Ecoles sur celle des Nominaux qu'Ocham disciple de Scot avoit si bien restaurée; si est-ce qu'il se trouve toûjours assez de clairvoians, qui sont persuadés du bon droit de cette derniere. En vérité elle ne veut pas détruire absolument toute la science, mais lui otant ses notions universelles & chimeriques, qui lui servoient de fondement, & la reſtraignant aux ſeuls noms, qui occupent tous nos raiſonnemens, elle s'eſt montrée fort bonne amie de la Sceptique. C'eſt de quoi ſe plaint un ancien Philoſophe dans le cinquiéme livre des Tuſculanes de Ciceron, *nos in vocibus occupatos verba tantum fundere;* mais c'eſt auſſi un des principaux argumens ou moiens de l'Epoque. Or parce que nous avons déja parlé de cette Sceptique en beaucoup d'endroits, & montré, qu'il n'y a point de Philoſophie ſéculiere qui s'accommode mieux qu'elle à ce que nous devons croire, pourvû qu'on en retranche ſelon l'avis de Gregoire de Nyſſe ce qu'elle a de charnel, & qui lui eſt auſſi-bien qu'aux autres Philoſophies, dit ce Pere, comme un prépuce qu'il faut couper; je me contenterai de toucher ſommairement ce qui la concerne, *ſumma ſequar faſtigia rerum*, & je tâcherai d'abreger ce que j'en dois dire d'autant plus commodément, que ce ſera pour ne rien repeter de ce qu'elle m'a fait écrire ailleurs.

<small>in myſt. enarr. vitæ Moſis.</small>

Elle forme des doutes ſur tout ce que les Dogmatiques établiſſent le plus affirmativement dans toute l'étenduë des ſciences, & cela ἀδοξάστως, *citra ullam opinationem*, à cauſe qu'elle doute même de ſes doutes. Or parque les premiers, & peut être les plus [gr]ands Philosophes ont limité le nombre des [sci]ences à trois, d'où vient peut être qu'on [ne] connoissoit de leur tems que trois Muses, [qu]'on a depuis multipliées jusqu'à neuf, nous [no]us contenterons de faire nos réflexions prin[ci]pales, sur la Logique, la Physique, & la [M]orale, qui sont ces trois principales, qui [pe]uvent aisément faire remarquer l'incertitu[d]e de toutes les autres disciplines. Car en[c]ore que leur nom Grec ἐπιστήμη, semble ve[n]ir du repos d'esprit qu'elles donnent ἀπὸ τῆς [στ]άσεως, dautant, disent les prétendus savans, [q]u'on ne se peine plus quand on sait, *ratiocinamur enim ne ratiocinemur*; si est-ce que s'ils veulent mettre la main à la conscience, ils seront contraints d'avouer que plus on sait, plus on est travaillé du desir d'acquerir de nouvelles connoissances, & d'un ennui de savoir si incertainement ce qu'on veut faire passer pour science. Tantale est représenté dans la fable, comme un des plus savans de son siécle; la pierre qu'il roule incessamment, est ce desir penible & perpetuel de connoitre davantage, *qui addit scientiam, addit & dolorem;* jusqu'à ce que voulant passer au delà des bornes de nôtre humanité, & discourir des choses d'enhaut, qui est comme dérober le feu du

C ij

Ciel, son nectar, & son ambrosie; il reçût la punition qui le rendit le plus malheureux des hommes. En effet, il arrivera toûjours, que comme l'ambition & l'envie de s'exalter, rendit miserables ces Anges, qui se vouloient égaler à Dieu; le desir de trop savoir, au lieu de nous rendre plus éclairés, nous jettera dans des tenebres d'une profonde ignorance, qui n'est pas une des moindres disgraces que nous puissions souffrir ici bas, *ex appetitu potentiæ lapsi sunt Angeli, ex appetitu scientiæ homines.* Certes nous sommes trop mortels, & nôtre condition humaine est trop infirme, pour arriver de nous mêmes à la connoissance des choses divines & immortelles.

Je dois parler ainsi, parce qu'on a fort bien dit, que de prétendre discourir des sciences sans recourir à Dieu, c'est comme vouloir traiter des couleurs, & ignorer ce que c'est que la lumiere. Les Païens même ont reconnu cette vérité, quand ils ont écrit,

*A Iove principium Musæ.*

Et Avicenne, tout Mahometan qu'il a été, confessoit, qu'il avoit plus appris en priant Dieu, qu'en étudiant, ou selon ses propres termes traduits en Latin, *quod plures intellexerat difficultates orando Deum, quam præceptorum consulendo.* J'avouë que ce mot est

*in semita sapient.*

d'un infidele, mais il pourroit être d'un Evangeliste, tant il est rempli de pieté, de bon sens, & d'instruction. Clement Alexandrin a crû qu'Aristote n'étendant la Providence divine que jusqu' aux choses sublunaires, il avoit appris cette doctrine du Psalme trente-cinquiéme de David, où ces mots se lisent, *Domine, in cælo misericordia tua, & veritas tua usque ad nubes.* Si ce Philosophe a pû borner la providence de Dieu par un texte, qu'il interpretoit mal, n'étoit-il pas à plus forte raison obligé, de donner les mêmes limites à la science humaine, quand elle se met en quête de la vérité, sans vouloir penetrer jusqu' à des intelligences motrices, escaladant tous les Cieux pour placer dessus son premier moteur. Certainement s'il avoit eu connoissance des livres hagiographes de l'ancienne Loi, selon la pensée de ce Pere Grec, dont je ne suis pas fort persuadé, il auroit mieux fait de déferer à ce que l'Ange Uriel revèle à Esdras, que terrestres comme nous sommes, nous ne pouvons tous seuls élever nos speculations au dessus de la terre, *qui super terram inhabitant, quæ sunt super terram solummodo intelligere possunt.* Et il auroit appris du même Auteur, qu'il y a une science d'enhaut, que Dieu seul confere, &

*l. 5. strom.*

qui se fait bien autrement ressentir, quand on l'acquiert, que les sciences humaines, puisqu'Esdras témoigne qu'en avalant celle-ci en forme de potion cordiale, *cor suum cruciabatur intellectu, & in pectus suum increscebat sapientia.* Tous les savans de l'antiquité ont crû, que la philosophie des Grecs, & toute leur doctrine, leur étoit venuë d'Egypte, ou du moins de Syrie & de Phenicie, soit par l'entremise de Cadmus qui l'y porta, soit par Pythagore qui eût pour précepteur Phérecydes Syrien. Et neanmoins ils se trompoient lourdement, sur tout à l'égard de ce dernier, qui n'étoit nullement de la Syrie Asiatique où est la Palestine & la Phœnicie, mais qui avoit pour patrie l'Isle de Syros située dans la mer Egée. D'ailleurs Diodore Sicilien s'oppose à tout cela, & maintient que les Grecs avoient enseigné les lettres & les sciences aux Egyptiens, quoique la mémoire de toutes choses s'étant perduë en Grece par le Déluge, les premiers eussent été depuis contraints de s'aller faire instruire en Egypte; & il fortifie son dire par ce qu'il suppose être constant, que les Athéniens avoient bâti la ville de Saïs dans la même Egypte avant le Déluge. Quoiqu'il en soit, cette opinion de la science des Egyptiens qu'ils communiquoient aux autres nations, a té si généralement reçûë, que Saint Basile *Hom. 24.* dans une Homelie, que j'ai déja citée, croit, *de leg. lib.* que Moïse fut leur disciple aux études humai- *Gentil.* nes, aussi bien que Daniel celui des Chaldéens, ce qui fut à tous deux comme une introdu- ction aux Lettres divines. Je crois qu'il faut suivre ici, quoi qu'en une matiere différente, l'opinion de Galien, qui veut, qu'on se rap- *De opt.* porte aux choses douteuses à ce que les Phi- *doc. gene-* losophes & les savans ont determiné, de mê- *re.* me que les hommes qui ont la vûë courte croient les clairvoians touchant les objets éloi- gnés. Or d'où nous peut venir la connoissan- ce certaine des choses divines, que de ceux à qui le vrai Auteur de toute science les a revelées ?

Mais joignons de plus près le sujet que nous avons pris, & commençons par la Lo- gique. Que les doutes de la Philosophie Sce- ptique soient bien fondés à l'égard d'une scien- ce, qui n'est proprement que l'art de rendre ce qui est faux, vraisemblable, peu de personnes équitables feront difficulté de se le persuader. En effet, c'est une des plus ordinaires occupa- tions de la Dialectique, ou Logique, ne met- tant point ici de différence entre elles, de faire ce que Ciceron appelle, *aucupia verborum*, & *proCæcin-* *literarum tendiculas struere.* C'est pourquoi *na.*

dans l'oraison où il parle ainsi, il se plaint de celui, qui se servoit d'un si mauvais moïen contre lui, *me ex hoc vt ita dicam campo æquitatis, ad istas verborum angustias, & ad omnes literarum angulos revocas.* Aristophane a pris sujet là dessus de dire injurieusement de Socrate, qu'il étoit λεπτοντάτων λήρων ἱερεύς, *subtilium nugarum Sacerdos.* Et Origene dans une Homelie sur l'Exode, compare pour cela cette Dialectique, à l'espece de vermine, qui fit une des sept plaïes dont Dieu affligea les Egyptiens, *cum plaga cyniphum qua vexata fuerunt Ægyptii.* Cependant, il n'y a rien de plus contraire à la vraie Philosophie, que cette façon captieuse de déguiser la vérité, qu'elle cherit sur toutes choses, & qu'elle respecte jusques dans la bouche de ses adversaires, aussitôt qu'elle l'y peut appercevoir. Platon ne reconnoit dans le cinquiéme livre de sa République pour Philosophes, que ceux qu'il nomme τῆς ἀληθείας Φιλοθεάμονας, *veritatis inspiciendæ cupidos*, les autres qui se contentent des apparences trompeuses de la vérité il les appelle seulement *Philodoxes*, ou amateurs de leurs opinions, qu'ils defendent ordinairement par de mauvais moïens plus fortement que les bonnes. Et Seneque qui n'ignoroit pas, comme demi-Stoïcien, tous les

*in Nebulis, act. 1. Sc. 4.*

tours de souplesse dont fait user la Logique, s'en moque presque dans tous ses raisonnemens. *Ego non redigo ista*, dit-il dans une de ses Epitres, *ad legem dialecticam, & ad illos artificii veternosissimi nodos.* Il proteste ailleurs, que c'est degrader la Philosophie, & lui faire perdre tout ce qu'elle a de grand & de majestueux, de la reduire à ces artificieuses bagatelles, *Philosophiam in angustias ex sua majestate detrahere. Laterunculis ludimus*, dit-il, *in supervacuis subtilitas teritur. Quæ philosophia fuit, facta philologia est.* Ne vous amusés jamais à cela, continuë-t-il, que quand vous voudrés perdre le tems ridiculement, *hoc age cum voles nihil agere.* Ce que vous croiés qui fait vôtre esprit subtil, l'émousse, & le rend de nulle considération, *hæc ingenium minuunt & deprimunt, nec ut putas exacuunt, sed extenuant. Transcurramus solertissimas nugas.* Le malheur est, ajoûte-t-il encore, que ceux, qui s'accoutument aux subtilités Dialectiques, outre l'humeur contentieuse & disputative qu'ils acquierent, & qui les rend très importuns, s'y plaisent quelquefois de telle sorte, qu'ils abandonnent la bonne méthode de discourir, pour de telles sornettes & puerilités. *Adjice nunc quod assuescit animus delectare se potius, quam sanare; philosophiam oblectamentum facere, cum remedium sit.*

Ep. 82. 102. 106. 108. 117.

Et néanmoins cette Dialectique, toute Sophistique qu'elle est, se vante dans Martianus Capella d'être heureusement passée du haut d'un rocher d'Egypte, dans les belles plaines de la Grèce, d'où Marc Varron la fit venir le premier en Italie, lui apprenant à parler Latin, *Marci Terentii primam me in Latinam vocem pellexit industria, ac fandi possibilitatem per scholas Ausonias comparavit.* Or la plus grande partie de ses finesses, procede de ce que Chrysippe soutient contre Diodore dans Aulu Gelle, qu'il n'y a point de mots, qui ne soient ambigus, ce qui trouble l'esprit, & rend nos discours trompeurs. L'Espagnol se rit de ces équivoques fallacieux, quand il dit proverbialement, *pato, y ganso, y ansaron, tres cosas suenan, y una son.* Mais un peu de Logique naturelle nous peut aisement tirer de toute la perplexité, que ces termes peuvent engendrer, aussi bien que des surprises, qui viennent des argumens que l'Ecole nomme *Cornus*, ou de ceux que Plutarque appelle *Indiens*. Une petite pincée, un *pugile* de cette Logique naturelle vaut mieux, selon qu'on parle vers les Pyrenées, que les deux mains pleines de celle qui nous impose & nous trouble l'esprit par ses artifices. Je ne veux point me souvenir ici de toutes ces façons d'argu-

Liv. 11. o. 12.

tr. de sanit. tuenda.

menter, que la savante barbarie des Colleges debite sous le nom de *Modales*, & qui font peine seulement à les prononcer ; il me suffira de dire, qu'il en est comme de la mémoire artificielle, qui ruine fort souvent celle, dont la nature nous a pourvûs. Je disois une fois à un de ces doctes, qui embarassent assez souvent les compagnies avec leur jargon scholastique, qu'il nous parlât un peu plus intelligiblement, lui ajoûtant ce mot ancien des Grecs, dont la langue ne lui étoit pas inconnuë, ni à ceux qui étoient présens, ἀμαδεςερον πῶς εἰπε, καὶ σαφέσερον, *indoctius rudiusque quodammodo loquere, sed clarius.* Sa réponse fut assez plaisante, que chacun s'expliquoit à sa mode, & qu'au surplus, si je le trouvois un peu obscur, ce qui pouvoit venir aussitôt de moi que de lui, que je me souvinsse en tout cas, *damnatum esse Luciferi nomen*, & qu'il y a de trop grandes lumieres, qui sont plûtôt nuisibles qu'utiles à la vûë.

Que si nous tombons d'accord, que la Logique, comme nous l'avons écrit ailleurs, n'est pas inutile souvent à tirer de bonnes & justes consequences, de certains antecedans dont l'on a convenu ; cela n'empêche pas que les doutes de la Sceptique ne soient de très bon usage, pour éviter les piéges qui nous sont si souvent tendus par les Dialecticiens. Ils ont à leur solde les Grammairiens, dont un ancien a dit, que toute la sagesse, ou plûtôt selon Aristote la faculté, δύναμις, consistoit à se servir des mots avec adresse, *Grammatica sapientia tota est in verborum aucupio posita.* Car si nous n'usons d'une exacte suspension d'esprit, il est presque impossible de n'être pas attrapé par les plus grands parleurs, & souvent les moins véritables des hommes. Pline a dit des Oiseaux, que les plus petits étoient ceux qui chantoient davantage, *avium loquaciores quæ minores*; il se trouve de même qu'entre les personnes dont nous traitons, celles qui ont le moins de raison, ont presque toûjours le plus de babil & d'invincible opiniâtreté. Cela procede du même principe, qui a fait, que d'autres hommes qu'Aristote appelle grossiers & rustiques, sont encore les plus sententieux, γνωμοτύποι, & par là les plus ridicules & importuns de tous. Vous en verrés d'aussi transportés pour se faire entendre, que l'étoit Themistocle, quand il dit à Eurybiade qui ne le vouloit pas écouter, *feri, sed audi*, πάταξον μὲν, ἄκουσον δὲ, ne se souciant pas d'être batu, pourvû qu'il lui donnât audience. Mais faisons ici une pause, *qui faciamo punto*, pour passer à ce qui regarde la Physique.

*Liv. 11. c. 51.*

*L. 2. Rhetor c. 22.*

*Plutar. in vita Them.*

La science naturelle qui porte ce nom Grec, contemple toute la nature; de sorte qu'on ne peut pas dire, que l'esprit humain puisse prendre un plus digne objet, sur tout y considérant l'auteur de cette même nature, sans lequel on n'en peut prendre connoissance. C'est-pourquoi Seneque se proposant de traiter de sa plus basse partie au quatriéme chapitre du sixiéme livre de ses questions naturelles, il se demande ingenieusement à lui même, quelle recompense il se peut promettre de son travail, & il s'assure qu'elle sera la plus grande qu'on puisse recueillir en ce monde, de connoitre cette belle nature. *Quod, inquis, erit pretium operæ? quo nullum majus est, nosse naturam.* Et exagerant cela au chapitre suivant à sa mode & selon la réligion de son tems, il admire la grandeur du génie des premiers Philosophes, qui ont pénetré jusqu' aux entrailles de la terre, pour y rechercher les causes de ses tremblemens, *magni animi res fuit, rerum naturæ latebras dimovere, nec contentum exteriori ejus conspectu, introspicere, & in Deorum secreta descendere.* Car cette science est si diffuse, que non contente de s'élever jusqu' au Ciel, & de descendre jusqu' au centre de l'Univers, elle oblige l'esprit qui s'en entretient, de se réfléchir sur lui même, & d'acquerir par ce moïen la plus utile & la plus rare de toutes les connoissances, qui est celle de soi même. En effet la plûpart des hommes ont cela de commun avec leurs yeux, qu'ils croient voir & connoitre toutes choses, quoiqu'ils ne se voient, ni ne se connoissent pas eux mêmes. La considération du grand monde nous découvre plus que toute autre chose la nature du petit; comme celui-ci dont nous portons le nom, expose à nôtre entendement par rapport les parties qui composent le grand. Donnons-en ce seul petit exemple. Nous admirons sur tout en ce dernier, l'attraction du fer par la pierre d'Aiman, que la force admirable a fait nommer *lapidem Herculeum*; l'attraction que font les parties de nôtre corps des alimens qui leur conviennent, n'est peut-être pas moins merveilleuse dans nôtre microcosme. *Nihil est aliud nosse seipsum, quam totius mundi naturam nosse,* dit l'extrait de la vie de Pythagore, dressé par le Patriarche Photius.

Mais que savons-nous, si Dieu agrée là-dessus nôtre curiosité, lui qui nous cache les causes, dont nous voyons seulement les effets, & de qui nous tenons cette maxime, *gloria Dei est celare verbum*. Il est certain, qu'au jeu qui se voit de ces petites figures que nous

## PHILOSOPHIE SCEPTIQUE. 47

pellons Marionettes, le maitre, qui les fait muer, s'offenseroit, si on levoit le tapis, qui couvre les ressors d'où viennent tous leurs mouvemens. Cette comparaison me fait souvenir de ce que Platon définit ainsi la Nature, *Natura nihil aliud est, quam infimum divinæ Providentiæ instrumentum*, qu'elle est le plus bas instrument dont se sert la Providence divine. Et une telle définition nous doit plaire d'autant plus qu'elle présuppose que Dieu, comme auteur de la Nature, la fait agir selon sa divine conduite. Car Democrite qui rioit de tout, nous permettra de rire à nôtre tour de ses atomes, dont il vouloit, que la rencontre fortuite eût produit le Monde, & tout ce qu'il contient. Je croirois aussi-tôt, que les lettres de l'Alphabet broüillées dans un sac, & puis jettées sur une table, auroient pû hazardeusement composer l'Iliade d'Homere, ou la plus belle des Tragedies de Seneque. De semblables opinions ne méritent que la raillerie; & je trouve que l'Evêque Dionysius a eu raison de s'en servir contre Epicure dans Eusebe, lui reprochant, qu'il n'avoit logé ses Dieux que dans le Vuide, au lieu du Ciel & de l'Olympe des Poëtes, outre qu'il ne les y repait que d'une Ambrosie & d'un Nectar composés d'atomes. Le dilemme de

*l. 1. de leg.*

*l. 14. præp. Eu ap. ult.*

Velleius dans Ciceron n'est pas plus à mon gout: Que si Dieu a fait le Monde pour nous, il faut que ç'ait été ou en faveur des Sages, qui sont en trop petit nombre; ou en considération des fous, ce qui est absurde des deux côtés. Nôtre témerité seule, pleine d'impieté, nous peut faire parler ainsi, comme encore prendre sujet de médire à l'occasion des monstres, de Dieu, & de la Nature. Certes Saint Augustin a très bien répondu à de telles instances, & à de si frivoles argumens: *Qui totum inspicere non potest, tanquam deformitate partis offenditur, quoniam cui congruat, & quo referatur, ignorat.* Notre courte vûë qui ne voit & ne considére qu'une partie du total, jointe à nôtre ignorance, nous donnent de si folles pensées.

 Il est plus difficile de se satisfaire sur ce qui semble passer les forces de la Nature, & qui nous paroit contraire à toutes ses regles. Car l'on est alors contraint de recourir à celui qui est au dessus d'elle; & Pline dans les tenebres du Paganisme, s'est vû réduit sur un moindre sujet à prononcer, qu'il ne faut jamais chercher les causes, ni les raisons, de ce que fait la Nature, mais se contenter de reconnoitre sa volonté: *Non est quærenda ulla in parte Naturæ ratio, sed voluntas.* Or cette volon-

*l. 1. de nat. Deor.*

*l. 6. de civ. Dei. cap. 8.*

# PHILOSOPHIE SCEPTIQUE. 49

ne sauroit être bien interpretée que de celle de Dieu, qui est son Créateur, & celui qui dirige toutes ses operations comme il lui plait. Cependant beaucoup de gens savans ont été persuadés que c'étoit penser plus hautement, & parler plus réligieusement de la Divinité, de dire qu'elle ne renverse jamais l'ordre naturel, qui vient d'elle, l'aiant une fois établi, & approuvé, *vidit Deus omnia quæ fecerat, & erant valde bona.* La Nature est l'ouvrage des mains de Dieu; & quelle apparence y a-t-il, de supposer qu'il agisse comme un vil artisan, qui rompt le sien, ou en change la disposition quand il commence à lui déplaire? Lorsque Moïse a écrit: *In principio Deus creavit cœlum & terram*, l'ancienne interpretation Chaldaïque portoit, *cum sapientia Deus creavit, &c.* Sur ce que le mot de sagesse & celui de principe signifient en Hebreu une même chose; de même que la diction *In*, peut encore être traduite *cum*, selon que Leon Hébreu l'a curieusement observé dans son troisiéme Dialogue, où il me souvient qu'il fait une grande instance, pour conclure, que les choses bonnes & sagement établies ne sont pas sujettes au changement. Je laisse le maxime Péripatétique, qui veut, que la nouveauté des effets denote & infère quelque nouveauté en

*Tome V. Part. II.* D

leur cause, *novitas in effectu infert novitatem in causa*, ce qui pourroit être tourné contre Dieu, qu'on ne sauroit sans blasphême, & sans s'impliquer en quelque contradiction, rendre sujet au changement, ni à la moindre nouveauté, parce qu'il seroit, & ne seroit pas Dieu, s'il en étoit capable. Ce n'est donc que pour montrer par de tels discours, qu'humainement parlant tout est problematique dans la Physique, & que par consequent tout y est exposé aux doutes de la Philosophie Sceptique, n'y aiant que la véritable science du Ciel, qui nous est venuë par revelation divine, qui puisse donner à nos esprits un solide contentement avec une satisfaction entiere.

Ce qui m'a fait soupçonner, que nous pouvions être trop curieux à rechercher les causes de tous les effets de la Nature, dont Dieu est le Directeur aussi bien que le Créateur; c'est que la Sainte Ecriture nous apprend, qu'on doit respecter les Souverains de la Terre jusqu' à ce point, de ne vouloir jamais pénétrer dans leurs secrets, parce qu'aussi bien leur cœur n'est pas reconnoissable non plus que la hauteur du Ciel, & la profondeur de la Terre. *Cœlum sursum, & Terra deorsum, & cor Regum inscrutabile.* Elle nous avertit de plus, qu'encore qu'on trouve quelque dou-

*Prov. Salom. c. 25.*

eur d'abord, à prendre connoiſſance de leurs deſſeins, autant qu'il ſe peut faire; c'eſt un miel dangereux, & qui ruine à la fin celui qui en prend trop, *ſicut qui mel multum comedit, non eſt ei bonum; ſic qui ſcrutator eſt Majeſtatis, opprimetur à gloria.* Je ſai bien que l'Ange Raphaël, parlant aux deux Tobies, ſem- *Tob. c. 12.* ble former cette diſtinction, qu'autant qu'on doit ſe taire du ſecret des Rois, autant doit-on publier les œuvres du Tout puiſſant? *Sacramentum Regis abſcondere bonum eſt, opera autem Dei revelare & confiteri honorificum eſt.* Mais pour les publier il faut qu'ils nous aient été revelés de bonne part, & cette revelation doit venir d'enhaut, puiſque c'eſt le propre des vrais Prophetes, de recevoir cet enthouſiaſme, & de nous inſtruire fidélement des choſes du Ciel, auſſi bien que des véritables effets de la Nature, dont tous les Philoſophes n'ont eu qu'une connoiſſance douteuſe & imparfaite.

C'eſt ce qui animoit contre eux le vieil Caton, ſoutenant que Socrate même n'étoit qu'un babillard, comme Plutarque nous l'apprend dans la vie de ce Romain. Et en vérité, il faut avouer, que la ſubtilité de la Nature dans toutes ſes operations, ſurpaſſe de beaucoup celle de l'eſprit humain; & que

D ij

nous ne commettons pas une petite faute, quand nous la voulons assujettir aux regles des Mathématiques, ou aux fines conclusions de la Logique, comme depuis peu l'on a tâché de faire inutilement. Toutes les sciences ont leurs racines, dit fort bien un Auteur moderne, si vous les en separés, il est impossible qu'elles produisent rien de bon. La Physique, aussi bien que l'homme consideré comme une plante humaine, a les siennes en haut, dans de certaines dispositions du Ciel qui nous sont presque toutes inconnuës, & la Nature dépend absolument de la nuë volonté de son Créateur, qui ne la manifeste, que quand il lui plait, & à ceux qu'il veut gratifier. Les autres, quelques habiles qu'ils soient, ressemblent ordinairement à ce Margites d'Homere, qui savoit beaucoup de choses sans en savoir bien aucune,

*Multa quidem noverat, sed male noverat omnia.*

Comment serions-nous bons Physiciens, si nous nous assujettissions servilement aux maximes, soit d'Aristote, soit d'Euclide, dont l'on fait aujourd'hui si grande conscience de se départir? Et de quel front pourrons-nous dénier à l'auteur de la Nature, la faculté de la faire agir quelquefois contre ses regles or-

*Verulamius.*

naires ? *Solet quippe Natura hisce quasi digressionibus extra chorum saltare, ut extraordinaria varietate universi pulchritudinem augeat.* Mais c'est que, comme l'a fort bien pensé Ciceron au cinquiéme livre de ses questions Tusculanes, *Rerum naturam, quam errorem nostrum damnare malumus,* nous aimons mieux donner le tort à la Nature, & peut être à son Auteur, que d'avouer nôtre ignorance. Que si nous tenons raisonnablement pour certain en Politique, qu'un Souverain qui a fait la Loi, n'y est pas absolument soûmis, & la peut casser : Et si les Docteurs en Droit Canon, soutiennent hardiment, que jamais le Pape ne se lie les mains quelque Decret qu'il fasse ; Dirons-nous que Dieu, dont la Souveraineté & la Puissance sont sans pareilles, ne puisse pas disposer quelquefois les causes secondes contre l'ordre ordinaire de la Nature, ce qui peut rendre excusables les doutes qui se forment sur beaucoup de maximes de la Physique. Cependant si l'on a tant soit peu recours dans des évenemens extraordinaires à la cause premiere, l'on dit incontinent, que c'est se jetter dans le commun azile des ignorans. Le grand dictateur Aristote, qui s'est rendu maitre de l'Ecole à l'Ottomane, en aiant chassé autant qu'il a pû tous ses competiteurs, n'a jamais expliqué nettement ni fidélement ce qu'il penſoit de la Nature. Ses Interpretes Grecs l'ont nommé pour cela une Sphynge, qui ne propoſoit, non plus que la Thebaine, que des énigmes indiſſolubles. Et Themiſtius l'un des plus eſtimés d'entre eux, témoigne, que ce Prince des Péripatétiques enſeignoit toute autre choſe en particulier à ſes amis, que ce que contiennent ſes livres *epoptiques* ou *acroamatiques*, ainſi c'eſt folie de penſer, qu'on puiſſe recueillir ſes véritables ſentimens. Son eſprit qui ne découvroit jamais toutes ſes penſées, étoit taillé, comme beaucoup d'autres le ſont, en forme de pyramide, qui cache toûjours un de ſes côtés. Les ſciences donc, & principalement la Naturelle, étant ſi incertaines, ce n'eſt pas ſans ſujet, que les Egyptiens, qui ſacrifioient aux inventeurs des choſes utiles à la vie, ont plus déifié d'animaux, que nous nommons déraiſonnables, que d'hommes; parce que l'inſtinct naturel des premiers leur a fait trouver une infinité de choſes très profitables; au lieu que tous nos diſcours raiſonnés n'engendrent la plûpart du tems que de fauſſes doctrines, qui bien loin de nous ſervir, ne cauſent dans nôtre ame que des perplexités. Cela m'a toûjours fait approuver ce qu'Arrien dit ſi bien à un, qui fe croioit grand Philofophe. *Tu* *In Epict.* *nihil aliud es, quam frigida & futilis opiniuncu-* *l. 3. c. ult.* *la, ex verborum futelis contexta, è quibus tanquam tenuiffimo pilo dependes.* Une telle définition peut paffer pour auffi propre aux Sophiftes de ce tems, qu'à ceux du fien.

Que fi defcendant du général au particulier de la Phyfique, nous y confidérons la varieté des opinions humaines fur toutes fes parties, nous ferons fans doute encore plus confirmés à tenir la fufpenfion de la Philofophie Sceptique abfolument néceffaire. Les principes de cette fcience naturelle, fes Elemens, & tout ce qui en dépend, font autrement envifagés par les uns que par les autres; & les Sectes différentes des Philofophes ont donné plus de combats, & avec plus de violence & plus d'opiniâtreté, fur tout ce qui concerne le Monde, & fa conftitution; que tous les Conquerans n'ont fait pour s'en rendre les Maitres. Le feu, l'air, l'eau, & la terre, ont été diverfement définis; tant à l'égard de leur fituation, que de leurs qualités, jufqu' à foutenir que la terre étoit la plus legere de tous les Elemens, & que le Ciel d'aujourd'hui n'a plus que la lie de fes influences; ce que nous avons examiné ailleurs affez par le menu, pour n'en faire pas ici une ennuieuse répétition. Je laisse à part les animaux *amphibies*, dont la catégorie est si douteuse; témoin le Boramets, qu'Olearius met à préfent proche de la Volga, & dont il me semble que Paufanias a parlé il y a longtems dans ses Laconiques, lorsqu'il a écrit, *Agnus vitex ex viminum genere in Laconia, per umbilicum adnectitur, & circa se herbam depafcitur, cujus caro tenerrima est, & exquifiti faporis*. Pourquoi n'en fera-t-on pas auffitôt un animal, que de le ranger avec les plantes, puifque le Loup n'en est pas moins friand que des Brebis, avec la même antipathie reciproque. L'homme, entre tous les corps animés, est celui, qui comme interefsé en fon propre fait, a excité fur son fujet les plus grandes noifes. Ses sens, tant externes qu'internes, n'ont pû recevoir de regle certaine, soit pour ce qui touche leur nombre, soit pour ce qui concerne leurs fonctions. Et l'ame incapable par ses feules & propres forces de se refléchir fuffifamment fur elle même, est demeurée quelquefois miferablement dans l'incertitude de son immortalité; puifqu'Aristote fuppofant le Monde éternel, & niant qu'il y eût rien d'actuellement infini, a fait croire à quelques uns de ses Interpretes, qu'il la tenoit mortelle, dont je me fuis efforcé de montrer l'abſurdité, & la vicieuſe conſequence, dans un Traité fait exprès.

Je laiſſe mille choſes douteuſes & conteſtées dans cette ſcience, parceque ce ne ſeroit jamais fait de les vouloir toutes rapporter. A-t-on jamais été d'accord ſur la nature des Vents? Les ouragans, dont le nom étoit inconnu avant la découverte du nouveau Monde, ſont admirables ſur tous les autres. On les peut nommer une conſpiration générale, mais periodique, de tous les vents, qui font le tour de la Bouſſole en vint quatre heures. Et eux ſeuls pouvoient faire dire avec raiſon aux Peres du Collège de Conimbre, qu'il n'y a rien de plus inconnu dans le Monde, *vt ingenue fateamur, hoc unum eſt ex iis quæ in Naturæ contemplatione magna ex parte latent.* Auſſi ont-ils interpreté ce mot de l'Ecriture, que Dieu tire les vents de ſes Tréſors, de ce qu'ils ſont produits par les cauſes les plus cachées de la nature, *Deus produxit Ventos de Theſauris ſuis, id eſt de occultis Naturæ cauſis.* Le flus & le reflus de la Mer agite encore tous les jours les eſprits. Elle étoit compoſée des larmes de Saturne ſelon la Théologie des Egyptiens, comme nous l'apprenons de Plutarque dans ſon Traité d'Iſis & Oſiris. Et nous liſons de même dans

Origene, que Celsus citant un livre d'Enoch, attribuoit la chaleur de quelques fontaines aux pleurs des mauvais Anges. Ceux qui font le Monde un grand animal, ont mis son nez dans le profond de l'Ocean, voulant que sa respiration causât ce mouvement si précis & si bien reglé, qu'on peut nommer une *systole* & une *diastole*. La plus commune opinion porte, qu'il n'est fait que pour nous. Cependant les anciens se sont querellés sur cela, comme sur tout le reste. Seneque reconnoissant, que l'influence des Cieux nous est fort utile, se raille néanmoins de ceux qui pensent qu'ils ne roulent sur nos têtes, que pour nôtre avantage, *majus illis propositum est, majorque actus sui fructus, quam servare mortalia*. Sextus Empiricus ne peut souffrir en plusieurs lieux, que l'homme se croie le seul object de la Providence divine. Et les Epicuriens reprochent dans Origene aux Stoïciens cette folle pensée, que le Monde fût créé plûtôt en faveur de l'homme que du reste des animaux. Souvent on attribuë à dessein, ce qui n'est que contingent dans la nature. Ainsi les chats pourroient s'imaginer, s'ils en étoient capables, que les rats & les souris ne sont que pour les engraisser. Et ainsi Scaliger étoit persuadé, que la grosse

*Lib. 5. contra Celsum.*

*Salmas. de ann. Clim.*

*L. 6. de Benef. c. 23.*

*Adv. Math. p. 188. & 272.*

*Lib. 4. contra Celsum.*

*Exerc. 244. in Card.*

queuë du Renard lui avoit été donnée par la Nature, pour cacher ce qui est dessous, *Certe*, dit-il, *agnosco naturæ pudorem*. En vérité il faut avoir bonne vuë, & l'imagination fort fine, pour s'en appercevoir. Bien est-il certain, que les Bêtes sont considérées avantageusement en beaucoup de lieux de la sainte Ecriture. Dans l'Exode Dieu commande, qu'on laisse reposer la Terre toutes les septiémes années, *ut comedant pauperes, & quicquid reliquum fuerit edant bestiæ agri*. Il défend au Levitique de faire accoupler des animaux de différente espéce. Au vint deuxiéme Chapitre du Deuteronome, il ne veut pas, qu'on prenne tout d'un coup la mere & les petits oiseaux; ni qu'on fasse labourer le Bœuf & l'Ane à un même joug, vraisemblablement parce qu'il y auroit trop à travailler pour eux. Et dans le livre des Nombres un Ange reprend Balaam d'avoir frappé jusqu'à la troisiéme fois son Anesse qui lui avoit sauvé la vie. Aussi voit-on que Mahomet, qui respectoit à sa mode le vieil Testament, admet dans sa Zuna des Moutons pour être habitans de son Paradis.

Parlons franchement: si l'on en jugeoit par les apparences, n'y a-t-il pas assez de fois plus de différence d'homme à homme, que d'homme à bête; ce qui doit faire trouver moins étranges les obfervations, que nous venons de faire. Il y a des livres faits exprès pour montrer la fpiritualité des animaux, & qu'ils ont quelque ufage de raifon, ce qui m'empêche de m'y arréter. Je remarquerai feulement ce que Le Vaffeur Beauplan a dit dans une rélation moderne, qu'il y a dans l'Ucraine, province de Pologne, où il a longtems féjourné, des animaux nommés Bobaques de la forme des Lapins de Barbarie, dont l'efprit republiquain, porté à vivre en communauté, me paroit fans comparaifon plus confidérable, que celui des abeilles & des fourmis. Il affure, que ces Bobaques logent ordinairement dix ou douze ménages enfemble, avec chacun leur demeure à part, qu'ils font tous hermaphrodites, & qu'ils ont leur magazins & leurs cimetieres, ce qui montre qu'ils obfervent une police exemplaire. Tant y a que les Mufulmans font mine d'avoir les animaux en telle eftime, que leurs plus grandes avanies & injuftices contre les Chrétiens, s'exercent fur le prétexte de venger les cruautés, dont l'on ufe quelque fois en leur endroit. Un Bacha d'Alep fit paier à un marchand Chrétien quatre mille écus, pour avoir trop chargé un Ane, qu'on lui foutenoit en être mort; parceque, difoit le Bacha, il devoit répondre en l'autre Monde de ce cruel traitement, s'il n'en faifoit une punition fuffifante. Ceci fait voir, comme toutes les opinions de la Phyfique font problematiques, puifque celle même de nôtre fuperiorité à l'égard des autres animaux reçoit tant d'exceptions, & eft fi fortement debatuë.

Toutes les connoiffances fubalternes à la Phyfique ne peuvent pas avoir plus de certitude qu'elle, qui leur fournit le fondement de ce qu'on y trouve de folide, & de confidérable. La Médecine, qui eft une des principales, nous peut fervir d'exemple. Je ne fai, fi c'eft le peu d'emploi que je fais de fes remédes, qui m'empêche d'en concevoir toute la haute eftime que d'autres en ont; mais pour moi, je ne lui puis dónner d'autre rang, que celui qu'on doit accorder à un Art de pure conjecture, toûjours incertaine, & le plus fouvent trompeufe. Hippocrate même *Epift. ad* a reconnu fon malheur, en ce qu'on attribuë *Democr.* fes cures ou fes bons fuccès à Dieu, & que quand elle ne reüffit pas, celui qui en fait profeffion tombe dans le mépris. J'ai honoré le Médecin dans mes premieres années felon le précepte divin *propter neceffitatem,* ma fanté étoit alors fort vacillante, fort peu constante, &, pour user des termes du poëte Comique, *magis varia quam Panthera*. Depuis elle est devenuë toute autre, & je puis dire dans mon arrierefaison, que je suis

> *Præcipue sanus, nisi cum pituita molesta est.*

N'imputons pas à la Médecine d'être contraire à la santé. Ce bien, sans lequel tous les autres biens ne sont rien, porte le nom de *Hygie*, qui selon les Grecs étoit fille d'Esculape, sœur de Panacée, & par conséquent propre à combattre tous nos maux. Mais tant y a que sans me comparer à un Empereur, j'ai crû avec Tibere qu'après la trentiéme année de nôtre âge, il étoit aucunement honteux d'avoir recours aux Médecins pour se maintenir en santé. L'on attribuë souvent à la Médecine ce qui vient d'ailleurs, & comme Quintilien le prononce *non medicina sanat, sed quicquid videtur sanasse, medicina est.* Quoi qu'il en soit, ce n'est pas merveille de ne priser que mediocrement une profession, dont l'on croit se pouvoir passer;

*Ovid. l. 3. el. 3.*
> *Firma valent per se nullumque Machaona poscunt,*
> *Ad medicam dubius confugit æger opem.*

Ni mes petites études, ni la constitution de mon esprit médiocre, ne m'ont jamais alteré à complexion; comme il arrive à ces beaux & grands Esprits, qui font des couteaux si tranchans, que la gaine, où ils se renferment, ne leur peut pas servir long tems.

Ce que la Médecine a de fort avantageux, c'est qu'encore qu'un Barbarisme diffame un Grammairien; que le solecisme fasse de même perdre le credit à un Orateur; & qu'une longue syllabe pour une breve ôte la reputation à un Poëte; un Médecin tuë son malade impunement, la terre couvrant ses fautes, sans qu'on les lui impute. Mais je m'empêcherai bien d'exagerer cela davantage, ni de me souvenir ici du mot de Diogene sur la contestation survenuë entre un Médecin & un Jurisconsulte, quand il rendit ce jugement que je ne veux pas traduire en François, *præcedat fur, sequatur carnifex.* Il est certain qu'encore que l'exterieur des hommes ne soit pas si différent que le dedans qui ne se voit point, & qui dépend de la diverse temperature des Elemens dont nous sommes composés; le plus court, le plus sûr, & le plus ordinaire est d'attribuer tous les évenemens de la Médecine, ou aux dereglemens d'un malade incorrigible, ou à sa Destinée, qui avoit déterminé la durée de ses jours, *& angustias sive artis, sive mentis humanæ, ad in-*

*vidiam referre fatorum.* Aussi les plus habiles de ce métier savent si bien aller au devant des plus fâcheux accidens d'une maladie, qu'ils établissent leur reputation sur leurs prédictions, qu'elle étoit incurable, *& maxima* [Declam.] *scientiæ pars esse cœpit,* disoit Quintilien de son tems, *sanare non posse.* L'on peut donc conclure avec lui, *Fato vivimus, languemus, convalescimus, morimur. Medicina, quid præstas, nisi ut juxta te nemo desperet?* Car quelque peril qu'il y ait pour un malade, ils ne portent jamais les choses au dernier desespoir, & seroient conscience, comme peut-être y en a-t-il sujet de procurer une douce mort à ceux qu'ils jugent ne la pouvoir éviter; selon [p. 222.] l'avis du Chancelier Bacon dans son augmentation des sciences, *quod Medici deberent faciliorem & mitiorem exitum e vita procurare.* Au lieu de cela quelques uns ont eu recours à la superstition des paroles, comme Quintus Serenus Sammonicus le leur reproche. Après le *gramen,* ils emploient le *carmen,* pour user des termes de ce Marcellus, qui a écrit de la Médecine sous le vieux Theodose:

*Nam est res certa saluti*
*Carmen, ab occultis tribuens miracula verbis.*

L'on s'en mocque & avec raison; mais il faut excepter les paroles qui se proférent en forme de

# PHILOSOPHIE SCEPTIQUE.

de prieres, comme le terme ordinaire, *Dieu vous assiste*, qui se dit aux éternumens, & qui est venu, selon la remarque de Sigonius, & de Baronius, de ce qu' environ l'an cinq cens quatrevint dix, dans une grande Peste, dont fut affligée l'Italie, la plûpart des personnes mouroient en éternuant. Mais pour preuve des remedes ridicules, dont l'on s'est servi pour la santé, sans parler des *Abracadabra*, il ne faut que voir dans Plutarque, comme quand on brûloit les corps des hydropiques, & des personnes étiques, on faisoit tenir assis leurs enfans, les pieds en l'eau, croiant qu'on empêchoit par ce moien que de tels maux ne devinssent héréditaires dans leur famille. Certes nous pouvons bien finir ce propos par ce qui commence la premiere des satyres de Perse,

*Sigon. l. 1. de reg. Ital. Baron ad ann. 590.*

*O curas hominum! o quantum est in rebus inane!*

Que les pensées des hommes sont peu solides! que leurs raisonnemens ont de vuide! & que la plus grande partie de toutes leurs actions sont ridicules!

Il nous reste à parler de la troisiéme partie de la Philosophie qui considere & qui regle nos mœurs. Elle est pour cela nommée Ethique par les Grecs, qui pouvoient aussi avoir égard aux différentes coutumes que ce mot designe encore, puisque ce sont elles, qui rendent toûjours nos mœurs bonnes ou mauvaises. *Vivimus enim ad exempla, nec ratione componimur, sed consuetudine abducimur*, selon la remarque de Seneque, qui ajoûte fort bien, *recti apud nos locum tenet error, vbi publicus factus est*. En effet le tems & le lieu, en sont ordinairement les maitres, une même action étant approuvée dans un païs, qui est condannée dans un autre; comme il arrive pareillement à l'égard du tems, qui fait trouver bon aujourd'hui, ce qui peutêtre passera pour mauvais bientôt après. C'est en partie ce qui fait voir le peu de certitude, qu'il y a dans nôtre morale purement humaine, si sujette à changer, & qui n'a ni regle, ni précepte, qu'on ne voïe tomber en controverse parmi ceux, qui se mêlent de l'enseigner. Nous ne saurions nier, que les Chinois n'aient une morale bien différente de la nôtre, & non seulement de la nôtre, mais de celle même des Iaponois, & de leurs autres plus proches voisins. Examinés les façons de faire d'autant qu'il y a de peuples au Monde, vous les trouverés presque toutes diverses, ce qui ne devroit pas être, si elles étoient fondées sur une droite & juste raison,

*Ep. 123.*

dont nous sommes obligés de présupposer que les maximes sont invariables.

Quels crimes y a-t-il parmi nous, qui ne passent ailleurs pour des vertus? & nos meilleures actions ne sont-elles pas trouvées ridicules ou criminelles? je ne dirai pas simplement parmi des Nations que nous appellons barbares, mais chez celles même, qui ont fait profession, soit en Grece, soit en Italie, ou en quelque autre region, de respecter la Philosophie. Les uns ont soûtenu, que le larcin bien executé étoit honorable, comme à Sparte, où le seul defaut d'adresse à le commettre étoit repris. D'autres ont dit effrontement après Chrysippe & Zenon de Cittie, que l'inceste devoit être permis, par ceque suivant la raison détestable du dernier il étoit également indifférent de baiser de l'une ou de l'autre maniere ses plus proches parens. Selon ce beau raisonnement nous voions dans Dion Chrysostome, que Diogene se railloit *Orat. 10.* d'Oedippe qui s'étoit si fort affligé d'avoir *p. 150.* commis un crime que les coqs & assez d'autres animaux font tous les jours, outre que c'est une chose permise par les loix de la Perse. Julius Firmicus a donc reproché judicieuse- *De error.* ment là dessus aux Gentils, que les Dieux *prof. rel.* mêmes du Paganisme leur enseignoient de très mauvaises moralités. *Incestum desiderantibus à Iove sumuntur exempla, cum matre concubuit, sororem duxit uxorem, & ut integrum facinus impleret, filiam quoque animo corruptoris aggressus est.* Si nous voulions examiner le reste des Vices, vous pouvés juger par ceux là qu'ils trouveroient des protecteurs, & qu'on a eu sujet de dire, *nulli vitio advocatum defuisse.* Il y a bien plus, la Vertu même a été condannée comme une chose vaine, & remplie seulement de promesses trompeuses, témoin ce Romain qui dit en mourant:

*Sen. 2. de*
*Ira. c. 13.*

*Te colui, Virtus, vt rem, ast tu nomen inane es.*

Ses semblables prononcent insolemment dans Seneque, *Virtus, & Philosophia, & Iustitia verborum inanium crepitus sunt.*

Mais n'en disons pas davantage, & souvenons-nous toûjours, qu'il faut observer dans la Morale, la maxime de Galien touchant les poisons, qu'on en doit peu parler, parce que les discours qu'on en peut faire sont plus capables de nuire, que de profiter, *pravi esse hominis de venenis scribere, quia magis instruuntur mali, quorum infinitus est numerus, quam juventur probi.* Les narrations de certaines choses deviennent quelque fois des instru-

*Lib. 2. de*
*Aut.*

ctions, *qui narrat docet*, comme Pline l'a prononcé quelque part. Remarquons plûtôt, que les premiers Philofophes ne s'occupoient guères fur cette fcience, qui donne les loix pour bien vivre, parce qu'ils lui préferoient la contemplation des chofes celeftes, & celle qui confidere les Elemens, avec les operations de toute la Nature; C'eft fur cela qu'Apollonius Thianeus dit injurieufement *l. 1. c. 10.* dans Philoftrate d'Anaxagore Clazomenien, qu'il avoit plus philofophé pour les Bêtes que pour les hommes, parce qu'adonné à la vie champêtre, il avoit plus donné de préceptes Phyfiques qui la regardoient, que de regles Morales qui puffent fervir à la vie civile. Socrate fut le premier parmi les Grecs, comme prefque au même tems Confutius parmi les Chinois, qui s'appliqua principalement à la doctrine Morale; ce que fit dire ingenieufement de lui, qu'il avoit fait defcendre la Philofophie du Ciel en Terre. A fon exemple les autres Philofophes, qui l'ont quafi tous reconnu pour leur maitre en cette troifiéme partie de leur profeffion, l'ont cultivée avec beaucoup plus de foin, que n'avoient fait leurs devanciers. Cependant ils n'ont pû jamais s'accorder entr'eux, ni à l'égard des

E iij

Vertus, ni à celui des vices, non plus que des Passions. Ceux du Portique de Zenon rendoient ces dernieres toutes vicieuses, & Aristote avec ceux de sa famille Péripatétique, ont soûtenu qu'elles étoient indifférentes soit au bien, soit au mal, servant seulement de matiere à la Raison, qui les rend bonnes, si elles s'y soûmettent, comme elles deviennent vicieuses, si elles s'en écartent. Tant y a que si nous n'avions les loix du Ciel, pour regler tous les différens des Sectes diverses; & si le droit chemin que nous devons suivre ne nous avoit été revelé d'enhaut, nous ne trouverions rien dans la Morale qui ne fût problematique, & où l'Epoque ou la suspension Sceptique ne fût absolument necessaire.

Car encore que la véritable joie, que donne la vertu, soit préferable à toutes les flatteries & fausses illusions du Vice: Et quoi que cette joie soit telle, qu'elle peut passer pour un gage assuré, & pour une avance certaine de la félicité d'une seconde & meilleure vie. Si est-ce que comme la maladie se communique bien plûtôt que la santé: le Vice se fait suivre beaucoup plus aisement que la Vertu. De là vient que de tout tems ces deux grands adversaires se sont trouvés mêlés par tout. Dès la naissance du Monde il parût de bons & de mauvais Anges, & Abel eût aussi-tôt querelle avec Cain; l'Arche de Noé ne renferma pas moins Caïn son mauvais fils, que ses freres remplis de pieté; Esaü & Jacob sortirent d'un même ventre, & demeurèrent ensemble dans la maison de leur pere Isaac, & l'on vit depuis un faux Judas mêlé avec les véritables Apôtres; ce *Epist. 137.* que saint Augustin exagere encore plus par le menu dans une de ses Epitres. C'est la loi commune de tout l'Univers, que le bien soit par tout broüillé avec le mal, & que, comme l'on y dit communément, la sagesse & la folie, le Vice & la Vertu y soient de tous païs, où ils se tiennent ordinairement compagnie. Ce mélange est si commun & si général, que les Astrologues ont remarqué dans le Ciel même, nonobstant sa perfection, des figures monstrueuses. La Terre, quelque bonne mere qu'elle soit, produit des venins, & engendre des Serpens. Et nous éprouvons tous les jours, que le Soleil, tout excellent & bienfaisant qu'il est, noircit quelquefois, & nous cause assez souvent des douleurs de tête. Tant il demeure constant, que de quelque façon que cela arrive, le bien & le mal, le Vice & la Vertu se rencontrent presque en même lieu les uns & les autres. Le malheur est qu'on ne les distingue pas aisément, & que ceux qui font la plus apparente profession d'aimer & de suivre la vertu qu'ils ont toûjours en bouche, sont souvent les plus vicieux, & ceux, qui au fond & en cachette pratiquent la plus dangereuse Morale. C'est pourquoi les Grecs n'ont guéres pris qu'en mauvaise part le mot ἀρετάλογος, qui designe proprement un fourbe, lequel sous une apparence frauduleuse trompe le monde, & commet la plus grande de toutes les perfidies. *Nec enim ulla pernicies vitæ major inveniri potest*, selon le texte de Ciceron au troisiéme livre des offices ou devoirs de la vie, *quam in malitia simulatio probitatis & intelligentiæ*. Laberius a prononcé cette sentence d'une maniere abregée à sa mode, mais aussi excellente qu'il est possible,

*Malus bonum ubi se simulat, tunc est pessimus.*

Nous n'avons pas de peine à tomber d'accord de l'innocence de nos peres, quand l'occasion s'en présente; mais nous voulons vivre à nôtre mode, c'est à dire, dans la licence du siécle présent,

> Laudamus veteres, sed nostris vivimus annis. *Ovid. 1. Fast.*

Ce qui fait que les vices augmentent tous les jours, & qu'on peut prononcer véritablement après le vieillard du Poëte Comique:

> - - Interim mores mali
> Quasi herba irrigua succreverunt uberrime,
> Neque quicquam hîc vile nûnc est, nisi mores mali:
> Eorum licet iam metere messem maxumam. *Plaut. in Trin. act. 1. sc. 1.*

Comme cette plainte est fort ancienne, je tiens qu'elle sera perpetuelle, & qu'on aura de jour en jour plus de sujet de la renouveller.

Si nous nous portions à cette heure à considérer les disputes morales, qui se forment sur les principes internes de nos actions, qui sont l'Entendement, & la Volonté; sur les controverses qui se sont levées entre les premiers Philosophes, & qui recommenceront toûjours, pour accorder la liberté du Franc Arbitre avec la Prédestination; & sur toutes les questions qui refultent de là, comme de favoir, s'il y a des actions indifférentes, ou non; il n'y auroit point apparemment de fin à ce discours,

*Ante diem clauso componet Vesper Olympo,*
Si nous n'entreprenions au deſſus de nos forces, pour le moins feroit ce beaucoup au delà de nôtre deſſein. Le nombre des paſſions controverſé feroit un grand achopement, & il n'y en auroit aucune dependante ſoit de l'appetit concupifcible, ſoit de l'irafcible, où nous ne trouvaſſions des difficultés prefque inextricables je veux dire, qu'on ne fauroit développer ni furmonter. Il me ſouvient d'un paſſage de faint Auguſtin, pris du neuviéme livre de la Cité de Dieu, qui feul peut fervir ici d'un fuffifant exemple: *Mifericordiam Cicero, locutor egregius, non dubitavit appellare virtutem, quam Stoicos inter vitia enumerare non pudet.* Où ne nous méneroient point les combats à outrance qui ſe donnent au ſujet des Vices ou pechés moraux, que les Stoïciens dont vient de parler ce Pere, faifoient tous égaux? & d'autres conteſtations au ſujet des Vertus, pour faire bien le difcernement néceſſaire du milieu de Géometrie, plûtôt que d'Arithmetique où elles con-

fiftent? Certainement il n'y a pas un, ni des uns ni des autres, où l'on ne fût obligé d'employer un Chapitre fort étendu. Et la difpute du fouverain bien, que fe propofe pour derniere fin la Philofophie Morale, ne pourroit être terminée qu'en rapportant & examinant les raifons de toutes les familles Philofophiques des anciens, qui ne fe font jamais pû accorder là deffus, non plus que les nôtres fur les autres matieres difficiles de la fcience dont nous parlons. Ce n'eft pas que je ne reconnoiffe ces derniers pour très habiles, & que je ne les appelle volontiers *Philofophiffimos*, employant en leur faveur ce mot dont s'eft fervi Juftinien. Sous les premiers *philofophia nondum erat barbata*; ceux-ci ont recueilli & rectifié les penfées de leurs dévanciers, qu'ils corrigent ingenieufement tous les jours, s'il ne leur arrive quelque fois de les dépraver & corrompre. Mais tant y a qu'il n'eft pas poffible de voir bien clair aux chofes qu'il femble que Dieu ait voulu fouftraire à nôtre connoiffance; & par confequent l'on peut foûtenir qu'humainement parlant, le plus fûr eft d'avoir recours à cette ἀῤῥεψία ou neutralité de la Sceptique, & dire avec elle ȣ καταλαμβάνω, confeffant l'incomprehenfibilité où l'o eft, & dont elle fait profeffion; que de s'opiniâtrer dogmatiquement à faire paffer pour certaine une fcience douteufe, ou erronée, n'y en aiant point de véritable, & qu'on doive recevoir fans contefter, que celle, comme nous l'avons déja dit, qui nous eft venuë du Ciel. Ce n'eft donc pas fans raifon que nous avons maintenu dans ce petit difcours, que les doutes de la Philofophie Sceptique font de grand ufage dans les fciences, puifque l'inftabilité & l'incertitude y font manifeftes au point que nous avons dit. En effet le fyfteme général compofé de la Logique, de la Phyfique, & de la Morale, d'où toutes les connoiffances humaines empruntent ce qu'elles ont de plus confidérable, n'eft rien qu'un ramas d'opinions conteftées par ceux, qui ont le tems de les approfondir.

# DISCOURS SCEPTIQUE SUR LA MUSIQUE.

## AU
### R. P. MERSENNE.

# DISCOURS
## SCEPTIQUE
### SUR
## LA MUSIQUE.
### AU
### R. P. MERSENNE.

Comme la pureté & la certitude des Mathématiques les ont renduës de très grande considération envers plusieurs jusqu'à leur avoir acquis par privilège, & comme ils disent par antonomasie, le nom de Disciplines : beaucoup aussi les ont méprisées comme vaines, & quelques-uns même condannées comme de mauvais usage, témoin le titre des Jurisconsultes, qui conjoint les malfaiteurs avec les Mathématiciens. Or bien qu'on puisse en partie interpreter cela de la Judiciaire, & dire que l'espece a été prise pour le genre ; si est-ce qu'on ne doit pas nier que des plus grands hommes de l'Antiquité ne les aient blâmées en général pour les raisons que nous venons de dire. Ariſtippe, Prince des Cyrenaïques, ſe moque d'elles au troiſiéme livre de la Métaphyſique d'Ariſtote, comme de celles qui n'avoient nulle conſidération des choſes bonnes ou mauvaiſes. Ariſtote lui-même parlant ailleurs contre les Pythagoriciens & les Platoniciens, ſe plaint qu'on avoit fait de ſon tems des Mathématiques une fort mauvaiſe Philoſophie. Et quand en un autre endroit il avouë, que nous devons cet Art à l'oiſiveté des Prêtres d'Egypte, bien qu'il ne le diſe pas à ſon deſavantage, on en peut tirer quelque argument de la fainéantiſe de ſes Profeſſeurs. Averroës ſoutient quelque part, que les Mathématiques ne contribuent rien à la félicité contemplative. Et Cardan, qui les avoit cultivées avec tant de ſoin, eſt contraint de reconnoitre au cinquiéme livre de la Sageſſe, qu'il n'y a rien qui ſoit ſi contraire à la prudence que ces Diſciplines; parce que d'une part la grande contention d'eſprit qu'elles demandent, brûle le ſang, & porte à l'humeur atrabilaire, & d'autre côté les demonſtrations nuës & ſimples, dont elles ſe ſervent, rendent enfin ceux, qui s'y arrêtent auſſi ſimples qu'elles, & par conſequent

*Cap. 2.*

*1. Metap. cap. ult.*

*Ibid. c. 1.*

*v. Niphum de ſolit. 88.*

fequent faciles à être trompés. Delà vient que comme les Mathématiciens méprifant le refte des hommes, qui ne favent pas ufer de leurs demonftrations, ne tirent aucune inftruction de la confervation civile, auffi paffent-ils quafi pour fous envers la plûpart, & qui plus eft demeurent tous enfin miferables, fans que cette regle, dit-il, ait jamais reçû d'exception. C'eft ainfi que toutes chofes font confidérées diverfement felon la différence des efprits, & qu'elles font autrement envifagées par les uns que par les autres. Que fi pour vous complaire, mon Reverend Pere, nous defcendons de cette confidération générale au particulier de la Mufique, fur laquelle je reconnois que vous avés eu des penfées fi relevées, que l'Antiquité ne nous en fournit point de pareilles, nous n'y trouverons néanmoins pas moins peut-être de fujets de douter, & de matiere à faire valoir nos confidérations Sceptiques, qui regardent l'incertitude de ce qui femble tomber par l'intervention des fens fous nôtre entendement. Car puifque vos profondes réflexions fur cette charmante partie des Mathématiques, ne laiffent aucune efperance d'y pouvoir rien ajoûter à l'avenir, comme elles ont furpaffé de beaucoup tout ce que les fiécles paffés nous en avoient donné, que pouvés-vous attendre de moi, & de ma façon de philosopher qui vous est assez connuë, que des doutes & des irrésolutions, dont le génie qui me possede ne fait pas moins d'état souvent, que des plus célébres axiomes, & des plus arrêtées maximes de l'Ecole ? Je sai bien que c'est témerité à moi de vous envoir si peu de chose, mais puisque les obligations, que vous avés acquises sur moi, m'ôtoient la liberté du refus, j'ai crû le crime bien plus grand de vous resister avec ingratitude, que d'être simplement trop hardi en vous obeïssant. On dedie tous les jours assez de choses petites dans vos Temples, que la bonne intention & la sainteté du lieu font estimer; je me promets que l'une & l'autre consideration opéreront ici de même.

Chacun sait l'estime que faisoient les Anciens, & particulierement les Grecs de la Musique; ce que Ciceron remarque fort expressément en ces termes: *Summam eruditionem Græci sitam censebant in nervorum vocumque cantibus. Igitur Epaminondas, princeps, meo judicio, Græciæ, fidibus præclare cecinisse dicitur; Themistoclesque aliquot ante annis, cum in epulis recusasset lyram, habitus est indoctior.* Delà vient qu'ils appellèrent les hommes d'esprit rustique, ou stupide, ἀμούσοις, comme

*1. Tusc. qu.*

*Arist. de Soph. El. cap. 17.*

qui diroit immuficiens ; & qu'ils impofèrent même le nom de ἦθος à la Mélodie, à caufe du pouvoir qu'ils lui attribuoient fur nos mœurs. Car ce n'a pas été feulement le Muficien Ariftoxenus qui a dit que nôtre Ame n'étoit rien qu'une harmonie, *ne ab artificio fuo recederet*, comme en parle Ciceron. La plûpart des Philofophes, felon l'obfervation d'Ariftote au dernier livre de fes Politiques, ont encore été d'opinion, à caufe de fa fympathie avec les nombres, qu'elle n'étoit rien autre chofe qu'une harmonie, ou pour le moins qu'elle ne fubfiftoit que par l'harmonie. Et il remarque dans fes Queftions problematiques, qu'il n'y a de nos fens que l'ouïe qui ferve aux chofes morales, puifque les couleurs, les faveurs, ni les odeurs, n'ont aucun pouvoir fur nos mœurs, comme les fons de la Mufique. C'eft ce qui fit bannir aux Lacedemoniens le Muficien Timothée pour avoir ajoûté une corde à fon inftrument, comme aiant par là rendu la Mufique trop molle, & de mâle & virile qu'elle étoit, chromatique & efféminée. Et Plutarque nous apprend, que les Argiens établirent une peine contre ceux qui offenferoient la dignité de la Mufique : outre qu'ils condannèrent à l'amende celui qui uſa le premier de fept cordes, & qui fe

*Sextus ad Math. l. 6.*

*1. Tufc. qu.*

*Sect. 19. qu. 27. & 29.*

*Tr. de la Mufiq.*

servit de ce mode qui fut nommé Mixolydien. C'est aussi pourquoi Platon defendoit si expressément au septiéme de ses Loix de rien chanter que ce qu'elles avoient autorisé, *nemo audeat præter publicos sacrosque cantus ali-*

2. *de leg.* *quid canere;* parce que comme observe Ciceron, il ne croioit pas qu'on pût alterer la Musique sans qu'il se fit un notable changement dans l'Etat, *negabat mutari posse Musicas leges, sine mutatione legum publicarum.* Et à la vérité beaucoup de villes de la Grece, qu'on tenoit s'être ainsi depravées par l'oreille, faisoient assez voir que son discours étoit en cela très raisonnable. Ce qui me fait souvenir de ce que rapporte Athénée des Arcadiens qu'il dit avoir été si amateurs de la Musique que les Cynethenses, qui étoient de leur corps pour l'avoir méprisée, se rendirent par là abo-

*Lib.* 4. minables à tous, & furent enfin chassés de
*hist.* leur ville. Il l'avoit appris de Polybe, qui dit des Arcadiens en général, qu'ils avoient plus de besoin que tous les autres Grecs de la douceur & des charmes de la Musique, pour amollir la dureté de leur vie laborieuse, dans l'air le plus froid & le plus triste de toute la Grece, qui rendroit leurs mœurs naturellement aussi rudes que leur climat. Mais que les Cynethenses en particulier aiant abandon-

é l'usage de la Mélodie, devinrent en peu de tems non seulement les plus sauvages, mais encore les plus scelerats & les plus impies de tous les Grecs; à quoi peut-être le bon Erasme ne pensoit pas, quand il interprétoit le proverbe *Arcadicum germen.* Aussi lisons-nous que Pythagore, qui disoit que Dieu même & toute la Nature n'étoit rien qu'une harmonie, se servoit des tons de la Musique pour moderer les passions de l'Ame, & pour tenir encore le corps en bonne disposition, jusqu'à concilier par ce moien le doux sommeil à ses disciples, & leur procurer même, si nous en croions Jamblique, des songes agréables & prophetiques tout ensemble. Je m'étonne, qu'il n'établissoit son Ecole dans la ville de Lyrnesse, où l'on dit que personne n'entroit jamais qu'il ne se trouvât aussi-tôt saisi d'une secrette affection pour la Musique; y aiant apparence que le génie d'un tel lieu eût beaucoup servi au temperament du corps & de l'Ame de ses auditeurs, selon sa Philosophie. Philostrate nous représente Chiron dans une parfaite constitution d'esprit, qu'il devoit principalement aux doux accords de sa harpe. Socrate chante dans le Convive de Xenophon, il apprend à joüer des instrumens dans Diogene Laërce, & dans nôtre Sextus il n'a point

*Cap. 15. 29. & 31.*

*L. 2. Icon. In Ach.*

*Adu. Mat. 16.*

de honte d'aller prendre des leçons, tout vieillard qu'il étoit, chez le Citharifte Lampon.

*Plut. tr. de la Mufique.* Dès la plus grande antiquité du Paganifme les Philofophes & les Muficiens n'étoient qu'une même chofe. Orphée qui calmoit mélodieufement la mer au voiage des Argonautes; Amphion, Linus, & affez d'autres, en font de

*Lib. 1. Inft. c. 10.* fuffifans témoignages: *Iidem Mufici & vates, & fapientes judicabantur*, dit Quintilien, qui cite Timagenes pour Auteur, que la Mufique eft la plus ancienne de toutes les fciences. C'eft pourquoi Socrate aiant été fouvent averti en fonge par les Dieux, qu'il fit & exerçât la Mufique, crût ne pouvoir mieux leur obeïr qu'en philofophant, ὡς Φιλοσοφίας μὲν οὔσης μεγίςης μοισικῆς, *quafi Philofophia maxima Mufica foret*, comme il dit lui même dans le Phaëdon de Platon; bien que depuis fa condannation il fe mit à la Poëfie, pour pratiquer encore cette autre forte de Mufique. Et Strabon reconnoit au 10. livre de fa Géographie, que les vrais Sacrificateurs des Mufes étoient les Muficiens, & que la Philofophie & la Mufique ont été long tems une même chofe; ajoûtant que fi l'on avoit eu raifon de dire, qu'on imitoit Dieu en bienfaifant, c'étoit l'imiter beaucoup mieux en chantant. A la vérité, outre l'opinion de Pythagore que nous venons de rapporter, selon laquelle il se vantoit d'entendre les sons différens des sept Planetes, celui du Ciel des Etoiles fixes, & encore un autre que faisoit cette terre antichthrone opposée à la nôtre, de sorte que le tout ensemble composoit une symphonie qu'il appelloit Mnemosyne; nous voions que Platon appelle les Intelligences des Cieux des Sirenes. Et pour nous, qui ne formons guères de plus commune conception des Anges, qu'en nous les figurant chantans, si nous ne nous imaginons le même du Tout-Puissant, pour le moins croions nous qu'il a les Musiques si agréables, que nous tâchons de l'appaiser par nos Hymnes; & les fausses Religions mêmes s'efforcent de le paier en chansons. Surquoi il me souvient de ce que content Ovide & Tite Live de ces Flûteurs Romains, de l'art de qui les Sacrifices ne se pouvant passer, on fut contraint de les faire revenir de Tivoli par artifice, & de leur accorder beaucoup de privilèges pour les retenir à Rome. Ce n'est donc pas merveille, si les hommes de quelque âge, de quelque humeur, & de quelque condition qu'ils soient, se trouvent si puissamment touchés de la Musique, puisqu'elle agrée même aux essences immaterielles.

*Malchus de vita Pyth.*

*6. Fast. Dec. 1. l. 9.*

Pour ce qui est de l'âge, les enfans qui ne font que de naitre se laissent charmer aux chansons de leurs nourrices; ce qu'Aristote rapporte dans l'un de ses Problemes à l'ordre & aux mesures que ces chansons contiennent, & que la Nature cherit sur toutes choses. C'est pourquoi Platon ordonne de certains airs à ces mêmes nourrices, aussi bien que Chrysippus, lequel, au rapport de Quintilien leur préscrivoit une certaine façon de chanter, dont elles devoient entretenir leurs enfans en les élevant, *etiam nutricum, quæ adhibentur infantibus, allectationi, suum quoddam carmen assignat*. Et Cardan a depuis remarqué sur ce sujet, qu'il se souvenoit fort bien, d'avoir alors ressenti dans le berceau la plus voluptueuse satisfaction, qu'il eût depuis éprouvée au reste de sa vie.

*Sect. 19. qu. 38.*

*Lib. Inst. cap. 10.*

*De imm. anim.*

Quant aux humeurs, la Musique a ses graces particulieres, & ses modes différens, qui symbolisent avec toute sorte de tempéramens, & usent de complaisance envers les plus bizarres & les plus austeres. Elle entretient nôtre joie, & flatte nôtre tristesse également; elle s'accommode aux malades comme au plus sains; & nous la sentons qui captive doucement nôtre esprit, de quelque passion qu'il soit prévenu. Les nôces, les festins, & toues autres telles réjouïssances ne se peuvent passer d'elle. D'autre côté les funerailles des Anciens avoient leurs flûtes mortuaires:

- - - *Cornu grave mugit acuto*     Status.
*Tibia, cui teneros suetum producere manes.*

Et nous en voions l'usage dans Saint Mathieu, Cap. 9. où les joüeurs de flûtes se trouvent à la sepulture de la fille du Prince de la Synagogue. Bref, comme l'a dit Ovide,

*Cantabat fanis, cantabat tibia ludis,*
*Cantabat mœstis tibia funeribus.*

De sorte que ce n'est pas sans sujet, que l'Espagnol use de ce proverbe, *qui en canta, sus males espanta*. Les esprits les plus échauffés par le vin se trouvent moderés par la mélodie, c'est pourquoi les Anciens s'en servoient après le repas dès le tems d'Homere, qui lui donne encore ce pouvoir d'appaiser la colere d'Achille, comme elle calma une grande sédition dans Lacedemone, si nous en croions Plutarque. La santé est si musicale, que la *Tr. de la Musique.* maladie n'est rien qu'une dissonance, qui est tellement adoucie ou même corrigée par la musique, qu'on dit d'Arion & de Terpandre, *Boëtius* qu'ils guerirent un grand nombre d'Ioniens & *lib. 11. de* de Lesbiens en chantant; aussi bien qu'Isme-*Mus. c. 1.* nias une infinité de Bœotiens travaillés de la sciatique, à qui il fit passer la douleur au son

F v

des flûtes. Théophraste ajoûte dans son Livre de l'Entousiasme cité par Athenée, que c'est l'harmonie Phrygienne qui a ce pouvoir sur la sciatique; & donne ce même son des flûtes pour remede assuré contre la morsure des viperes, comme il l'est aujourd'hui contre elle de la Tarentule. Asclepiade le fait valoir contre la frénesie, & Democrite contre beaucoup d'autres maladies, *tanta prorsus est affinitas corporibus hominum mentibusque, & propterea quoque vitiis aut medelis animorum & corporum*, selon le jugement qu'en fait A. Gellius. Delà vient vrai-semblablement qu'Ulysse arrête dans Homere le sang d'une plaie en chantant quelques vers; & qu'au rapport d'Apollonius, surnommé le Dyscole, les Thebains encore de son tems se servoient communément du son des instrumens pour remédier à beaucoup de maladies corporelles. Plutarque écrit sur la foi d'un certain Pratinas, que Thales le Candiot fit par le moien de la Musique cesser la peste dans Sparte; comme les Grecs, ajoûte-t-il, arrêtèrent le cours de la leur dans la divine Poésie, en chantant des vers en l'honneur de Phœbus. C'est chose certaine qu'en la plûpart de l'Amerique on n'use point d'autre recepte contre toute sorte de maladies, que d'une certaine Musique fort étrange à

*Lib. 9.*

*Lib. 4. cap. 13.*

*Hist. com. cap. 49.*

*Champlain, Sagard &c.*

nôtre égard, dont ils étourdissent & guerissent leurs malades.

En ce qui concerne les différentes conditions des hommes, il n'y en a point de si relevée, ni aussi de si vile, à qui la mélodie ne plaise, & à qui elle ne soit souvent utile, & même nécessaire. Elle a si bonne grace dans les plus grands Palais, que David au second *Cap. 13.* Livre des Rois se prise lui même d'être un excellent chantre entre les Enfans d'Israël; & l'Ecclesiastique dit de son fils Salomon, qu'il *Cap. 47.* se fit admirer par toute la terre entre autres choses pour l'excellence de ses chansons. Elle est si bien venuë parmi les moindres hommes, que nous voions les Artisans & les Villageois suër plus le Dimanche en dansant, qu'ils n'ont fait au travail de toute la semaine, & néanmoins se délasser en ce faisant au son du violon ou de la musette.

> *Fessus ut incubuit baculo, saxoque resedit*    Ovid. 4.
>    *Pastor, arundineo carmine mulcet oves.*    Trist. el. 1.
> *Cantantis pariter, pariter data pensa trahentis,*
>    *Fallitur ancillæ decipiturque labor.*

Les Galeriens mêmes enchantent ainsi le malheur de leur condition, & leurs voix nombreuses, appellées κελεύσματα, servent d'adoucissement à leur peine, comme celle de

Saül possedé ne recevoit point de soulagement que par la harpe de David, & comme on dit qu'Orphée fit cesser celle de tous les dannés.

Son utilité est telle, que la plûpart des métiers, de la paix & de la guerre ne s'en peuvent passer. Vitruve requiert même en son Architecte la science de la Musique; pour bander l'arbalête & les autres instrumens de corde, qui étoient lors en usage dans les armées. *Lib. 3.* Et nous voions dans Athenée un cuisinier Epicurien, qui emploie dans son art exactement les loix de la Musique, mêlant les viandes tantôt selon la mesure du Diatessaron, & tantôt selon celle du Diapente, ou du Diapason. Les Hérauts d'armes faisoient joüer *Lib. 19.* autrefois, dit le même Athenée, des flûtes & des harpes devant eux, au lieu des trompettes dont on se sert ajourd'hui. Comme au lieu d'elles, & des atabales, tymbales ou tambours, soit de peaux, soit d'airain, dont on use à présent pour exciter le courage des soldats, les Candiots se servoient de la harpe, les Spartiates de la flûte, les Lydiens du flageollet, les Amazones du haut-bois; & nous joüons encore du fiffre, & les Irlandois de la cornemuse à même effet. Aussi savons nous qu'il y a eu des nations entieres qui ont cherché leur reputation dans la science qui fait bien toucher quelques-uns de ces instrumens. Car nous lisons dans le Rhéteur Ménandre, que comme les Crotoniates se vantoient d'exceller dans la Médecine, les Athéniens dans la Sculpture & la Peinture, les Eginetes & les Hermopolitains dans l'art des Athlétes, les Alexandrins dans la Grammaire & la Géometrie; on estimoit de même les Thébains, de ce qu'ils étoient les nompareils au jeu de la flûte, & les Mityleniens à celui de la guittarre. C'est encore pourquoi les plus grands Philosophes n'ont pas seulement fait gloire de bien manier le luth, ou la harpe, mais ils ont même pris la peine d'en écrire les préceptes, comme firent Archytas & Euphranor Pythagoriciens, qui composèrent chacun un livre du concert & de l'harmonie des flûtes. Combien voions-nous de personnes particulieres estimées de même que le Rossignol par la seule considération de leur voix? Et combien en savons-nous à qui elle n'a pas moins valu qu'au Cygne d'Ésope, lequel pris pour l'Oye, & prêt d'être tué, fût reconnu chantant à sa mode le proëme de sa mort, qu'il évita par ce moïen? La beauté du visage est une puissante recommandation, mais elle n'a rien de comparable à la voix; celle-là ne contente que le corps, celle-ci pénetre

*Lib. 1. de gen. dem. cap. 16.*
*Ælien. lib. 4.*

jusqu'à l'Ame, lui faisant faire un essai de la félicité des bien-heureux.

*Ovid. de arte am.*
 *Res est blanda canor, discant cantare puellæ,*
  *Pro facie multis vox sua lena fuit.*

Hé quoi? les animaux mêmes ne sont-ils pas transportés aussi bien que les hommes par la mélodie; Le Laboureur charme ses Bœufs fatigués en chantant, témoin le Boucoliasme des Grecs, inventé par Diomus Bouvier de Sicile. Les Mulets & les autres bêtes de charge perdroient beaucoup de leur vigueur, si on leur ôtoit du cou les cloches ou cymbales qui les recréent. Antigonus Caristius dit que les Biches sont si ravies du son d'une belle voix, ou de celui d'une flûte, qu'elles se couchent pour l'entendre, & se laissent ainsi prendre facilement; ce qu'il dit avoir apris d'Aristote. Et Jean Leon assure au neuviéme livre de son Afrique, que quand on y veut faire faire aux Chameaux quelque plus grande journée que de coutume, leurs maitres se servent, au lieu du foüet ou du bâton, de certaines chansons, qui les font mieux aller, dit-il, que l'éperon ne fait nos montures. L'Histoire d'Arion témoigne que les poissons même sont touchés des sons harmonieux, & nôtre Philosophe Sextus assure, que les Dauphins sont particulierement sensibles au jeu de la flûte. Aussi

*Athen. lib. 4.*

*Hist. mir. cap. 35.*

*Lib. 4.*

y en a-t-il eu (dit Aristote) qui ont crû que de tous les animaux il n'y en avoit point qui eussent l'ouïe plus exquise que les poissons. Finalement la Grece licentieuse a voulu que les bois & les rochers suivissent les doux accens de la voix d'Orphée, parlant ainsi fabuleusement de ce grand Philosophe Musicien, pour en quelque façon nous faire compendre la puissance de son art.

*Lib 4. de par. anim. cap. 8.*

Voilà une partie de ce qui se dit à l'avantage de la Musique; tournons sceptiquement la médaille, & voions ce que nous représentera son revers, rapportant les pensées de ceux, qui ont voulu diffamer cette flatteuse partie des Mathématiques.

Déja, ce n'est pas un si grand avantage qu'on pourroit bien penser, d'avoir l'estime de l'Antiquité, & celle de la multitude. Il y a assez de choses dans l'approbation commune dont les plus sages se moquent, les considérant dans leur valeur essentielle. D'ailleurs, beaucoup d'autres nations que celles, dont nous avons tantôt parlé, se trouvent avoir condanné ou méprisé la Musique. Les Lacedemoniens, dont les moindres étoient estimés les premiers hommes de la Grece, ne la voulurent jamais apprendre. Et nous voions dans Diodore, que les Egyptiens la con-

*Lib. 1. hist.*

dannoient non seulement comme inutile, mais même comme dangereuse, étant capable d'efféminer les meilleurs naturels. C'est selon ce sentiment qu'Ephore, au rapport de *Lib. 4. hist.* Polybe, avoit commencé l'Histoire générale par une invective contre la Musique, disant qu'elle n'avoit été inventée que pour tromper & comme ensorceler l'esprit des hommes. *Lib. 2. de vita sua.* Marc Antonin, plus estimé comme Philosophe que comme Empereur, la fait passer pour aussi vile que la danse & la lutte. Et avant lui le Roi Philippe demandoit à son fils Alexandre, s'il n'avoit point de honte de bien chanter; son Gouverneur Antigonus lui aiant aussi une fois mis sa harpe en piéces avec une severe reprimande. Aristote, Maitre de ce grand Prince, & qui n'eût osé condanner tout à fait cette discipline, à cause de l'estime où elle *8. Polit. cap. 3.* étoit de son tems dans toutes les Ecoles de la Grece, avouë néanmoins qu'elle n'est ni utile ni nécessaire, se contentant de la nommer *Ibid. c. 6.* honnête & liberale. Il ajoûte ailleurs, qu'au lieu d'en apprendre l'excellence & le fin, il se faut contenter d'être capables de juger de la mélodie un peu mieux que ne sont les esclaves, les enfans, & le reste des animaux. Car quant à la guittare & aux flûtes, qu'on veut être si morales, il soutient au contraire que

ce

## SUR LA MUSIQUE. 97

ce sont des instrumens non pas Ethiques, mais Orgiastiques, & furieux; Minerve n'en aiant pas quité l'usage à cause de la mauvaise grace qu'elles font avoir à ceux qui s'en servent, comme porte la fable, mais bien, dit-il, pour n'y avoir rien trouvé qui convint aux bonnes mœurs. A quoi on peut bien rapporter le jugement que fit Antisthene d'Ismenias, qu'il devoit être un méchant homme, puisqu'il étoit si bon joüeur de flûtes: Et ce qu'on dit d'un Roi Scythe, qu'il trouvoit beaucoup plus agréable le hennissement de son cheval, que tous les airs mélodieux de cet Ismenias. Mais revenant au général de la Musique, tant s'en faut que Socrate en fit tant d'état, qu'on peut voir par la lettre de son disciple Xenophon à Eschines, qu'il en étoit fort ignorant. Et comment un si saint personnage l'eût-il ainsi cultivée, quand Epicure même, tout voluptueux qu'on le fait, se moque d'elle dans nôtre Sextus? C'est au même lieu où il se rit, à *Lib. 6.* mon avis, avec beaucoup de grace & de raison de Pythagore, & de tous ces Philosophes Musiciens, qui rendoient, comme il rémarque, une chanson plus puissante que toute la Morale, & faisoient un joüeur de flûtes plus persuasif au bien, que le plus grand Philosophe du monde. Je ne veux pas ici me sou-

*Tome V. Part. II.* G

venir de tous les moïens dont se sert ce Prince des Sceptiques, pour détruire la discipline prétenduë dont nous traitons. Car il faudroit montrer après lui, comme il n'y a ni modes ni rythmes, ni nombres de Musique, & par consequent, qu'il ne peut y avoir cette science des sons nombreux. Vû même que par les consequences de la doctrine d'Aristipe, de Democrite, & de Platon, il n'y a point de véritables sons. Et que les Péripatétiques prouvant que la voix n'est pas corporelle, de même que les Stoïciens font voir qu'elle n'est pas incorporelle: il s'ensuit qu'elle n'est rien du tout. D'ailleurs il seroit besoin de rapporter ce qu'il demontre dès son premier livre contre les Grammairiens, que les voix ne sont ni longues, ni bréves ce qui en détruit la science; & comme il s'est de plus servi, quoiqu'avec beaucoup d'impieté, de la negation de l'Ame, des sens, & des choses visibles, & même du tems, pour convaincre de nullité la Musique, qui ne peut être comprise que par les sens, & dans quelque espace de tems. Je sai bien que vous n'ignorés pas jusqu' où porte la pointe des gentils Sophismes de ce grand personnage, & je vous serois importun aussi bien qu'à moi-même, si j'en entreprenois ici la repetition. Mais supposons que la Musique soit une véritable science, (abusant de ce mot comme nous faisons de beaucoup d'autres) pour le moins ne peut-on pas nier, que ses professeurs ne soient pour la plûpart des personnes viles & de petite considération, ou même vicieuses & diffamées. L'Espagnol dit *ni barbero mudo, ni cantor sesudo*, à quoi ne convient pas mal un autre proverbe Latin, *Tibicines mente capti*, qui n'est pas démenti par cette histoire que nous avons touchée des joüeurs de flûtes Romains, qui furent ramenés de Tivoli dans des charettes, ivres & sans sentiment jusqu'en plein marché de Rome, ne revenans de leur crapule qu'il ne fût le lendemain matin. La Musique servit si peu à composer les mœurs d'Hercule, toute puissante qu'on l'ait tantôt représentée pour cela, qu'entre ses autres manies on compte celle-là, d'avoir rompu la tête à son Précepteur Linus, d'un coup de la harpe sur laquelle il lui faisoit leçon. Et je ne m'étonne de rien tant, que de voir dans Homere Agamemnon qui laisse *Odyss. 9.* son Musicien pour gardien de la pudicité de *Strab. l. 1.* sa femme Clytemnestre, Egyste n'aiant rien *Athen. l. 1.* pû gagner sur les affections de cette Princesse, qu'il n'eût transporté ce galant dans une Isle deserte. Car il faut avoüer que nous ne voyons point aujourd'hui une profession d'hommes

moins propre au deſſein d'Agamemnon, &
plus ennemie ſouvent de l'honneur des Dames, que l'eſt celle dont nous parlons. A
propos dequoi il me ſouvient d'avoir lû dans
l'Afrique de Jean Leon, que le Roi de Tu-
nis ne ſouffroit jamais qu'on fit entrer, où il
étoit avec ſes femmes, les Muſiciens de ſa Cour,
qu'on ne leur eût bandé les yeux premierement. L'ivrognerie ſemble auſſi tellement
attachée à ce métier, que je ne m'étonne pas,
ſi les Poëtes ont fait Bacchus ſi grand ami de la
Muſique; & ſi Diodore lui donne pour compagnie en cette grande expedition des Indes,
une troupe de Muſiciens, de qui il ſe ſervoit
même dans ſes guerres, & à qui il attribua
beaucoup d'immunités dont ils joüiſſent encore à préſent. A cela ſe rapporte fort bien
la réponſe aiguë d'Anacharſis, telle que nous
la voions dans Ariſtote. Car étant interrogé lorſqu'il étoit en Grece, s'il y avoit en ſon
païs de Scythie des joüeurs de flûtes, qui paſ-
ſoient pour les premiers Muſiciens de ſon
tems, il répondit auſſi-tôt, qu'il n'y avoit pas
ſeulement des vignes en ce quartier là, notant
gentiment le vice attaché à ceux de cette condition. L'orgueil en eſt de plus inſeparable,
nonobſtant les punitions de Marſyas & de
Thamyris; & il eſt toûjours accompagné d'u-

*Lib. 4.*
*hiſt.*

ne marotte si universellement reconnuë, que pour la bien exprimer en quelqu'un, nous disons qu'il est fantasque comme un Musicien. Et pour ne pas faire ici une ennuieuse énumeration de tous les vices, on sait que le plus passionné de tous les hommes pour la Musique fut Neron, qu'on peut dire aussi généralement le plus vicieux. Il n'omit jamais rien dans l'éminence de sa condition, de ce que les moindres Artisans de ce métier ont accoutumé de pratiquer pour conserver leurs voix. *Et plumbeam chartam supinus pectore sustinere, & clystere vomituque purgari, & abstinere pomis cibisque officientibus. Nihil quicquam serio jocove egit; nisi astante Phonasco, qui moneret parceret arteriis, ac sudarium ad os applicaret.* Il ne se contenta pas de chanter avec infamie sur le théatre, il voulut que ses statuës le représentassent en habit de Musicien joüant de la harpe; & la monnoie publique qu'il fit battre le figuroit encore de même. Finalement il eût une telle jalousie de son chant, qu'un des principaux sujets qui le fit résoudre à l'empoisonnement du pauvre Britannicus, fut la jalousie de ce qu'il avoit la voix plus agréable que lui.

Or pour répondre à tous ces grands avantages qu'on donne à la Musique, on peut dire que si elle guerit de quelques maladies corporelles, elles doivent être fort legeres: ou que c'est plûtôt l'effet d'une forte imagination, suivant l'axiome de l'Ecole, *fortis imaginatio generat casum*; si on ne lui attribuë faussement une guerison periodique, & qui seroit venuë d'elle-même, le mal étant déja arrivé à son terme final. Le même jugement se doit faire des passions spirituelles. Et quant à ce qu'on l'emploie même aux plus grands déplaisirs & aux funerailles; j'oppose à cela le proverbe, *Musica in luctu importuna narratio*; & cet autre de Salomon, *Ace-*

Cap. 25. *tum in nitro qui cantat carmina cordi mœrenti*. Contre ce qu'on l'a fait regner jusques dans le Ciel, on peut répondre avec Aristote, que jamais les hommes sages n'ont pensé si bassement des Dieux immortels, que de les

8. Polit. rendre Musiciens. *Non enim*, dit-il, *Iupiter*
cap. 5. *ipse canit, & citharam pulsat apud Poëtas; quin etiam tales illiberales & sordidos artifices appellamus; & actio ipsa non est hominis ejus, qui non sit ebrius, aut qui non ludat*. Il n'est pas plus constant que les autres animaux soient touchés de la Musique comme nous. Platon au second livre de ses Loix, Marcile Ficin son commentateur, & assez d'autres, soutiennent qu'ils n'ont pas le moindre sentiment de l'har-

monie. Et quand l'affirmative feroit véritable, il y auroit grande apparence de croire, que leurs confonances font bien différentes des nôtres, vû leur diverfe nature; puifque parmi nous mêmes la varieté des temperamens fait faire des jugemens du tout contraires d'une même Mufique. Peut-être que ce qui difcorde en nôtre oreille, eft une mélodie en celle du bœuf & du ferpent; comme felon cette ancienne parœmie, l'harmonie de la harpe n'eft d'aucune confidération à un âne, *afinus ad lyram*. Ce qui montre bien qu'on ne peut rien établir de certain en cette prétenduë fcience, par les regles du premier des dix moiens de l'Epoque; tant s'en faut qu'on en doive tirer quelque argument à fon avantage. D'ailleurs on pourroit repliquer, que ce n'eft pas grand honneur à la Mufique d'être le métier même des bêtes, à qui elle eft encore fouvent préjudiciable,

*Fiftula dulce canit, volucrem dum decipit* Cato.
*auceps.*

Je ne veux point alleguer ici le chant magique dont parle le Poëte, parce qu'on en pourroit attribuer l'effet aux feules paroles, quand il dit:

*Frigidus in pratis cantando rumpitur* Virgil.
*anguis.* ecl. 8.

Mais Iean Leon assure que cet animal sepulcral, que les Arabes nomment Dabuh, & les autres Afriquains Jesef, se prend (comme nous disons en riant des lievres) au son du tambourin, & au chant des chasseurs, qui lui lient cependant les pieds par derriere sans qu'il s'en apperçoive. En vérité ce n'est pas merveille que la Musique soit ainsi ruïneuse au reste des animaux, puisque les plus avisés des hommes y ont été pris aussi bien qu'eux, selon le sens de la fable d'Argus, lequel avec cent yeux se laissa endormir & couper la tête au son d'une flûte. Au surplus on n'avance rien à la recommandation de la Musique, qui soit plus ridicule, il me semble, que cette étenduë qu'on lui donne par tous les ordres de la Nature. Témoin la mélodie celeste qu'on veut avoir été entenduë par Pythagore, qui en faisoit après leçon à ses disciples. En ce cas on pourroit esperer, que comme on a inventé depuis peu les telescopes, ou lunettes à longue vuë, qui nous ont fait voir dans le Ciel de nouvelles Etoiles qui seroient autrement invisibles: on pourroit aussi trouver la fabrique de quelque instrument Otacouste, propre à entendre cette harmonie resultante du mouvement reglé des Astres & de leurs Globes. Sur cette imagination on a voulu

*Lib. 9. Afr.*

*Iam. a. 15. & Porph. de vita Pyth.*

que la Lyre heptacorde d'Orphée, ou plûtôt de Terpandre, fi nous en croions Strabon, *Lib. 15. Geogr.* n'ait été inventée que fur le mouvement des fept Planetes; *Saturnum Dorio moveri phthongo, Iovem Phrygio, & in reliquis fimilia, jucunda magis quam neceffaria fubtilitate,* comme en parle très judicieufement Pline. C'eſt lui qui veut auſſi que les tons de cette Muſique ne fuffent autre choſe que la diſtance de ces Aftres errans, qui fe trouve entre eux, ou aiant égard à la terre, & au Zodiaque; dans lequel d'autres ont remarqué le Diapafon, le Diapente, & le Diateffaron, felon les divers regards de ſes maiſons. Car quand la harpe n'avoit que trois cordes, Diodore dit que *Lib. 1. Hiſt.* Mercure avoit confidéré les trois faifons de l'année, qu'il rapporta aux trois tons de la Muſique, *acutum ab æſtate, gravem ab hyeme, medium a vere defumens*. On n'y eût pas plûtôt ajoûté le quatriéme, qu'on en fit le Tetracorde des Elemens, la Baſſe aiant fon rapport à la terre, le Tenor à l'eau, la Haute contre ou Contratenor à l'air, le Deſſus au feu. Et lorfque les Pythagoriciens paſſèrent jufqu' à la huitiéme, qu'ils nommèrent le *proslambanomenos* de la terre à la Lune, ils trouvèrent leur compte & leurs myſteres dans ce nombre comme les autres. C'eſt ainſi que tout fe rencontre par tout felon le dire de Parmenide, *omnia funt in omnibus*. On fait dire aux Cieux, aux Elemens, aux nombres, & à tout ce que vous voudrés, comme aux cloches ce que l'on veut. Il n'y a chofe pour grande ou petite qu'elle foit, où l'on ne puiffe trouver de telles confonances, & des harmonies femblables à celles du Monochorde mondain de Flud, dans lequel la matiere eft la corde, & la lumiere ou la forme l'archet qui la produit : laiffant à nôtre cher Gaffendi & à vous l'examen de fes diftances. On rencontre même des proportions muficales au corps humain, que vous avés fi curieufement expliquées au quatriéme theoreme de vôtre fecond livre. Et ceux qui fe font affez donné de licence, ont bâti le Temple de Salomon fi harmonieufement, que le *Sancta Sanctorum* y faifoit l'uniffon, les portes l'octave, & ainfi du refte, felon vôtre explication au theoreme fuivant. Or qui ne voit qu'il n'y a rien de folide en toutes ces Mufiques imaginaires, qui font des effets d'une liberté peut-être trop déreglée de nôtre efprit, lequel ne concevant rien qu'à fa mode, *(quidquid recipitur, ad modum recipientis recipitur)* fe va figurant les chofes comme il peut, ou comme il l'eftime pour le mieux, bien qu'il n'y ait souvent nul rapport entre l'être de ces choses, & sa conception ? Cependant on peut soutenir, autant qu'on est amateur de la Vérité, qu'il vaudroit peut-être mieux ne reconnoitre du tout point d'harmonie mondaine, que de se l'imaginer ainsi toute autre qu'elle n'est. Non seulement parce que le mensonge est honteux par tout, lors même qu'on se jouë en des matieres importantes, comme sont toutes celles de la Philosophie : mais encore à cause du peril qu'il y a, que ces fausses imaginations ne passent pour bonnes à la longue dans nôtre esprit, & que nous ne devenions enfin idolatres de nos fantaisies. Ce sont celles que Verulamius appelle si à propos *idola specus*, & qui exercent souvent de si cruelles tyrannies sur nous, quand nous nous y sommes une fois abandonnés. Cela se fait par la raison qu'en rend Aristote au dernier chapitre du second livre de sa Metaphysique, où il dit, que *rationes discendi secundum consuetudines accidunt*, entant qu'ici comme ailleurs l'habitude se rend maitresse, & la coutume peut tout. Ainsi les Chymistes trouvent toutes les proportions de la Musique dans leurs fourneaux comme vous l'avés remarqué. Ainsi Ptolomée a rempli son troisiéme livre de la même Musique de semblables conceptions, comparant l'octave à l'Ame raisonnable, la quinte à l'Ame sensitive, & la quarte à la vegetative; en suite dequoi il veut que toute la Philosophie, & les vertus qu'elle nous explique composent une parfaite harmonie. Ainsi les plus opiniâtres se sont persuadés, que cette Musique universelle des Cieux n'étoit pas perceptible à nos sens, ou pour en être le son trop grand & accoutumé, comme il arrive de celui du Nil aux voisins de ses *Cataractes*; ou pour être trop petit à raison de leur matiere, non plus que nous n'entendons pas le cheminer d'une fourmi, ou le saut d'une puce. Mais si les Cieux sont composés d'une quinte-essence Péripatétique, ou d'une matiere exemte de contradiction, comme parle l'Ecole, comment pourra resulter cette mélodie? Certainement il faut tomber dans des absurdités ridicules à le prendre à la Pythagorique. Et si l'on veut que toute cette Musique ne soit que par analogie seulement, *(si non è vero, è ben trovato)* encore n'est-ce pas une chose mal plaisante d'en considérer la vanité par la raison des divers systemes. Car Kepler se moque de toutes les consonances mondaines des planetes, à les considérer de la terre, & ne peut concevoir leur harmonie qu'en les regardant du dedans du Soleil, c'est à dire, selon sa doctrine, du véritable centre de l'Univers. Cette contrarieté d'opinions, qui ont si peu d'apparence de raison, les unes à l'égard des autres, a fait que beaucoup de personnes se sont persuadées avec Agrippa, *De vanit.* *scient.* que toute cette pensée d'une Musique si inconnuë, devoit être premierement venuë du songe de quelque extravagant Musicien, ou pour le moins de quelque autre, qui s'imagina après avoir bien bû, que le son des pots, & des verres étoit celui des Cieux.

Ce sont là les contradictions de ceux qui font le procès à la Musique en général. Formons en suite quelques instances particulieres, qui servent à nôtre premier dessein.

En premier lieu, il y en a qui suivent en cela le Musicien Aristoxenus, qu'ils permettent tout au jugement de l'oreille; & si la doctrine d'Epicure étoit bonne, que les sens fussent véritables par tout, leur opinion sembleroit fort raisonnable. Pythagore & Archytas tiennent le contraire, voulans que l'entendement seul prononce de la Musique, à cause de la deception ordinaire de tous les sens; & ils disent qu'il le peut fort bien faire, par la raison des nombres & des intervales certains. Ptolomée comme amiable com- *Boët. l. 3. cap. 1.* *Idem l. 3. c. 2.*

positeur, *& tanquam arbiter honorarius*, reprend les extrémités des uns & des autres, & veut que tant le sens que la raison donnent ici conjointement leur suffrage.

*Idem l. 1. c. 30. & 31.* Platon met la consonance en la ressemblance; & les Chinois la doivent avoir compris de même, le Pere Trigault nous assurant qu'ils n'ont qu'un seul ton de voix, & qu'ils ignorent tout-à-fait l'accord discordant des voix diverses. Nicomachus leur donne le démenti là-dessus, & la constituë dans la dissemblance; Aristote étant de ce dernier avis, quand en l'un de ses problemes il préfere les *Sect. 19. qu. 16.* Antiphonies aux Symphonies, διὰ τί ἥδιον τὸν ἀντίφωνων τῦ συμφώνῦ.

*Boët. l. 2. c. 32. Arist. Sect. 9. qu. 35.* Les mêmes Nicomachus & Aristote croient la consonance du Diapason la plus excellente de toutes, Ptolomée n'est pas de leur avis. Quelques-uns mettent la quinte pour la plus agréable après l'octave; les autres n'en tombent pas d'accord. Il y en a qui font la quarte plus excellente que la tierce majeure, d'autres au contraire.

*Lib. 2. c. 18. & 25.* Eubulides & Hippasus disposoient les consonances d'une façon; les Pythagoriciens d'une autre toute diverse, selon l'exposition de Boëce.

La gravité & la pointe du son, ou la dif-  *Idem l. 5.* férence des sons selon le grave & l'aigu, est *cap. 3.* mise par les Pythagoriciens en la quantité; & Ptoloméé adhere à ce sentiment. Aristoxenus la fait dépendre d'un autre categorie, & dit, qu'elle vient de la qualité. Les trois modes premiers & principaux, le Lydien, le Phrygien, & le Dorien, avec les autres qui sont venus en suite, montrent en leur seule denomination, qu'il n'y en a aucun qui n'ait été tenu pour le plus excellent, par chaque nation de qui il a tiré son appellation. Et le même se peut dire des trois genres de Musique, le Diatonique, le Chromatique, & l'Enharmonique, chacun d'eux aiant eu ses amateurs, & ses adversaires. La dureté du premier a plû à quelques naturels austeres; les plus delicats ont agréé le second; & le troisiéme a eu ses charmes vers ceux qui l'ont consideré, comme moien entre les extrémités des deux autres.

On dit en général qu'il faut croire un chacun en son art. Sur ce fondement beaucoup veulent que les Musiciens soient seuls capables de bien juger de la mélodie, & que le reste des hommes doive par raison acquiescer à ce qu'ils en prononcent. *Quam multa,* *4. Acad.* dit Ciceron selon ce sentiment, *vident picto-* *1ᵘ.*

*res in umbris, & in eminentia, quæ nos non videmus? quam multa, quæ nos fugiunt in cantu, exaudiunt in eo genere exercitati? qui primo inflatu tibicinis Antiopam esse aiunt, aut Andromacham, cum id nos ne suspicemur quidem.* Aristote observe au contraire, que les Lacedemoniens qui n'apprenoient jamais la Musique, ne laissoient pas d'y fort bien opiner. Et il considére dans un autre endroit, que souvent les Artisans ne sont pas les meilleurs juges de leurs ouvrages. Ainsi ceux qui sont à table, & qui ignorent l'apprêt & l'assaisonnement des viandes, font un meilleur jugement de la bonté des mets, & de leurs sauses, que le cuisinier qui les a faites, & qui a préparé le festin. Le Pilote connoit mieux la bonté du gouvernail, que le Charpentier qui l'a fabriqué. Le Tailleur & le Cordonnier se doivent rapporter de la commodité & de la façon de l'habit, ou du soulier, à celui qui les porte. Pourquoi n'arriveroit-il pas le même au sujet dont nous traitons? vû même que comme la fin de l'Orateur est de persuader ses auditeurs, celle du Musicien est de plaire à la multitude. Chacun suit sa passion, & a son gout particulier en ceci comme en toute autre chose. Les Chinois mettent à leurs Epinettes, clavecins & au-

*8. Polit. cap. 5.*

*3. Polit. cap. 11.*

*Trigault lib. 1.*

autres tels instrumens, des cordes de soie *L. Apol.*
[celle de?] retorte, qu'ils préferent aux nôtres de *de Herr.*
[boy?]au, ou de métail; surquoi il faut obser- *pour Mendez Pinto.*
[ve?]r que le Pere la Croix, & Mendoça sou- *Ind. Orien.*
[tie?]nnent contre Trigault, que les Chinois *par. 12.*
[on?]t de tout tems l'usage des Clavecins. Les
[na?]vigations des Anglois portent, qu'ils vi[n]ent en Java quantité d'instrumens de Musi[qu]e que l'Europe ne connoît point. Nous
[av?]ons trouvé le Monde nouveau avec les
[g?]ens particuliers qu'il estimoit les meilleurs
[d?]e tous. Et parmi nous on s'affectionne au
[L]uth, à la Viole, ou à l'Orgue, selon que
[l']humeur le porte, chacun croiant encore sa
[g]ame la plus excellente; comme on se per[s]uade, que les airs modernes du Bailly ou de
[q]uelqu'autre valent bien mieux que ceux de
[P]hemius & de Demodocus dans Homere. *Lib. 9.*

Il y en a qui croient la Musique capable
[d]es effets que lui attribuent les livres des Anciens, non seulement quand ils font qu'Achille en joüant de la Harpe reprime le boüillon
de sa colere, & quand Athenée dit, qu'on ne
s'en servoit aux festins que pour en bannir la
trop grande licence; mais lors même qu'ils
veulent que Timothée avec un air Dorien,
ou Xenophante, comme l'appelle Seneque, *Liv. 1. de*
ait émû Alexandre jusqu'à lui faire prendre *la chol.*

les armes en main. Que Pythagore vacant à la contemplation des Aſtres, & trouvant la nuit un jeune homme Taurominitain deſeſperé à la porte de ſa maitreſſe, de ce que ſon rival la poſſedoit, l'ait remis en ſon bon ſens, faiſant changer au joüeur de flûtes, qui donnoit la ſerenade, le ſon Phrygien en un autre Spondaïque ou ſacriſical. Qu'Empedocle chantant un vers d'Homere, ait empêché le meurtre qu'alloit commettre ſon hôte Anchitus, qui couroit l'épée au poing, après un jeune homme pour venger la mort de ſon pere. Bref, ils prennent au pied de la lettre tout ce qui ſe conte de ſemblable, que les autres font paſſer pour des diſcours hyperboliques, & qui ne demandent pas plus de foi que les rélations des Argonautes, d'Abaris Æthrobate, ou du ſiége de Troie. Me ſouvenant que c'eſt à peu près vôtre ſentiment; comme vous vous étonnés quelque part, que Macrobe, Jamblique, Boëce, & Zarlin même avec Cerone, ſe ſoient laiſſés perſuader que Pythagore eût pris la premiere connoiſſance du Diapaſon, du Diapente, & du Diateſſaron, en ſe promenant devant la boutique d'un ſerrurier, lorſque divers marteaux y frapoient ſur l'enclume. Surquoi néanmoins j'ai à vous dire, que nôtre Roi Henri

*Iambli. cap. 25. & Boët. l. 1. cap. 1.*

*Thuan. hiſt. l. 58.*

## SUR LA MUSIQUE. 115

Troisiéme passant à son retour de Pologne, par cette miraculeuse ville de Venise, admira entre autres merveilles qu'il remarqua dans son Arsenal, la Musique très douce & charmante de quatre Forgerons qui travailloient sur l'enclume un habillement de tête, avec une telle proportion, & une si juste & si nombreuse cadence de leurs quatre marteaux, que sa Majesté en demeura toute ravie ; Un des Procurateurs de Saint Marc qui l'accompagnoient prénant là dessus occasion de lui rapporter ce qui est écrit de Pythagore sur ce sujet.

Encore que les Grecs & les Latins se soient proverbialement moqués de la Musique, qui ne se faisoit pas entendre, τῆς λανθανέσης μυσικῆς ὐδεὶς ὁ λόγος, *occultæ Musicæ nullus est respectus* ; si est-ce qu'il y en a beaucoup qui en préferent la théorie à la pratique ; & Aristote propose ce probleme au huitiéme livre de ses Politiques, *utra Musica sit optabilior, ea quæ in cantu consistit, an quæ in numeris*, qu'il appelle, τὴν εὐ μελλῆ μυσικὴν, καὶ τὴν εὐ ῥυθμόν. *cap. 7.*

Les uns estiment plus les chansons gaies que les tristes, les autres au contraire ; quelques-uns pensent qu'elles n'ont rien d'elles-mêmes de préferable, & qu'elles n'agréent

H ij

davantage que selon l'humeur en laquelle se trouve celui qui les écoute, à cause de la sympathie, qui fait que naturellement on aime ce qui est semblable. C'est la même raison que je voudrois donner à cet autre probleme d'Aristote; où il demande pourquoi une chanson, dont on sait la lettre, donne bien plus de satisfaction que quand elle est ignorée, *cognitum enim quasi cognatum cognoscenti*. Or pource que la condition de cette vie, & peut-être le déreglement de nôtre esprit, font qu'il y a bien plus de personnes mécontentes, que de satisfaites, il semble qu'on pourroit tirer cette induction de là, qu'à parler généralement, la Musique triste devroit être la mieux reçûë.

*Sect. 19.*
*qu. 5. &*
*41.*

Beaucoup ont écrit que Mercure inventa la harpe sur le squelette d'une Tortuë; & j'ai remarqué à propos de cela, que nous avons trouvé au nouveau Monde les Canadins, les Hurons, & assez d'autres peuples dansans au son d'une Tortuë desséchée, comme si cette opinion étoit passée d'Europe en l'Amerique, ou selon le Timée de Platon, de l'Ile Athlantide aux Athenes Grecques. Pan est crû par d'autres l'auteur du Flageolet, Apollon de la Lyre, & Pallas, ou Zephyre selon Lucrece, des Flûtes, quoi qu'Athenée attribuë cet

*Lib. 4.*
*Lib. 5.*

honneur à un Seïrites Nomade Lybien. Et ainſi l'on peut dire que l'invention de la Muſique, & de tous ſes inſtrumens n'eſt pas moins incertaine, que la ſcience même. Tout ce que nous avons où l'on puiſſe acquieſcer, c'eſt qu'au quatriéme chapitre de la Geneſe Jubal eſt nommé *pater canentium cithara, & organo*, d'où pourroit bien être venu le mot de jubilation. Et on peut ajoûter negativement, que les Negres ne doivent pas avoir été les inventeurs de la Cornemuſe, puiſque n'en aiant jamais vû, ni ouï, ils la prenoient il y a peu de tems pour quelque animal étrange & inconnu. Tout le reſte n'a pas plus de vrai-ſemblance que ce qu'a dit Ariſtote du Polype, c'eſt à ſavoir qu'il nous a enſeigné l'uſage des voiles, & des avirons, l'appellant pour cela Pilote naturel. Et Pline, que le Milan nous a donné celui du gouvernail des vaiſſeaux : *In cœlo monſtrante natura quid opus eſſet in profundo*, quoique Seneque le rapporte à la queuë des poiſſons. Nous voulons avec la même abſurdité, que les Gruës nous aient appris l'art des ordonances militaires ; les Araignées celui des Tiſſerans ; l'Hirondelle & la Mouche l'Architecture ; les Hippopotames la Phlebotomie ; comme les Ibis l'application de la Syringue & l'uſage du

*9. de hiſt. anim. 37.*
*10. hiſt. nat. c. 10.*
*Epiſt. 91.*

clystere. Ce qui me fait penser, mon Reverend Pere, que comme vous avés fort bien observé, que Guidon Aretin fut le premier qui nous donna les six voix de nôtre Musique, *ut, re, mi, fa, sol, la,* prises de l'hymne de S. Jean Baptiste, *Vt queant laxis, &c.* on pourroit aussi présumer que le ton de ces six voix auroit été enseigné aux hommes par cet animal que les Americains nomment *Vnau*, nous autres le Paresseux, & quelques-uns par antiphrase *cagnuol leggiero*. Car l'Histoire du Monde nouveau, qui a peut-être autrefois été joint, ou l'est encore quelquepart à celui-ci, nous apprend, que le chant ordinaire de cette bête est de repeter six fois cette particule, *ha, ha, ha, ha, ha, ha,* du même air dont nous entonnons nôtre, *la, sol, fa, mi, re, ut*. Qu'y a-t-il en cette conjecture de plus extravagant qu'aux precedentes? Vû mêmement qu'Athenée rapporte l'opinion de Camæleon Ponticus, que la Musique avoit été inventée par les premiers hommes pour imiter le ramage des oiseaux; & vû que la Philosophie des Epicuriens enseignoit la même chose, témoin ce qu'en dit Lucrece,

*At liquidas avium voces imitarier ore*
*Ante fuit multo, quam levia carmina cantu*
*Concelebrare homines possent, auresque juvare.*

*Oviedo somm. c. 23.*

*Lib. 9.*

Et parce que la Sceptique n'est pas ennemie des railleries, je veux avant que de finir vous ajoûter, que comme l'ordinaire est de se moquer autant d'un mauvais Musicien, qu'on fais grand état d'un bon ; il s'est trouvé des personnes, qui tout au rebours ont donné les plus grandes loüanges à ceux qui se mêloient de cette profession, bien qu'ils en fussent ignorans. Diogene voiant tout le monde, qui se gaussoit d'un miserable joüeur de harpe, se mit à l'estimer grandement, ajoûtant à ceux qui s'en étonnoient, qu'il étoit en cela fort à priser, qu'entendant si mal sa profession, il ne s'étoit point mis à celle de voleur. Aussi a-t-on accoutumé de dire de beaucoup, qu'ils sont habiles hommes, de vivre des métiers qu'ils ne savent pas. Le même Philosophe remarquant un jour, que chacun abandonnoit au théatre un mauvais Musicien, il lui donna cette loüange, qu'il étoit le Coq de ceux de sa profession, ce qu'il entendoit de ce qu'aussi-tôt qu'il chantoit un chacun se levoit. Et il me souvient de quelques malheureux donneurs d'aubade, qui troubloient un bon repos par d'assez mauvaise Musique, de sorte qu'on fut contraint de leur jetter des pierres pour les faire taire ; à qui l'on donna en suite cette consolation, qu'ils étoient de

*Diogen. Laërt. in eius vita.*

véritables Orphées, & d'autres Amphions, d'attirer ainsi les Rochers à eux.

Vous n'aurés autre chose de moi sur ce sujet, mon Reverend Pere, ce peu suffisant, à mon avis, pour satisfaire sceptiquement à mon premier dessein, puisque la belle & rare façon dont vous avés traité la Musique, ne me laisse que ce seul moien d'en dire quelque chose après vous. Je n'ai pas fait difficulté de me joüer avec vous des façons de discourir, par les moïens de l'Epoque, sachant bien que vous ne les avés jamais improuvés dans les limites des sciences humaines, & que vous n'avés nulle part blâmé la Sceptique, lorsque respectueuse vers le Ciel, & captivant son raisonnement sous l'obeïssance de la Foi, elle s'est contentée d'attaquer l'orgueil des Dogmatiques par l'incertitude de leurs disciplines. Une même épée peut servir à un méchant pour commettre un infame homicide, & être l'instrument d'une action heroïque dans la main d'un homme vertueux. Celui qui met les choses divines à l'examen du Pyrronisme est aussi condannable, qu'un autre peut être estimé, de se former des notions qui lui représentent la plus grande sagesse mondaine, une espece de folie devant Dieu, & toute la science humaine dépendant du songe d'une

nuit, *somnus noctis immutat scientiam hominis. Eccl. c. 3.*
Mais quoi, assez de personnes ne peuvent souffrir l'éclat d'une grande lumiere, & nous en voions, à qui le Soleil même déplait, à cause de la foiblesse de leur vuë. Si vous prenés garde au génie de la plûpart de ceux qui médisent de la Sceptique, vous rirés avec moi de leur voir accuser de crudité une viande qu'ils rejettent, ne la pouvant pas digerer, au lieu de reconnoitre la debilité de leur estomac. Pour moi j'estime que, comme il n'est pas permis, sans pècher, d'avoir les moindres doutes aux choses de la Foi, on ne peut être aussi trop dans l'irrésolution Sceptique à l'égard du reste; préferant en mille façons les doutes de cette secte à toutes les résolutions des autres familles Philosophiques. Tout ce qui semble le plus constant, n'est pas toûjours pour cela le plus à estimer; les principales Etoiles du Ciel sont dites Planetes, ou errantes; & l'eau des rivieres qui court & change incessamment, est plus prisée que celle qui croupit dans les marais. Vous savés que Salomon n'a pas mis la Sagesse dans une fermeté inébranlable, mais tout au contraire dans le changement, quand il a dit, qu'entre toutes les choses mobiles elle étoit celle qui avoit le plus de mobilité, &

H v

que nous devions tenir pour la plus variable: *omnibus rebus mobilibus mobilior est sapientia.* Sap. c. 7. En vérité, si nous faisions de bonne sorte la moindre réflexion Sceptique sur la foiblesse de nôtre esprit, & sur l'inconstante nature de toutes les choses, qui sont soûmises à sa connoissance, nous quiterions facilement cette sotte & pedantesque présomption, de savoir toutes choses avec certitude, & nous aurions pour l'un des plus importans préceptes de nôtre vie, celui que nous donne le Poëte Comique des Latins en ces Vers si Sceptiques,

*Nunquam ita quisquam bene subducta ratione ad vitam fuit,*

*Quin res, ætas, usus, semper aliquid apportet novi,*

*Aliquid moneat, ut illa, quæ te scire credas, nescias,*

*Et quæ tibi putaris prima, in experiundo repudies.*

# PETIT TRAITÉ SCEPTIQUE

SUR

CETTE COMMUNE FAÇON
DE PARLER,

## N'AVOIR PAS LE SENS COMMUN.

# A MONSIEUR
## DE LIONNE
### CONSEILLER DU ROI
#### EN SES CONSEILS,

ET

SECRETAIRE DES COMMANDEMENS
DE LA REINE.

*MONSIEUR,*

Ceux-là ne se trompent pas qui considérent ces anciens *Philosophes Grecs &* *Latins,* comme des originaux de Sagesse & de Vertu. La *Vérité* éternelle est la source où ils ont puisé tant de beaux préceptes qu'ils nous donnent; & c'est ce qui fait dire à Clement Alexandrin qu'aiant tous reçû quelque participation du *Verbe Divin,* si l'on prend la peine d'unir ce qu'ils ont eu de bon de ce côté-là, rien n'empêche qu'on n'en tire une très solide & très utile doctrine. Je sai bien qu'il y a des opinions étranges & particuliéres, qui ne souffrent pas que la moindre lumiere du Ciel ait éclairé les tenebres du Paganisme. Mais vous n'ignorés pas aussi, MONSIEUR, de combien d'inconveniens sont suivis de tels sentimens nouveaux dans l'Ecole; & c'est ce qui me donne la hardiesse de vous dedier l'Opuscule Sceptique que je vous présente, rempli des doutes ingenieux, & de la docte ignorance, s'il faut ainsi dire, des plus savans hommes d'entre les Gentils. Car puisque la Philosophie Chrétienne sait faire son profit de toutes celles qui ont eu cours dans le Monde en les soûmettant à la Foi, pourquoi ferions-nous difficulté de voir ce que portoit un systeme philosophique, qui a par préference cela de commun avec l'Evangile, qu'il condanne le savoir présomptueux des Dogmatiques, & toutes ces vaines Sciences dont l'Apôtre nous a fait tant de peur? Les Paradoxes que la Sceptique examine sans s'étonner d'aucun, sont d'autant plus tolerables, que n'étant pas plus pour l'affirmative que pour la négative de ce qu'ils contiennent, l'on ne sauroit dire qu'elle les autorise. Et il en revient au moins ce bien apparent, qu'elle dispose l'esprit insensiblement à ne plus acquiescer qu'aux maximes du Ciel, & à ne plus faire état que des vérités revelées, dont il n'est pas permis de douter sans impieté. Si vous y prenés garde, MONSIEUR, & je ne doute point que vous ne le fassiés, il vous sera aisé d'observer que les plus grands Docteurs sont encore ordinairement les plus grands douteurs, & qu'il n'y a point d'hommes qui sachent les choses avec moins de solidité, que ceux qui établissent leurs maximes le plus hardiment; qui prononcent des arrêts sur chaque difficulté qui se propose, & qui se croient infaillibles en tout ce qu'ils déterminent. Mais il est tems que je m'excuse de l'interruption que je puis donner aux importantes occupations de vôtre Esprit, en l'obligeant à la lecture de ce petit Ouvrage. Ce n'est pas seulement le favorable jugement dont vous avés voulu honorer jusqu'ici ce peu qui est venu de moi, qui m'y oblige. J'ai crû que le divertissement étant nécessaire à toute sorte d'actions, puisque l'ame se fortifie dans son opération par ce qu'elle prend de relâche, vous n'auriés pas desagréable de jetter les yeux sur des rêveries qui peuvent plaire & profiter tout ensemble. Je parle ainsi des pensées de beaucoup de Grands Hommes, à cause de l'application que je leur donne, & de la façon dont je les débite, qui s'éloigne fort souvent ici du serieux. Le plus puissant motif néanmoins que j'aie eu de vous dédier cet Ecrit, l'un des jeux de mes premiéres années, c'est l'avantage qu'il peut recevoir de la protection qu'il vous demande. Car à moins que d'être soûtenu par l'agrément d'une personne de vôtre vertu, dont la Sagesse & le bon sens se sont fait connoitre par toute l'Europe, quel accueil y pouvoit-il esperer, traitant si mal en apparence le sens commun, & prenant même quelquefois, comme il fait en raillant, le parti de la Folie? En effet, j'avouë qu'il a besoin d'une aussi puissante approbation que la vôtre; & pour l'obtenir, de toutes ces Graces qui vous sont si naturelles, & qui vous feront excuser, s'il vous plait, les fautes, dont je n'ai pû le garentir. Si vous les trouvés grandes en un si petit Livret, comme je ne nie pas qu'elles ne vous doivent paroitre telles, vous grossirés, en leur pardonnant, le volume des obligations que je vous ai, & je demeurerai pour toute ma vie,

## MONSIEUR,

Vôtre très humble & très
obeïssant serviteur
DE LA MOTHE LE VAYER.

# PETIT TRAITÉ SCEPTIQUE

## UR CETTE COMMUNE FAÇON DE PARLER,

## N'AVOIR PAS LE SENS COMMUN.

Comme il n'y a rien qui soit plus aujourd'hui dans la bouche de tout le monde, quand on veut taxer quelqu'un de peu d'esprit, que de dire de lui qu'il n'a pas le Sens commun: Aussi est-ce peut-être la façon de parler la moins entenduë que nous aions, par ceux qui s'en servent, & la plus mal prise par une infinité de personnes qui s'en trouvent fort injuriés. A mon avis on n'en feroit que rire, si l'on avoit fait là-dessus les réflexions, qui m'ont souvent servi d'entretien dans mes promenades solitaires, &

que je veux ici renouveller, en couchant par écrit ce que je méditois pour lors sur un si plaisant sujet.

Je ne dirai rien de l'intention d'offenser que peut avoir celui, qui use de ces termes, quoique ce soit principalement sur son mauvais dessein que beaucoup de personnes se fondent pour rendre legitime leur ressentiment: Car on sait bien qu'à prendre les choses de cette façon, toute sorte de paroles, & mêmes les plus obligeantes, peuvent être prises en mauvaise part. Nous avons vû des hommes mettre la main à l'épée, parce qu'on les avoit nommés Beauxfils: & il y en a qui se battent assez souvent pour des termes aussi innocens dans leur signification. Il me suffit de rémarquer, comme en passant, que la condition de ceux-là me semble fort peu heureuse, de qui le repos d'esprit a si peu de fondement, qu'ils peuvent être troublés par le premier venu, à qui il prendra fantaisie de les piquer, & de les mettre aux champs, en leur disant quelque injure. Les Stoïciens raisonnoient bien autrement, lors qu'ils posoient pour une maxime très certaine, que personne ne pouvoit être offensé que par soi-même. Aussi est-ce pourquoi leur Sage étoit invulnerable, parce que ne consentant jamais à l'injure, il étoit impossible qu'elle pût le pénétrer. *Invulnerabile est non quod non feritur,* Sen. 1. de *sed quod non læditur.* N'est-ce pas lui donner tranq. c.3. une assiette pareille à celle du Tout-puissant (pour parler comme ces Philosophes) qui laisse blasphemer impunément l'impie, & qui fait du bien à ceux mêmes qui renversent ses Autels ? Si nôtre ennemi, ou quelque autre malhabile homme a l'intention de nous offenser, pourquoi seconderons-nous son dessein ? Puisqu'il a besoin de nous pour l'exécuter, pourquoi serons-nous si lâches que de lui complaire ? Dequoi lui sommes-nous redévables, pour obeïr si ponctuellement à ses volontés ? Mais sans porter plus avant de semblables considérations, examinons seulement de quelle importance peuvent être ces paroles, *N'avoir pas le Sens commun,* & puis nous jugerons de la grandeur de l'injure, s'il y en a, & par consequent du ressentiment que nous en devons avoir; supposant même que nous soions obligés de repousser cette sorte d'outrage.

Pour bien comprendre quel est le Sens commun, il faut connoitre toutes les facultés de l'ame dont il est une, & savoir de quelle façon par leur moïen, l'esprit procéde en ses diverses operations. Or parce que l'opinion des Philosophes est ici différente, comme par tout ailleurs, prenons la plus reçûë dans les Ecoles pour la plus vrai-semblable, puisque cela suffit à nôtre dessein.

La doctrine la plus commune enseigne conformément au texte d'Aristote, qu'après que les sens exterieurs ont reçû l'espece des objets, ils portent leur sensation au Sens commun qui est interne. Celui-ci en fait part à la fantaisie; & elle la présente à l'entendement, sous le nom de Phantôme, pour en juger. C'est en suite de ces fonctions différentes que l'entendement, dont la charge est de prononcer simplement sur le vrai ou le faux, émeut finalement la volonté; qui se rend maitresse de toute l'operation, fuïant, ou suivant, ainsi que bon lui semble, les apparences du bien ou du mal. En quoi elle est comparée à un maitre aveugle, lequel, bien que conduit par son serviteur clairvoiant, ne laisse pas de lui commander. Voilà en peu de mots ce qui se dit dans les Colleges à cet égard, sinon qu'on fait tenir regitre de tout ce procedé à la mémoire, qui n'est pas de nôtre consideration pour le présent.

Or c'est une chose toute évidente, que quand nous imputons à quelqu'un de n'avoir pas le Sens commun, nous ne songeons à rien moins qu'à lui disputer la participation de ce sens interieur, qui connoit des cinq exterieurs seulement, que les Philosophes accordent même au reste des animaux, donnant aux plus imparfaits, & aux moindres insectes, quelque chose qui lui est analogue ou proportionnée: Et quand on le voudroit prendre de la sorte, l'hyperbole paroit si extravagante, qu'elle seroit plus propre à faire rire, qu'à fâcher serieusément une personne.

Si nous avons donc égard à l'usage de ce Proverbe, comme il le faut faire pour en reconnoitre la signification, nous nous appercevrons aisément que par le manquément de Sens commun, il marque quelque autre defaut de connoissance plus noble, & qui nous est plus propre. Et parce qu'il n'y en a point d'évidente, comme celle des premiers principes, d'où vient qu'ils sont indémonstrables dautant que n'y aiant rien de plus clair qu'eux ils ne peuvent être illustrés d'ailleurs; on pourroit penser, que ce seroit de cette privation de lumiere spirituelle qu'il faudroit entendre nôtre commun dire. A la vérité, les Mathématiciens nomment leurs Principes des Notions communes, comme, que le Tout est plus grand que sa partie; qu'ôtant des portions égales de choses égales, elles conservent en ce qui reste leur égalité entre elles, *à æqualibus æqualia si demas, relinquuntur æqualia*; & que si deux choses ont un rapport pa[r]fait à une troisiéme, elles auront encore l[a] même conformité entre elles deux, *quæ sunt eadem uni tertio, sunt eadem inter se*. Cert[es] ce doivent être des propositions bien man[i]festes, puisque l'évidence de toutes leurs co[n]clusions en dépend, par la regle de cet au[l]tre Principe, *propter quod unumquodque tal[e] & illud magis*. Mais outre que ce n'est nu[l]lement là où nous appliquons ordinaireme[nt] nôtre Proverbe, il faut encore considére[r] que les premiers Principes se reduisent à so[l] peu, en chaque Art, ou en chaque Scienc[e] & que nous nous servons de cette façon d[e] parler proverbiale, dont nous traitons, qua[si] à tout moment, & sur une infinité de sujet[s] De sorte que quand on voudroit tomber d'a[c]cord, qu'elle prendroit son origine d'un[e] certaine pésanteur d'esprit, qui le rend que[l]quefois inhabile à comprendre ces Principe[s] il faudroit en même tems reconnoitre, qu[e] nous lui avons donné une bien plus grand[e] étenduë, & par conséquent porter beaucou[p] plus loin nôtre considération.

Il se trouve des personnes de si grosse pât[e] & qui sont naturellement si stupides,

*Vervecum in patria crassoque sub aëre nati,* Iuven.
que pour ne rien dissimuler, on pourroit bien *sat. 10.*
leur appliquer nôtre proverbe, sans leur faire injure. Ce sont ceux que les Italiens
nomment *poc' in testa*, & *Zucche senfa sale*;
à qui l'on fait voir *lucciole per lanterne*, &
comme ils disent encore, la Lune dans un
puits. Tel fut un Meletides, lequel, quelque peine qu'il se donnât, ne pût jamais apprendre à compter jusqu' à cinq. Les Anciens
ont mêmes imputé cette lourderie d'esprit à
des peuples entiers, comme aux Phrygiens,
aux Abderites, aux Bataves ou Hollandois
qui ont bien changé depuis, & à ceux de Cumes, que Strabon dit avoir été raillés fort *13. Geog.*
plaisamment, de ce qu'il les faloit avertir
quand la pluïe venoit, par un cri public, qu'ils
eussent à prendre le couvert de leurs portiques. Mais telle sorte de gens qui n'ont l'ame au corps, que comme un grain de sel
pour les préserver de pourriture, & que l'on
dit en riant pouvoir mourir sans rendre l'esprit, puisqu'ils n'en ont point, ne méritent
pas qu'on pense à eux, ni qu'on soit plus sensible qu'eux en ce qui les touche. Aussi ne
leur réproche-t-on pas simplement, qu'ils
manquent de Sens commun, mais bien qu'ils
ne possedent ni sens, ni jugement quelconque.

I iiij

En effet, le plus ordinaire emploi de nôtre Proverbe est à l'égard de ceux que nous croions avoir des opinions extravagantes, quand elles ne s'accordent pas aux nôtres; parce que cet Amour de nous mêmes est si puissant, que nous ne considérons nos pensées que comme une partie de nôtre être, sans les examiner davantage; comme une folle mere qui ne trouve rien de si beau que son enfant, quelques défauts qu'il ait, parce qu'il est le sien. De là vient cette animosité ordinaire contre ceux qui nous contrarient, & qu'aussi-tôt que quelqu'un s'écarte de nôtre sens, pris pour nôtre jugement, nous disons qu'il a perdu le Sens commun, c'est à dire qu'il ne raisonne ni ne juge plus comme le reste des hommes raisonnables. C'est ainsi que Juvenal l'a pris, lors qu'il a dit, en parlant des hommes de condition rélévée, qu'ils étoient presque tous dépourvûs de Sens commun,

*Rarus enim ferme sensus communis in illa Fortuna.*

Ceci présupposé de la sorte, je considére premiérement combien ceux-là se peuvent tromper, qui prennent le Sens commun pour le bon, & les plus vulgaires opinions pour les meilleures de toutes. Comme s'il y avoit ien de plus commun que d'errer ? Comme s'il étoit rien de plus sot que la multitude ? Et comme si le grand chemin n'étoit pas celui des bêtes ? Ah que ceux-là sont encore dans un grand aveuglement spirituel, qui croient ne pouvoir pas mieux cheminer, qu'en suivant la procession, si l'on peut sans profanation user de cette métaphore, ni aller plus sûrement que dans la presse. Si nous obtenons une fois de nôtre esprit qu'il s'affranchisse jusqu'à ce point, d'examiner les choses sans ses préventions accoûtumées, il s'appercevra bien-tôt qu'il n'y a guères d'opinions plus assûrément fausses, que les plus universellement reçûës. C'est ce qui obligea Pythagore à defendre sur toutes choses à ses disciples le commerce populaire, comme capable de ruïner entierement sa discipline. *Malchus de vita Pyth.*

*Namque a turbando nomen sibi turba recepit.* *Marcellus Paling. in Cancro.*
Et c'est ce qui a fait que tant de grands hommes ont préferé la solitude à la conversation civile, pour n'être plus infectés de l'halene du peuple. Car soit que sa brutale ignorance, soit que sa perverse doctrine donne jusqu'à vous, vous en êtes insensiblement touché : Que le Plâtrier vous blanchisse, ou que le Charbonnier vous noircisse, la tâche y demeure également.

On a rémarqué qu'aux combats publics des hommes & des autres animaux, dont on contentoit la vûë du peuple Romain, les voix du Théatre étoient la plûpart du tems plus favorables aux bêtes qu'aux hommes, tant la multitude est toûjours impertinente, & tant elle est naturellement portée au pis. Ne voions-nous pas au contraire, que tout ce qui est excellent, ne se trouve qu'en fort petit nombre; que les rubis & les diamans sont rares; & que les perles sont nommées *Unions* par les Latins, parce qu'on n'en rencontre jamais qu'une belle à la fois? O que ce Flûteur Antigenide avoit bonne grace, quand il crioit tout haut à son savant disciple, mais peu goûté par le peuple, *Mihi cane & Musis:* Sans te soucier d'une ignorante populace, contente toi, que ton chant me plaise, & aux Muses! Ce n'est pas là faire état du Sens commun; ce n'est pas chercher son gain de cause dans les suffrages du peuple.

Nous avons une autre notable histoire sur ce sujet. Le Corps de Ville des Abderites manda en grande hâte le divin vieillard Hippocrate (car c'est ainsi que tous ceux qui le suivent, ont accoûtumé de le qualifier) l'invitant à la cure de Démocrite, qu'ils tenoient pour un insensé & pour un fou parfait, à cause justement qu'il n'avoit pas le Sens commun, & selon que leur lettre le porte, dautant qu'il parloit des Enfers; des Idoles ou Images qui sont en l'air; du langage des Oiseaux; de l'infinité des Mondes, & d'autres choses semblables, autrement qu'ils ne faisoient. Hippocrate qui étoit venu, comme l'on voit par sa réponse, avec cette pensée, que ceux qui l'avoient mandé, se pouvoient bien tromper, & qu'il n'auroit peut-être pas grand besoin d'employer son Ellebore pour cette fois; n'eût pas plûtôt entré en conférence avec ce prétendu atrabilaire, qu'il reconnût facilement la sottise des Abderites, & le mérite de Démocrite. C'est ce qui lui fit dire en riant, que ceux qui s'estimoient les plus sains, étoient à son avis les plus malades, & ce qui l'obligea à leur déclarer librement, qu'aiant fait un si mauvais jugement d'un si grand homme, ils méritoient mieux une prise de veratre (\*) que lui. Qui se pourroit fâcher après cela, de se voir accusé de n'avoir pas le Sens commun? Et qui est celui qui n'aimeroit pas mieux raisonner comme faisoient Hippocrate & Démocrite, qu'à la mode des Abderites & de leurs semblables, dût-il être tenu par eux pour un fou?

(\*) Veratrum, quod mentem vertat. Hellebore blanc, qui purge le cerveau & aiguise l'esprit.

Il faut que je dife ici en faveur de Démocrite, que non feulement les plus grands Philofophes de l'Antiquité ont paffé pour fous de leur tems: mais qu'au fiécle même où nous fommes, j'ai vû fort peu de grands efprits, & d'hommes de mérite extraordinaire, qui ne foient tombés dans cette diffamation, à l'égard du vulgaire, qui tient toûjours pour infenfés tous ceux qui s'éloignent de fon Sens commun, & qui même n'a point de plus ordinaire invective contre des perfonnes de qui il ne fait que dire, fi non que ce font des fous, ou qu'ils n'ont pas le Sens commun. Cardan devoit avoir obfervé la même chofe de fon *Cap. 26.* tems, puifqu'il pronoce dans fa Prudence Civile, qu'il n'y en a point au monde de fi folide, ni de fi bien établie, qu'elle foit à l'épreuve de cette calomnie, *nihil tam firmum effe in humanis, quod a ftultitiæ opinione fit tutum.* Pour moi j'eftime ce réproche plus propre à émouvoir la rate que la bile d'un honnête homme; & j'ai toûjours crû qu'il y avoit du myftere ca- *Math. c.5.* ché dans ce texte divin, *qui dixerit fratri fuo racha,* (c'eft à dire homme vain & badin) *reus erit concilio; qui vero dixerit fatue, reus erit gehennæ ignis.* Car c'eft peut-être la moindre de toutes les offenfes, d'être appellé fou, felon que nous venons de le dire; & vû que,

# SCEPTIQUE.

comme porte le proverbe Espagnol, nous le sommes tous les uns envers les autres. Il faut interpreter de même l'action du Prophete Elisée, lequel arrivant dans la ville de Bethel, se vit injurié par des petits enfans qui l'appelloient tête chauve, *Ascende calve*, & qui le mirent dans une telle colere, qu'après les avoir tous maudits, il en fit manger quarante-deux par des Ours. Ce sont des transports bilieux & divins tout ensemble, plus à respecter qu'à imiter, & qui ne nous doivent pas empêcher de mépriser les injures, & les sots jugemens d'un peuple ignorant, lequel se trouve par tout où est la multitude; qui se pare de soïe aussi bien que de bure; qui porte la soutane aussi bien que les crochets, & qui hante les cabinets dorés, aussi bien que les foires, puisque toute sorte de professions composent le peuple dont nous parlons.

<sub>4. Reg. cap. 2.</sub>

De cette considération j'entre dans une autre, qui me donne lieu d'admirer l'arrogance & la témerité de l'esprit humain, lors qu'elles lui font condanner, pour être irregulier, tout ce qui lui est nouveau, comme s'il pouvoit être la regle de toutes choses qui les lui font estimer moins communes, quand il n'en a jamais ouï parler, comme si la Nature n'avoit point d'autre étenduë que fa connoiffance; & qui font caufe qu'il croit qu'on n'a pas le Sens commun, auffitôt qu'on s'écarte de fa façon de concevoir, comme fi fa fphere d'activité n'avoit point d'autres limites que celles du globe intellectuel, & qu'il eût tenu regitre de toutes les opinions humaines, dont il ne fait pas la milliéme partie. Car s'il ne poffede qu'à grande peine quelque légere connoiffance de la façon dont raifonnent les hommes de nôtre Europe, ceux de l'Afie, ceux de l'Afrique, & ceux de l'Amerique; que fera-ce, quand on lui fera voir qu'il refte plus de Terres à découvrir, que tous les Géographes n'en ont encore repréfenté? Que feroit-ce, s'il y avoit d'autres Mondes que celui-ci? Que feroit-ce, fi felon l'opinion de beaucoup de Philofophes, ils étoient infinis? A-t-il fupputé les penfées de tant de Peuples & de Cofmopolites, comme il le faudroit avoir fait, pour déterminer quel eft le Sens commun? Mais fi l'on pouvoit fuppofer fans impieté le Monde éternel, felon la Doctrine Péripatetique, ne feroit-il pas vrai, comme l'a rémarqué Ariftote au premier livre des Méteores, qu'il n'y auroit point de penfée, ni d'opinion, pour nouvelle & Paradoxique qu'elle parût, qui n'eût été déja propofée une infinité de fois, & qui ne le fût

*Chap. 30.*

ncore autant à l'avenir? d'où il s'enfuit qu'aucune ne feroit nouvelle ni particuliére. C'eſt donc une arrogance inſupportable de s'attribuer la connoiſſance du Sens commun, quand à peine l'on ſait quels ſont les ſentimens de ſes plus proches voiſins. Et c'eſt ſans doute une extréme ignorance de condanner, comme nouvelle, quelque opinion que ce ſoit, puiſque rien n'eſt nouveau à l'agréable lumiere du Soleil, *nihil novum ſub Sole*, puiſqu'on ne peut rien dire qui n'ait déja été dit, & puiſque ce qui eſt nouveau à nôtre égard, eſt vieil dans le grand Monde, & au reſpect de l'Eternité.

De dire que ſans avoir une ſi parfaite & ſi étenduë connoiſſance de toutes les fantaiſies des hommes, on ne laiſſe pas de rémarquer aiſément le bon ſens, qui eſt ce ſens dont il eſt queſtion, par le conſentement du plus grand nombre de ceux que nous connoiſſons; outre que la choſe eſt fauſſe en ſoi, & que l'argumentation eſt vicieuſe, encore eſt-il aiſé de montrer par induction & par quelques exemples appropriés à ce ſujet, combien cette ſuppoſition eſt erronée, & combien de choſes paſſent univerſellement pour bonnes & vertueuſes dans un lieu, qui ſont reputées auſſi généralement méchantes & vicieuſes dans un autre. Commençons par la comparaison du vieil au nouveau Monde, & puis nous formerons des antithéses sur ce qui est crû & pratiqué en des lieux de moindre distance, ou pour le moins qui sont beaucoup plus de nôtre connoissance.

Les premiéres découvertes de l'Amerique y firent voir une si grande différence de mœurs comparées aux nôtres, qu'il sembloit qu'il y eût là quelque autre humanité que la nôtre, & que ce fût une nouvelle Nature. Or parce que cette considération iroit à l'infini, & que j'ai mis ailleurs par écrit les observations principales qui en résultent, je me bornerai ici à ce que nous apprenons tous les jours de nôtre nouvelle France; me contentant de dire en général de cet autre Hémisphere, que comme le plus sage de ceux qui l'habitoient, passoit pour un fou parmi nos Européens, & le plus saint pour un profane, les Ameriquains ne formoient guères de leur côté de meilleurs jugemens de nous; de sorte que nous fussions bien démeurés à deux de jeu à cet égard, si la force n'eût été entre nos mains.

Nous disons proverbialement que les songes ne sont que mensonges, & nous tenons que c'est une chose fort vaine que de s'y arrêter. *Lettre des PP. Jes.* Tous les peuples de Canada les croient très véritables; & l'on écrit des merveilles de leurs prédictions par le sommeil. Aussi *de l'an* répondent-ils encore tous les jours à nos gens *1633.* qui leur veulent donner une nouvelle doctrine là dessus, que chaque Nation a quelque chose de particulier, & que la leur a cela de propre, d'avoir des songes prophétiques. Ce qui me fait souvenir de ce que Pline a dit des peu- *5. hist. 8.* ples Atlantes d'Afrique, qu'ils ont des songes du tout différens de ceux des autres hommes.

Nous nous agenouïllons par deçà devant les choses saintes en grande vénération. En Canada ils ne savent ce que c'est que cette posture, au lieu de laquelle ils s'acroupissent pour témoigner leur culte divin & leur adoration.

Nous lavons ici & nettéïons soigneusement les visages que nous voulons rendre aimables. En cette nouvelle France les plus barbouïllés, soit d'ancre, ou de quelque autre ordure, sont les plus agréables ; & ce n'est pas avoir là le Sens commun que d'en juger autrement.

Nous mettons les parfums entre nos voluptés, & nous avons un très grand dégoût des puanteurs. Ces Sauvages trouvent le musc de si mauvaise odeur, qu'ils ne la peuvent supporter, & ont fort agréable celle de quelque vieille graisse ; de sorte qu'ils recréent leur odorat des mêmes choses que le nôtre ne sauroit souffrir.

Tome V. Part. II.   K

Leurs habits qui ne diſtinguent point le ſe[xe]; leur averſion à voir de la barbe au men[ton] des hommes, & toutes leurs façons d[e] faire, oppoſées quaſi diamétralement au[x] nôtres, ſe pourroient ici rapporter: Mai[s] c'eſt aſſez que je les déſigne comme du bou[t] du doigt, en aiant déja fait les principales ré[*]marques dans quelques Diſcours qui ont pré[*]cédé celui-ci. La doctrine qui s'en peut ti[*]rer, c'eſt qu'on n'a pas introduit depuis pe[u] ſans cauſe cette façon de parler, être Anti[*]pode à quelqu'autre; pour dire avoir dés in[*]clinations & des mœurs du tout contraires[*] puiſque celles des Ameriquains, qui ne ſon[t] guères moins éloignés de nous que s'ils nou[s] étoient parfaitement Antipodes, différoien[t] ſi eſſentiellement des nôtres.

Rétournons à nôtre ancien Monde, & vo[*]ions ſi nous y trouverons le Sens commu[n] plus uniforme; ou s'il ne nous donnera pa[s] ſujet plûtôt d'approuver le beau raiſonne[*]ment, dont la Philoſophie tâche elle-mêm[e] de fortifier l'eſprit affligé de Boëce, en ce[s] termes: Que puiſque les mœurs des hom[*]mes ſont ſi différentes, & que ce qui eſt te[*]nu pour vertueux en un endroit paſſe pou[r] un vice ailleurs, la gloire des belles actions n[e] peut pas être fort étenduë, vû que ce qui l'ac[*]

*2. de conſol. Proſa 7.*

...iert en un lieu, la détruit si facilement ...ns un autre.

L'Historien Nicolas Damascene observe, *Exc. Const.* ...e les peuples Pisides n'ont rien de plus réligieusement entretenu parmi eux, que la foi ...u Depôt: de sorte qu'il y a peine de mort ...ablie irrémissiblement contre ceux qui sont ...onvaincus de l'avoir violée. Les Indiens, dit ...e même Auteur, se mocquent par un sens ...ut contraire, de celui qui se plaint qu'on ...ui dénie ce qu'il a prêté; & les Loix ne lui ...onnent aucune action pour le répéter ou re...émander au dépositaire, ne pouvant faire ...utre chose que d'imputer sa perte à sa simplicité & à sa trop grande confiance.

Nos batailles se donnent ordinairement de jour, & c'est pour cela que nous les nommons des Journées, n'y aiant guères que la nécessité, & les surprises, qui nous fassent combatre pendant les ténebres. Les Massyliens de Libye, dit ce bon ami d'Auguste, que nous venons de citer, n'en venoient jamais au fort des armes que la nuit: de telle façon, qu'il y avoit toûjours trêve le jour, pendant le plus fort de leurs guerres.

Ciceron rémarque sur la fin de sa seconde Tusculane, & Valere Maxime de même, que les Cimbres & les Celtiberes chantent en guerre, sans y craindre la mort; encore qu'ils se lamentent dans le lit, & qu'ils craignent d' mourir honteusement de maladie. Les Grecs tout au rebours, selon l'observation des mêmes Auteurs, fuient les dangers de la guerre, & meurent constamment au grabat, philosophant jusqu'au bout; qui est aussi ce que nous appellons mourir de la belle mort, quand on la trouve entre deux draps.

Nos plus serieuses actions semblent ridicules aux Tartares, qui réputent de leur côté criminelles, celles que nous avons pour indifférentes. Et parce que j'ai déja dressé quelques Antitheses des unes aux autres, en de traités sceptiques différens de celui-ci, j'ajoûterai seulement, comme pour Corollaire, ces deux ou trois Observations de choses si absurdes, que c'est assez de les rapporter, pour reconnoitre combien elles sont hors de nôtre pratique, & de nôtre raisonnement. Fendre du bois auprès du feu avec une cognée: Tirer avec le coûteau la chair du pot encore bouïllant: S'appuier contre le fouët, dont on fait aller les chevaux: (car les Tartares n'usent point d'éperons) Toucher des fléches avec ce fouët-là: Prendre ou tuer de jeunes oiseaux: Pisser dans l'enclos de son logement: ce sont tous crimes selon leur Jurisprudence.

*Voiage de Carpin, c. 3. & Bergeron, tr. des Tartares.*

faire perdre la vie. Cela me fait souvenir *Ramuf.* ce que j'ai lû des Indiens de la Côte Mala- *com. 1.* ire, qui ne connoissent point de plus grande injure que de rompre un pot sur la porte de quelqu'un.

Car comme il y a des hommes qui sont tellement dans l'usage de la raison, qu'ils ne se laissent presque jamais transporter de colere pour quoi que ce soit, non plus que Socrate: on en voit d'autres qui s'offensent de rien, & que la fougue prend sur les moindres sujets qui se présentent. Vne feuille de rose redoublée empêche un Sybarite de réposer: Et il se trouve des esprits si délicats, qu'ils se troublent & s'irritent pour des choses dont d'autres qu'eux ne feroient que rire. Tel fût cet Hortensius, qui eût volontiers fait per- *Macrob.* dre la vie à son Collegue, à cause qu'en pas- *3. Saturn.* sant il lui avoit tant soit peu changé le plis de *chap. 13.* sa robe, qu'il s'étoit donné beaucoup de peine à bien mettre & ajuster devant que de sortir du logis.

Nous lavons l'une & l'autre main aupara- *Pierre* vant que de nous mettre à la table. Les Ara- *Dam. hist.* bes ne se lavent que la droite, selon les loix *de Barb.* de leur civilité.

Nous croions que le pain chaud est mal sain en beaucoup de façons. Ils ne mangent le leur ordinairement que tout boüillant.

Nous entre-mêlons nôtre pain avec la viande, en prenant nos repas: ils mangent l'un & l'autre séparément & sans mélange, cessan[t] de prendre l'un, quand ils commencent à goûter de l'autre.

Nous faisons prendre à nos chevaux le foin au ratelier, qui est fort haut au-dessus de leur tête. Les Maures disent que cela est contre nature; & prétendent qu'en faisant mange[r] les leurs à terre, ils les rendent plus propre[s] au travail.

*Hist. de Cherifs.*

Nous visitons nos malades avec un grand soin; les mêmes Tartares, dont nous venon[s] de parler ci-dessus, mettent un signal au logis des infirmes, afin que personne n'y aille que celui qui les sert.

Nous aimons la netteté du service de l[a] table; ils ne lavent jamais leurs écuelles qu'avec le potage même qu'on doit manger.

Nous faisons grand état de pucelles. Il[s] n'estiment point les femmes qu'elles n'aien[t] eu des enfans; & presque par tout le Levan[t] la Virginité est un defaut.

Surquoi je veux bien débiter en ce lieu u[n] paradoxe qui m'a quelquefois passé par la fan[taisie], & qui n'est pas peut-être moins raison[nable]

# SCEPTIQUE.

...able pour s'éloigner un peu, il me semble, ...u Sens commun. C'est que contre la pen-...ée ordinaire & l'opinion générale de la beau-...é, qu'on tient pour la plus puissante de tou-...es les tyrannies, comme celle qui se fait ai-...mer par force de tout le monde, je crois, quant à moi, que ces grandes & ravissantes beautés du sexe feminin excitent autant & plus de haine, que d'amour. Déja, que tout ce qui est beau ne soit pas pour cela toûjours aimé, je m'en rapporte à celui qui avoit pris pour sa devise une Comete, avec ce mot Espagnol, *Hermoso, y no querido*. Mais ce n'est nullement par là que je le veux prendre, non plus que par cette autre consideration, qu'il y a de l'antipathie entre ces rares beautés, & la plus grande des vertus de la femme, qui est la chasteté,

- - - *Rara est concordia formæ,*     *Juvenal.*
    *Atque pudicitiæ.*                      *sat. 10.*

Car bien que ce soit en partie sur ce fondement que Platon au cinquiéme Livre de ses Loix, ne prise pas tant les corps d'une beauté extréme ni même les plus robustes, ou les plus sains, que ceux qui possedent ces bonnes conditions avec quelque médiocrité? Et quoiqu'on puisse conclure là-dessus, que si la beauté fait son sujet vicieux, elle le rend

K iiij

plus haïssable qu'autrement. Je tirerai néanmoins mon fondement d'ailleurs, après avoir présupposé qu'on ne voit point de ces beautés extraordinaires, qui n'excitent des passions extrêmes, comme proportionnées à leur cause, en beaucoup de personnes. Ainsi il s'en trouva plusieurs qui païèrent librement de leur mort le plaisir d'une nuit que leur accordoit Cleopatre. Or non seulement celles qui sont belles à un si haut point, sont encore naturellement glorieuses, & par consequent rébu‑

*Aurel. Victor.* tantes, & pleines de mépris. Mais ce que j'y considére le plus, c'est qu'étant obligées par leur propre interêt de ne complaire qu'à un seul, ou à peu d'amants, il faut par nécessité qu'elles en desobligent une infinité d'autres, qui ne manquent guères de dépit & de jalousie, à tourner leur amour en rage, contre celles dont ils se croient dédaignés. Et c'est de là qu'il s'ensuit que ces beautés exquises se font plus universellement haïr, qu'aimer, puisque pour un ou deux qui persistent dans leur affection elles se font quantité d'ennemis. L'Histoire tragique de la belle Ecossoise Duglas nous peut donner un exemple de ceci, autant illustre qu'il y en ait eu dans pas un Siécle, bien que le nôtre, & ceux qui l'ont précedé, en puissent fournir sans nombre. Cette An‑

…lique, quoiqu'infortunée beauté, se vit calomnieusement persecutée par Guillaume …eout, parent de son premier mari, qui fit succomber son innocence sous le pésant crime de leze-Majesté, pour un refus d'amour qu'il ne pût souffrir, comme il le confessa lui-même depuis.

S'il est paradoxique de dire que la beauté se fasse haïr, il ne le sera pas moins de soûtenir qu'il se trouve des personnes, qui n'ont de l'affection que pour leurs ennemis. Et d'autant que les narrations du tems qui court, sont toûjours trop pleines d'envie, contentons-nous du riche exemple que nous en donne Valere Maxime, en la personne de L. Valerius, surnommé Heptacorde. Celui-ci instituant son héritier Cornelius Balbus, avec lequel il exerçoit des inimitiés capitales, fit bien voir que l'esprit humain étoit capable de cherir le peril même, & l'infamie, avec ses ennemis. En effet, la loi Chrêtienne, qui veut que nous les aimions, n'empêche pas que nous ne leur préferions nos amis. Mais voici un Paien qui passe bien plus outre, en s'égarant, *Amavit enim*, dit le texte, *sordes suas, & dilexit pericula, & damnationem votis expetivit, autorem harum rerum benevolentia, propulsatores odio insecutus.* Je sai

*Lib. 7. c. 9.*

bien que ce dernier exemple doit paroitre à beaucoup de gens, tout-à-fait hors du Sens commun; & néanmoins encore qu'il m'en semble peut-être autant qu'à eux, je ne laisserai pas de me servir de ma suspension sceptique, puisque j'ai été trompé si souvent ailleurs au discernement de ce même Sens.

Y a-t-il rien de plus crû, & de plus senti, déférant aux apparences, que la légereté de l'air? Il s'est trouvé pourtant des Philosophes qui l'ont maintenu pesant, & le Docteur en Medecine Reyd, démontre qu'il ne l'est pas moins que la Terre.

La blancheur & la froideur de la neige semblent-elles révocables en doute? Si est-ce qu'Anaxagore, qui la disoit noire, a eu ses Sectateurs; & Thelesius, qui la tient chaude, a encore les siens.

Qu'avons-nous de plus sensible, & de plus reçû dans les Ecoles, que le nombre des cinq Sens de Nature? Je vois des Philosophes pourtant, qui en reconnoissent un sixiéme, servant à la Volupté: Et d'autres, comme Campanella, n'en admettent qu'un, savoir le toucher; qu'ils font plus subtil dans l'œil, & plus grossier ailleurs, avec une certaine proportion.

Toute la Logique est établie sur ce principe, qu'elle emprunte de la Métaphysique; que deux propositions contradictoires ne peuvent être véritables en même tems. Democrite & quelques autres ont soûtenu le contraire.

Le fondement de la Physique des plus renommés Paiens, est qu'on ne peut rien faire de rien. C'est pourquoi ils rejettoient presque tous la création du monde, & embrassoient la plûpart son Eternité

*Ægroti veteris meditantes somnia, gigni* Pers. s. 3.
*De nihilo nihil, in nihilum nil posse reverti.*

Il s'est trouvé d'autres savans, qui ont mis le Néant pour le principe de toutes choses; & nos Rélations modernes de la Chine portent, que les plus grands Docteurs de ce païs-là discourent philosophiquement de toute la Nature sur cette présupposition.

La Médecine a-t-elle une seule regle, ou un seul aphorisme, qui ne soient en controverse? Je m'en rapporte aux Dictyaques de ce Denis Ægée, dont parle Photius en deux Cod. 185. sections différentes, qui contenoient cent & 211. Chapitres de matieres médecinales, où le premier étoit toûjours pour la proposition affirmative, & le suivant pour la négative.

Mais examinons un peu plus particuliérement par les seules lumieres naturelles ce qui touche la Morale, & nous ne tarderons guéres à reconnoitre qu'il vaut bien mieux, comme l'a dit S. Augustin, tenir des Loix divines, qui sont certaines & immuables, la regle de nôtre vie en ce qui touche le vice & la vertu, le bien & le mal, que d'une science qui paroît presque conjecturale, à cause qu'elle varie incessamment, au grè du tems, du lieu, & des personnes.

On ne convient dans toute l'Ethique de rien davantage que du respect envers les parens, de l'amour de la Patrie, & du but certain que chacun se doit proposer dans le cours de la vie. Ces trois points examinés sceptiquement, nous peuvent faire juger de tout le reste.

Pour le premier, il semble avoir son fondement dans la Nature, qui nous inspire tacitement dans les cœurs, que nous devons tenir pour Dieux en terre ceux qui nous les y représentent par tant de bienfaits, & en tant de façons différentes, sur tout en ce que toute paternité procede de Dieu, qui est nôtre Pere commun. De là vient que les Anciens punissoient de même genre de mort l'impieté envers les Peres, que celle qui regardoit les

*Val. Max. l. 11.*

Dieux immortels, selon leur façon de parler, mettant ceux qui se trouvoient coupables de tels crimes, autant les uns que les autres, à la merci des vagues de la Mer, après les avoir coufus dans un sac. Le différent qu'eûrent les villes de Catane & de Syracuse, pour la naissance de ces fils qui sauvèrent leurs peres des flammes extraordinaires d'Etna, dont chacune s'attribuoit l'honneur; montre la grande estime où ont été de tout tems les enfans que l'amour paternel a portés à quelque belle action. L'on veut qu'Antilochus se soit fait tuër devant Troie, pour sauver la vie à son pere Nestor. Et Pindare assure que Chiron ne faisoit point de plus expresse leçon à son disciple, que d'honorer, après le grand Jupiter, Peleus & Thetis qui l'avoient mis au monde, comme ses Dieux visibles. Mais abstenons-nous de tant d'exemples qui pourroient être rapportés là-dessus, pour faire cette seule réflexion après Valere Maxime, au sujet d'une fille Grecque, & d'une Romaine, qui avoient nourri de leurs mammelles dans la prison celle-ci sa mere, & la première son pere; *Putaret aliquis, hoc contra rerum naturam factum, nisi diligere parentes prima naturæ lex esset:* On pourroit croire, dit-il, qu'il y auroit quelque chose en cela, qui choqueroit

*Solin. chap. 5.*

*Ode 6. Pyth.*

*Lib. 5. c. 4.*

l'ordre de la Nature, de voir allaitter des peres & des meres par leurs enfans; si l'amour paternel & maternel ne dépendoit pas comme il fait, de la premiére loi de cette même Nature. Et certes toutes les constitutions divines & humaines, sont si expresses là-dessus, qu'on ne sauroit régarder sans horreur ceux qui se dispensent tant soit peu de leur observation. Les Histoires néanmoins font voir que beaucoup de Nations (très condannables en cela) se sont dispensées de ce respect; & les Rélations du nouveau Monde nous content que les peuples errans de Canada tuënt librement leurs peres & leurs meres, quand ils les voient dans une extréme vieillesse. C'est un trait de pieté à quelques Indiens, d'en user de même, & de les manger ensuite, si nous en croions Solin. Les Tribales, dit Aristote, ont pour une action fort honnête & fort legitime, d'immoler les leurs. Et les Scythes, au rapport de Sextus l'Empirique, les étranglent aussi-tôt qu'ils sont sexagenaires: de quoi, ajoûte-t-il comme Païen, il ne faut pas beaucoup s'étonner, puisque nous croions que dans le Ciel même Saturne mutila son Pere; que Jupiter précipita le sien dans le Tartare; & que Minerve, assistée de Junon & de Neptune, tâcha une fois d'en-

*Le Pere l'Alleman & Sagard, c. 20.*

*Cap. 52.*
*1. Topic. chap. 11.*
*3. Pyrrh. hypot. cap. 14.*

…ainer le même Jupiter, dont elle étoit fille. D'ailleurs Aristophane, qui a commis un au- *In Neb.* tre genre de parricide à l'endroit du pere com- *act. 5.* mun de tous les Philosophes, fait que Socra- *sect. 2.* te enseigne les enfans à battre leurs parens par raison. Car puisque, dit-il, les peres châtient leurs fils par amour, comme ils protestent, pourquoi ceux-ci leur cederoient-ils en cette affection, qui les oblige à les traiter de même ? Aussi que les fautes des peres leur doivent bien moins être pardonnées, puisqu'ils sont plus instruits au bien, & par consequent plus punissables, s'ils s'en écartent. Que si la loi ne permet pas qu'on donne le fouët à d'autres qu'à ceux qui ont le nom d'enfans, les peres ne tombent-ils pas en enfance, selon le proverbe, *bis pueri senes*, & par consequent dans le cas de la loi ? Il n'y a rien, poursuit-il, qui soit plus selon la Nature, que ce procedé, comme le témoignent suffisamment les Coqs, & assez d'autres animaux, *Arist. 5.* qui gourmandent & excedent tous les jours *de hist.* devant nous ceux qui leur ont donné l'être : *anim. c.* sans qu'il soit besoin d'avoir recours là-dessus *26. & 27.* à ce que font les Viperes, les Scorpions, les *Plin. l. 11.* Phalanges, & ces autres Araignées, qui font *c. 24. &* perdre la vie en naissant à ceux de qui ils la *25.* tiennent. En vérité je crois que ce Roi de *Mariana*

*l. 16. hist.* Castille, Pierre le Cruel, devoit avoir étu-
*cap. 21.* dié cette belle leçon, puisque contre tous les
exemples de l'Histoire Grecque & Romaine,
il fit si peu d'état de la pieté d'un fils de dix-
huit ans seulement, qui s'offroit de mourir
pour un Orfevre de Tolede son pere, âgé de
plus de quatre-vingts; que le prenant au mot,
& se mocquant de lui, il le fit impitoiable-
ment exécuter à mort. Tant y a que selon
ce sentiment, tout impie qu'il est, nous
*Lib. 2.* voions des Sophistes, qui soûtiennent dans
*c. 7.* Aulu Gelle, que nous ne devons en aucune
façons obeïr à nos parens; ce qu'ils prouvent
par ce ridicule dilemme. Les choses qui
nous sont commandées par eux, doivent être
raisonnables, ou déraisonnables: Si elles sont
raisonnables, il les faut faire comme telles,
& non pas en vertu de quelque ordre que ce
puisse être: Que si elles sont autres, il n'est
pas juste d'obeïr à un mauvais commandement: d'où il s'ensuit qu'il n'y a pas lieu de
rendre jamais aucune obeïssance à nos peres
ou à nos meres. Il est certain qu'il s'est trou-
*Plotin.* vé des Platoniciens si spirituels, je veux dire
si amoureux de l'esprit, qu'ils faisoient profession ouvertement d'une très grande aversion de leurs parens, à cause du corps qu'ils
avoient reçû d'eux, dans lequel, comme
dans

[...] une prison, leur ame se trouvoit renfermée. Voilà assez de Sophisteries pour le premier article.

Venons au second, qui regarde l'amour [de] la Patrie. C'est celui qu'on dit qui comprend, & même qui surpasse toutes les autres affections de femme, d'enfans, & d'amis; d'où vient que nous usons du mot de rapatrier en toute sorte de reconciliations. Les Arabes, qui n'ont qu'un stérile désert pour Patrie, ressentent les mêmes tendresses pour elle, que les autres peuples, & combatent pour leurs infertiles sablons jusqu'à l'extrémité, tant cet amour est naturel. Aussi peut-on dire que les exemples de ceux qui se sont dévoués pour leur païs, comme les Décies Romains, allans à bras ouverts récevoir une mort certaine, pour faire vivre leur Patrie, se voient avec adoration dans toutes les Histoires. Je me contenterai de rémarquer dans l'ancienne, que la mere de Brasidas y est estimée, d'avoir préféré l'honneur de Sparte à celui de son fils: Celle de Pausanias, d'avoir porté la premiére pierre pour murer la porte de l'Asyle, où son fils, traitre à l'Etat, s'étoit retiré: Et ce grand Capitaine Timoleon, d'avoir tué son frere, pour sauver sa ville de Corinthe, qu'il vouloit asservir. Nôtre Histoire *Diod. Sic. l. 12. 13. & 16.*

*Thuan. 7. hist.*

moderne n'étant pas moins riche en semblables exemples, qui nous méneroient trop loin, contentons-nous d'y voir l'action du Corsaire Dragut. Ce Turc faisant tuer Hebraïm, qui lui venoit de livrer la ville de Aphrodisium, ou Africa, que les Maures nomment Mahadia, prononça ce bel apophthegme, Que personne n'étoit obligé de tenir sa parole à celui qui avoit été traitre à sa Patrie; sans que peut-être il eût jamais ouï parler d'une action toute pareille de l'Empereur Aurélien, à l'endroit de ce mauvais Citoien Heraclammon, qui lui avoit fait prendre sa Ville de Thyane. Tournons maintenant la médaille, & nous y verrons une bien différente empreinte. L'amour de la Patrie, disent quelques Philosophes, est une erreur utile, & une fraude nécessaire, sans laquelle nul Empire ne subsisteroit. Le Sage, se considérant comme Citoien du Monde, & sans aucune dépendance, sera trop amateur de sa liberté, pour se laisser attacher à une piece de terre, de même que l'étoient anciennement ces serviteurs rustiques, qu'on nommoit *glebæ addictos*. N'est-ce pas le sujet de ces deux vers d'Ovide?

*Omne solum Forti patria est, ut piscibus æquor*
*Vt volucri vacuo quidquid in orbe patet.*

C'est encore ce qui faisoit dire à Aristippe *Diog.* en raillant, selon sa coûtume, que la Pru- *Laërt. in* dence étoit de trop haut prix, pour souffrir *vius vita.* qu'un honnête homme l'allât mal à propos hazarder en faveur des Fous, sous ce prétexte de combatre pour son païs. Et véritablement s'il y avoit lieu d'en venir là, il semble qu'il faudroit que ce fût pour une République de Platon, ou du moins pour un Empire aussi juste que le nôtre, plûtôt que pour tant d'autres Etats que nous voions, dont un homme de bien ne ressent guéres la souveraineté que par l'oppression, & fort peu par le soulagement. Ne voilà pas des raisons qui ont *Plin. 13.* le goût du Lotos, & qui font bien-tôt oublier *hist. c. 17.* la Patrie. Pour ne rien dire de ceux qui l'ont euë en si grande aversion, qu'on a écrit de Neron, qu'après avoir mis le feu dans la ville de Rome, qui étoit le lieu de sa naissance, & après s'être contenté l'esprit avec des transports de joie nompareils, dans la contemplation de cet embrasement, qui lui représentoit celui d'Ilium ; il envioit encore le bonheur de Priam, d'avoir vû perir son Etat & sa Patrie avec lui, les cendres de Troye lui aiant servi de tombeau.

Quant au troisiéme point, nous l'expédierons sommairement, en disant, que comme il est nécessaire à l'Archer d'avoir un but arrêté, devant que de tirer sa fléche, étant impossible qu'il vise bien à deux différens objets tout à la fois; Il ne semble pas qu'on puisse soûtenir non plus, que la Morale admette deux fins diverses de nos actions, *Cor ingrediens duas vias non habebit successus*, dit l'Ecclesiastique. Car les fins subordonnées, bien que plusieurs en nombre, conviennent toûjours en quelque unité. Les Anniceriens pourtant, Auteurs d'une des branches de la Secte Cyrenaïque, donnoient bien la volupté pour but de chaque action particuliére; mais quant à la vie considérée en gros, ils nioient absolument, qu'on lui pût assigner aucune fin certaine ni determinée, si nous en croions Clement Alexandrin. Et d'autres qui ont pris garde combien la Fortune est ennemie des conseils reglés, & de toutes les conduites de la prudence humaine, soûtiennent qu'on ne sauroit pis faire dans le cours de la vie, que de se proposer un seul but ferme & arrêté. Jamais cette Déesse aveugle, ne favorise les desseins formés des hommes sages, par la propre confession d'Aristote, qui reconnoit dans son Ethique, qu'ordinairement où il y a beaucoup d'esprit, d'adresse, & de raison, il ne se rencontre guères de succès, ni

*Cap. 3.*

*Lib. 2. Strom.*

*Lib. 2. magn. Mor. c. 8.*

le ce qu'on nomme Fortune, parce que c'est le partage des plus inconsidérés; ce qui passe encore pour une Sentence d'Epicure. Aussi ceux qui représentèrent autrefois cette même Fortune assise sur un serpent, ne vouloient dire autre chose par cet emblême, si non qu'il n'y a point d'ordre si bien ajusté, ni si raisonnable, dont le hazard ne se mocque, & qu'il ne maitrise à la fin. Il n'est donc pas à propos de prendre des mésures si certaines, si nous voulons qu'il nous reüssisse; & le meilleur est, selon le proverbe, d'avoir plus d'une corde en son arc, ou plus d'un dessein, & d'une visée dans son intention, pour tourner la voile selon le vent, & tirer profit de toute sorte d'accidens. C'est pourquoi Plutarque observe dans son Traité des Communes Conceptions contre les Stoïques, que Chrysippe étoit d'avis, qu'au lieu de rapporter tout ce que nous faisons à un seul point, l'on pouvoit avoir deux fins, ou deux buts de la vie différens, lui réprochant d'avoir en cela parlé entiérement contre le Sens commun. C'est au même lieu où il le réprimande encore, de ce qu'il avoit soûtenu, que le vice étoit aucunement vice selon sa Nature, & qu'il ne pouvoit pas être dit du tout inutile, à l'égard de l'Univers, vû qu'autrement le bien ne s'y rencontreroit pas. Cela se prend de la raison des contraires, qui ne sauroient subsister l'un sans l'autre: Ou de ce que comme les excrémens & les mauvaises humeurs ne servent pas moins à l'entretien du corps humain que les bonnes; on voit aussi que les hommes vicieux ne laissent pas de servir au public, & que le mal particulier qu'ils font, se tourne en bien dans l'ordre général du monde. Mais ne sait-on pas que Carneade passa bien plus outre encore, quand il eût la hardiesse de soûtenir qu'il valoit mieux être méchant que vertueux.

Or il s'en faut tant, que je trouve étrange, de voir, qu'il n'y ait nul accord sur toutes les parties de la Philosophie, entre ceux qui font profession de les examiner; que je m'étonnerois bien plus, s'ils s'unissoient là-dessus. Car comment connoitroient-ils le reste, s'ils ne se connoissent pas eux-mêmes? Je ne sai pas bien, disoit Socrate, si je suis un homme, ou si je ne suis point quelque autre animal divers, & plus étrange que Typhon ne nous est représenté. Comment verroient-ils clair au surplus, si le Soleil, qui est la chose la plus manifeste de toute la Nature, leur est inconnu? Comme enseigneroient-ils aux autres la vérité, s'ils n'ont pû encore détermi-

*Plato in Phædro.*

er ce que c'est? Si elle est dans les choses, ou dans l'entendement : Si elle est réelle, ou si c'est seulement une rélation & une conformité de la chose avec nôtre intellect, pour user du terme de l'Ecole : Si elle est visible & réconnoissable, & si elle est cachée au fonds du puits de Démocrite : Si elle reçoit le plus & le moins, aiant quelque latitude, selon certains Péripatéticiens, ou si elle en est incapable conformément à la doctrine de Saint Thomas : Bref, si nous possedons ce *critérium* des Dogmatiques pour la discerner, ou si nôtre plus haute faculté de juger ne s'étend pas plus loin que le vraisemblable des Sceptiques, de telle sorte que nous aions bien les instrumens pour la chercher, mais non pas ceux qui seroient nécessaires pour la réconnoitre. Ah que les plus superbes d'entre nous avoüeront franchement, que l'esprit humain est un vrai aveugle-né, autant de fois qu'il leur restera quelque ingénuité ! Tant s'en faut, que ce soit le fait de nôtre humanité, de réconnoitre cette vérité, qu'étant bien loin au dessus de nôtre Nature, il la faut tenir pour le propre de Dieu seul. C'est pourquoi je ne doute point que nous ne soions bien plus ridicules aux Essences divines dans la plûpart de nos actions, que les Singes ne le font à nôtre égard en tout ce qu'ils font, lors qu'ils tâchent de nous imiter : Et que ces mêmes esprits, dépouïllés de toute matiere, ne se rient encore davantage de nous, quand nous voulons connoitre la vérité, qui n'est pas de nôtre portée ; que nous ne nous moc-quons de ces petits animaux dans l'exercice de leurs plus plaisantes entreprises.

Avoüons-le librement ; Cette raison que nous nommons divine, qui nous rend si glo-rieux, & avec laquelle nous prétendons de pouvoir discerner le vrai du faux, est un jouët à toutes mains, que le mensonge manie com-me il veut, & dont il s'aide aussi bien, & sou-vent avec plus de grace que ne fait la vérité. Nous croions que nôtre entendement posse-de cette belle raison, comme une épouse le-gitime ; & c'est une Courtisanne effrontée, qui voilée du masque d'apparence, s'aban-donne honteusement à toute sorte de partis. Avec la petite lumiere qu'elle nous fournit, nous prétendons de percer facilement les Sphe-res Celestes, de controller hardiment les ou-vrages soit de Dieu, soit de la Nature, & pour le dire en un mot, d'être clair-voians par tout. Cependant non seulement les esprits vulgaires, mais ceux mêmes qui ont le plus de pointe d'esprit, ou de cette splendeur seche d'Héraclite, se trouvent environnés de certaines ténebres si épaisses & si invincibles, qu'on peut bien dire ici comme au jour de la Passion, *tenebræ factæ sunt super universam terram*, l'obscurité qui est, au sens que nous le disons, en toutes choses, nous empêchant de rien discerner comme il faut. Aussi voions-nous que ceux mêmes qui philosophent le plus altiérement, sont enfin contraints d'avouër qu'ils vivent dans une profonde ignorance, autant de fois, qu'ils ont recours à leurs qualités occultes, & qu'ils alléguent la cause premiere au defaut des causes secondes, qui sont les pierres fondamentales de toute leur science: que si le mot d'Antisthene rapporté par Plutarque, étoit une loi parmi eux, qu'il falût faire provision de sens pour entendre, ou d'un licou pour se pendre, à mon avis que le nombre en resteroit très petit: Mais il n'est pas besoin qu'ils prennent tous les matieres si fort à cœur que le faisoit ce Cynique, & il leur sera bien plus expedient de s'accommoder doucement à leurs destinées, c'est à dire à la volonté de Dieu; de reconnoitre modestement la foiblesse de l'esprit humain; & de se contenter du vrai-semblable que le Ciel leur donne en partage, laissant embrasser les vérités pures & toutes nuës aux Intelligences délivrées de tout empêchement.

Pour nous qui ne pouvons rien connoitre que par le ministere des Sens, qu'on dit être les portes de nôtre ame, où rien n'entre que par leur moien, ne devons-nous pas être dans une merveilleuse défiance de tout nôtre savoir, vû la débilité naturelle de ces mêmes Sens, leur dépravation ordinaire, & leur fausseté si souvent apparente ? La limeure des cornes de Chevre leur semble blanche, comme celle d'argent leur paroit noire ; & néanmoins l'argent est blanc à leur avis, & la corne de Chevre noire. Ils trouvent de même, que des grains de sable séparés sont durs, cependant quand ils sont en un monceau, ils les jugent très mous. Enfin il y a mille instances semblables à faire, si l'on se veut servir de l'un des dix moiens de l'Epoque Sceptique.

Mais ce qui suit la sensation est encore de plus difficile caution, jusques-là que la partie de nôtre esprit, qui doit rectifier toutes les autres facultés est souvent celle qui les déprave. Et comme les Sens imposent la plûpart du tems à l'entendement, il ne leur est pas à son tour plus fidele, leur faisant trouver beau & bien formé le matin, par une prévention d'amour, ce que l'aprèsdinée peut-être il leur représentera laid & difforme par une paſſion contraire. C'eſt ſurquoi ſe fondent ces Philoſophes, qui ont librement avoüé que l'homme étoit le pire de tous les animaux. Leur raiſon qu'on peut voir dans le dix-ſeptiéme livre de l'Hiſtoire de Polybe, eſt, que les bêtes brutes ne pèchent que par le tranſport de leurs paſſions. Là où l'homme qui n'y eſt pas moins ſujet qu'elles, a de plus ſon mauvais raiſonnement, ſes fauſſes opinions, & ſon imprudence, qui le font faillir à toutes heures. Et c'eſt encore ce qui fait ſoûtenir dans Ciceron, à ce ſavant Pontife Cotta, que la raiſon humaine n'eſt pas un préſent du Ciel, comme beaucoup de perſonnes ſe le font accroire. Car, dit-il, quand les Dieux euſſent voulu nuire aux hommes, & les bien incommoder, que leur pouvoient-ils donner de plus approprié à ce mauvais deſſein qu'une telle raiſon? C'eſt encore ſur ce déréglement de l'une & de l'autre partie de nôtre ame, qu'étoit fondé le ris de Démocrite, dont il ne pouvoit retenir le cours autant de fois qu'il conſidéroit, qu'un animal ſi foible de corps & d'eſprit, comme eſt l'homme, ſe trouvoit néanmoins rempli d'une ſi ſotte vanité. Tout l'homme, diſoit-il, n'eſt qu'une maladie con-

*Et in Exc. Conſt. p. 96.*

*Cic. 3. de nat. Deo.*

tinuée depuis sa naissance jusqu'à sa fin, ὅλος ἄνθρωπος ἐκ γενέτης νοῦσος ἐστιν: Ses actions déréglées, & son mauvais discours, font assés voir qu'il est toute sa vie dans les rêveries d'une fiévre chaude. Et cependant il se persuade qu'il est le plus sain du monde. Qui ne riroit avec Démocrite d'un tel délire, & d'un tel aveuglement? Si nous voulions tenir un fidele regitre de tous les mauvais tours que nous a fait cette partie superieure dont nous parlons, peut-être n'y trouverions nous pas dequoi faire tant les glorieux, ni dequoi prendre un si grand avantage que nous faisons sur le reste des animaux, quand nous définissons l'homme un animal raisonnable, pour le bien & avantageusement distinguer de tous les autres. Ils ne sont peut-être point si éloignés de nous du côté du raisonnement, selon le plus & le moins, ou autrement (je laisse à part la considération de l'immortalité) que la parole & la main ne puissent être dites des parties autant & plus essentielles, pour nous faire différer des bêtes brutes, que cette belle raison telle qu'elle paroit en beaucoup de personnes. En effet, quiconque se figurera des hommes nés & nourris dans les bois, sans mains & sans langue intelligible, qui les habitent de la même façon que le reste des animaux, il s'appercevra aisément, que la reconnoissance intellectuelle, ni la raison que pourroient avoir les premiers, ne leur donneroit pas un grand avantage sur les autres. Vraiement cette pensée conduite par le discours mental jusqu'où elle doit aller, vous les laissera tous avec si peu de différence entre eux, (j'excepte toûjours l'immortalité) que peut-être les hommes vous paroitront plus bêtes en beaucoup de choses que les bêtes mêmes.

Il faut que je m'explique encore ici sur une autre pensée qui regarde nôtre raison. Ne croit-on pas universellement, que si tous les hommes la possedoient à un tel point de perfection que chacun fût bien sage, le monde en recevroit un grand avantage, & que tout en iroit beaucoup mieux? Cependant, si l'on y veut prendre garde un peu de plus près, on réconnoitra bien-tôt le contraire; & que tant s'en faut, c'est la folie qui fait subsister le Monde, lequel apparemment periroit sans son entremise.

*Humani generis mater nutrixque pro-* Marc.
*fecto*  Paling.
*Stultitia est, sine qua mortalia cuncta pe-* in Virg.
*rirent,*
*Nilque agerent homines in terris.*

Car la plûpart des Arts dont les hommes font profeſſion, ne doivent-ils pas leur établiſſement à la folie? Combien les jeux; les danſes; les feſtins fuperflus; les délices, qui vont à l'infini; les parures & les ornemens de ſi diverſes façons, avec mille autres telles galanteries, font-elles vivre de monde? N'eſt-ce pas la folie, qui fait combatre tant de Nations? & néanmoins les perſonnes qui vivent des divers métiers de la guerre, ne ſe peuvent compter. Que feroient, je vous prie, tant d'Officiers fuperflus de Judicature, ſans la manie de ce nombre innombrable de gens qui les emploient, & ſans la leur propre, qui fait qu'ils préférent ce mercenaire exercice à leur ineſtimable liberté? A quoi s'occuperoit cette grande multitude de Financiers, qui ne ſavent la plûpart rien faire que dérober aujourd'hui dequoi ſe faire pendre demain; ou s'ils ſont plus heureux que ſages, dequoi augmenter dans peu de jours le luxe d'un impertinent héritier? Et quelle contenance tiendroient tant de ſots Courtiſans, (les autres m'excuſeront s'il leur plait) qu'une vaine eſperance tient ſouvent attachés à la plus lâche de toutes les ſervitudes? Chaſſés la folie de la porte du Grand Seigneur, vous la rendés comme déſerte.

Mais puisque Démocrite, faisant la description & le dénombrement à Hippocrate *Ep. Hipp.* des diverses démences ou folies des hommes, *ad Damag.* qui l'obligeoient à un ris perpétuel, ne s'est pas voulu épargner lui-même; avoüant franchement que l'occupation où il l'avoit trouvé, n'étoit pas moins risible que celle de tous les autres : Je veux confesser librement ici à son imitation, *Vt vineta egomet cædam mea*, que *Horat. l.* si j'étois bien sage, je ne m'amuserois peut- *2. Ep. 1.* être pas à coucher par écrit, comme je fais présentement, mes petites rêveries, quoiqu'elles me fournissent un si doux divertissement. Car pour une personne ou deux qui m'en pourront savoir quelque grè, n'est-il pas certain que cent autres m'en voudront vrai-semblablement du mal ? Surquoi il faut que j'ajoûte, qu'entre les folles occupations des hommes on peut bien mettre, ce me semble, celle de composer tant de Livres qui s'impriment tous les jours; à l'égard sur tout de ceux qui les font, soit bons, soit mauvais, sous de mauvaises chausses, puisqu'ils dévoient les faire rhabiller auparavant selon l'avis de Montagne. On ne sauroit néanmoins retrancher ce malheureux exercice, sans faire perdre l'occupation & la subsistence à une infinité de personnes, qui sont emploiées dans les impreffions, & dans les autres divers métiers de la Librairie.

Ainfi il eft aifé de conclure que la folie, confidérée de ce côté, eft auffi utile au monde, que la fageffe y mettroit de confufions irréparables. Si l'on dit que les hommes étant fages, fe donneroient aifément d'autres meilleures occupations: On répond, qu'ôtant les guerres, les meurtres, les voluptés de toutes les mauvaifes actions que la fageffe ne peut souffrir: la terre n'auroit pas à demi dequoi nourrir le genre humain, à caufe de fa trop grande multitude, vû qu'en l'état qu'il vit, & nonobftant qu'il s'extermine lui-même en tant de manieres, on ne laiffe pas de s'entrebatre tous les jours pour s'ôter le pain de la main, & pour s'enlever par violence ou par artifice les néceffités de la vie. Car les peftes, qui viennent fouvent du déréglement des hommes, cefferoient; & pour celles qui font envoiées du Ciel, auffi bien que les déluges, & les embrafemens périodiques, puisque ce font nos péchés feuls qui les attirent d'enhaut, le monde étant fage, il en devroit être exemt. Et par confequent le voilà au plus calamiteux état qu'on fe puiffe imaginer, réduit apparemment à mourir de faim, fi la folie n'y remettroit la main. Mais graces à

Dieu,

# SCEPTIQUE. 177

Dieu, nous n'avons pas beaucoup à craindre cet inconvenient. Pendant qu'il y aura de l'humanité dans le monde, la folie n'y manquera pas pour lui fournir d'entretien.

*Mundus stultorum cavea, errorumque taberna.*

Quoi que les Sages y puissent proposer, il ne sera jamais que les fous n'y disposent de la plûpart des choses, aussi bien que dans Athenes, selon le dire d'Anacharsis. Et la pensée de cet Empereur Alleman s'y fera toûjours réconnoitre pour moins étrange que beaucoup ne l'estiment, lors qu'il maintenoit que sans parler de l'enfance des hommes, il n'y en avoit point qui ne fussent fous pour le moins sept ans de suite, avec cette condition importante, que s'il leur arrivoit de faire durant ce tems-là quelque action rémarquable de sagesse, ils étoient obligés de recommencer tout de nouveau leur septenaire de folie.

Le bon est que personne ne se plaint de ce côté-là, & que non seulement chacun se plait à joüer de sa marotte, *Stultitia gaudium stulto*, dit Salomon quelque part, & dans un autre endroit, *Sapientior sibi stultus videtur, septem viris loquentibus sententias :* mais même qu'on canonise la folie d'autrui. Ainsi

*Prov. c. 15. & 26.*

Faunus, fils de Picus, & qui étoit eftropié de la cervelle (d'où vient peut-être le nom de nos fous) fut deïfié par les Anciens; *Cu-*

<small>Lib. 2. ad Nat.</small> *rari eum magis quam confecrare decebat*, dit là-deſſus Tertullien. Ainſi les Turcs encore aujourd'hui reſpectent comme ſaints ceux qu'ils voient courir les ruës; *quaſi qui humanos ſenſus amiſerint, divinos protinus attigerint*. C'eſt auſſi pourquoi il ſe trouve des hommes ſi badins, qu'ils imitent les fous par vanité, & font mine de ne ſavoir pas bien ce qu'ils font; d'où vient ce beau mot de Se-

<small>De Brev. vitæ c. 12.</small> neque, *Nimis humilis & contemti hominis eſſe videtur, ſcire quid faciat*. Et l'on peut ſe ſouvenir ſur ce propos de certains peuples du Pérou, dont parle Garcilaſſo de la Vega, qui faiſoient gloire de n'être pas raiſonnables, & que ces grands Monarques les Incas eûrent bien de la peine à guerir d'une extravagance d'eſprit qui leur plaiſoit plus, que toute la ſageſſe, dont on leur vouloit faire leçon.

Car il y a des folies de toutes façons, & elles n'ont pas toutes le même viſage. Il y en a d'étudiées, comme de naturelles. Il y en a d'auſteres & de ſérieuſes, comme de gaies & d'enjoüées; *ci ſono dei matti ſavi, & dei ſavi matti*, dit le proverbe Italien. Et ce qui eſt d'une aſſez plaiſante conſidération, c'eſt

qu'il n'y en a point de plus fous, que ceux qui veulent faire les Médecins dans ce grand Hôpital des Incurables, dont les quatre principaux départemens font l'Europe, l'Afie, l'Afrique, & l'Amerique, avec un cinquiéme vers la terre Auftrale, qui n'eft pas encore ouvert. En effet, comme le premier degré de folie eft de s'eftimer fage, le fecond eft de faire profeffion de fageffe, & le troifiéme de vouloir en confequence réformer le Monde, & guérir la folie des autres. La raifon de cela fe prend de ce que, comme a fort bien rencontré l'Efpagnol, dans une allufion de fa langue, que la nôtre ne peut exprimer, *el mal que no tiene cura, es locura*, la folie eft une maladie dont on ne guerit jamais. Ainfi la témerité de ceux, qui ofent entreprendre de rendre fages leurs voifins en dépit qu'ils en aient, a fait dire aux Italiens, que pour guérir un fou, il en faloit un & demi, *à guarir un pazzo, ce ne vuol vno e mezzo*. Il femble donc bien à propos de laiffer le monde comme il eft, & un chacun dans la libre poffeffion de fa marotte, que fouvent il ne changeroit pas pour un Sceptre.

Que fi nôtre raifon eft fi peu de chofe, fi elle nous eft plûtôt préjudiciable qu'autrement: & fi la folie que nous croions être fa partie adverfe, eft fa compagne inféparable, & ce que les Cieux ont voulu donner pour appanage à nôtre humanité, puifque la plus haute fageffe des hommes eft une pure démence devant Dieu : Pourquoi nous étonnerons-nous des opinions des autres, quelques étranges qu'elles nous paroiffent ? Pourquoi leur imputerons-nous de n'avoir pas le Sens commun, nous qui fommes peut-être plus éloignés que perfonne du bon, s'il y en a? Et pourquoi tiendrons nous à injure ce même reproche, fi quelqu'un nous le fait, puifqu'en quelque façon qu'on le prenne, il n'a rien qu'un fon vain, & ne poffede en effet nulle fignification qui doive fcandalifer un honnête homme?

Chere Sceptique, douce pâture de mon ame, & l'unique port de falut à un efprit qui aime le repos, c'eft ici que tu joües admirablement bien ton perfonnage. Je te demande encore quelques inftances, de celles dont tu charmes fi plaifamment ma folitude.

N'eft-ce pas une chofe étrange de voir la diverfité, ou même la contrarieté des jugemens, à l'égard de l'operation des Sens tant internes, qu'externes, & de confidérer comme chacun démeure fi fatisfait du fien, qu'il le préfere toûjours à tout autre ? Horace

'avoit que trois personnes qu'il avoit priées *Lib. 2.*
e prendre leurs repas à sa table, & il les trou- *ep. 2.*
a toutes trois qui vouloient des sauses diffé-
entes.

*Tres mihi convivæ prope dissentire vi-
dentur,*
*Poscentes vario multum diversa palato.*

L'ouïe, l'odorat, la vûe, & l'attouchement
n'ont rien de plus reglé que le goût. Leurs
operations varient non seulement selon les
sujets, mais même selon les momens; qui
nous feront à présent trouver un air mélodieux si nous sommes gais, que nous ne
pourrons souffrir dans une demie-heure, si la
mélancolie nous vient saisir. Je ne puis
manier du parchemin sans grincer les dents;
& je connois des personnes qui souffrent le
même déplaisir pour de la basane, que je
touche, quant à moi fort volontiers. De-
mandés à un Hongrois, pourquoi il porte tellement les éperons au dessous du talon, que
quand il marche à pied, on les voit presque à
fleur de terre; il vous dira, qu'outre la commodité qu'il y trouve, rien ne lui semble si
laid que la façon dont nous les mettons.
Quand le Chinois laisse croitre les ongles de *Ind. Ori.*
sa main gauche, rognant curieusement ceux *p. 12.*
de la droite, il croit avoir pipé, comme on

dit, ou des mieux rencontré en ce qui est de leur usage, & de la bienséance tout ensemble. Les Allemans qui s'entre-saluënt, hommes & femmes, en frapant dans la main, & en secoüant bien fort le bras, se rient de nos génuflexions, & de nos baisers, qui scandalisent si fort d'autres Nations. Ainsi tout le monde a son compte, chacun s'imaginant être le plus fin, & l'entendre bien mieux que son voisin.

*Plutar. contr. des Sto.* Que si nous avions ce beau livre de Chrysippe de l'incertitude des sentimens, ce chef-d'œuvre que les Stoïciens estimoient jusques-là, qu'ils disoient, que toutes les compositions des Academiques mises ensemble n'étoient pas dignes de lui être comparées; certainement outre que ce Traité que nous dressons présentement en pourroit tirer beaucoup d'avantage, il faut croire que nous recevrions une merveilleuse satisfaction de sa lecture. Car c'est le livre où il s'étoit surmonté lui-même, & sur lequel Carneades eût le plus de sujet de lui dire que sa force l'avoit perdu, n'aïant jamais pû satisfaire aux fortes objections qu'il s'y étoit formées, & qui alloient contre la certitude des Sciences, dont il vouloit puis après établir la réalité.

Tant y a, que cette merveilleuse diversité de nos sens tant interieurs qu'exterieurs, a porté beaucoup de personnes à se persuader, qu'on pourroit utilement avoir recours à ceux des autres animaux, pour établir une nouvelle & plus certaine Philosophie, puisqu'ils semblent moins sujets à la dépravation dont nous nous plaignons. Le chien d'Ulysse Argus en peut servir de bon témoin, puisqu'il fut le seul des domestiques de cet Héros, qui d'abord le réconnut. Aussi étoit-ce sans doute le sujet sur lequel Epicure nommoit les bêtes des miroirs de la Nature. Mais quoi! outre la difficulté de bien asseoir cette bestiale Philosophie sur des principes étrangers, encore est-il vrai-semblable que les bêtes brutes ne sont pas du tout exemtes des tromperies sensuelles, pour parler ainsi; étant fort à présumer que ce qui paroit une montagne à un Fourmi, n'est pas seulement apperçû par l'Elephant; & que suivant le premier des dix moïens de nôtre Epoque, leur temperament étant different, selon qu'ils sont plus chauds ou plus froids, plus secs ou plus humides, ils ont leurs organes divers, & par consequent leurs sensations différentes.

Entrons maintenant un peu plus au dedans, & y considérons d'un œil sceptique les diver-

*Hom. Ody. 17.*

*Cic. 2. de Fin.*

ses opérations des sens internes, & de l'entendement. Les inclinations si dissemblables des hommes, & leurs occupations si contraires, montrent bien qu'ils jugent tout autrement les uns que les autres des choses du Monde.

*Horat. l.*
*2. Sat. 1.*

*Castor gaudet equis, ovo prognatus eodem*
*Pugnis: quot capitum vivunt, totidem studiorum*
*Millia.*

*Nic.*
*Dam.*
*Exc.*
*Const.*

C'est ce que signifioit cette pluralité des Muses qu'avoit introduit la Théologie des Païens, pour marque de ce génie différent qui nous porte tantôt à une étude, tantôt à l'autre.

Et parce que les actions des Grands personnages sont de toute autre autorité que celles des hommes ordinaires, à cause que nous croions, quoique peut-être à tort, qu'elles sont bien plus concertées, & par conséquent plus instructives que celles des particuliers, attachons-nous aux premiéres, & y faisons nos principales réflexions. Nous suivrons en cela l'avis de Xenophon, qui dit au commencement de son Convive, que les jeux mêmes, & les moindres divertissemens des personnes rares & de mérite extraordinaire, doivent être observés commes les plus étu-

…ées & plus éclatantes œuvres, qu'ils puiſſent faire.

Mais dautant que dans un travail bien plus ſerieux que celui-ci, j'ai déja traité ce point fort au long, & fait un dénombrement très particulier des caprices d'une infinité de Princes & de Monarques, tant anciens que modernes, qui ſe ſont plûs à des exercices tout à fait ridicules; je m'abſtiendrai d'en faire ici une ennuieuſe répétition. Il ſuffira pour mon deſſein d'ajoûter à ce que j'ai dit au même lieu des paſſe-tems pueriles de Scipion & de Lelius ſur le rivage de la mer; comme Socrate avec toute ſa Philoſophie ne s'eſt pas donné ſouvent moins de licence que les autres, ni n'a fait des actions moins folles en apparence, que les font ceux qui paſſent pour être les plus éloignés du Sens commun. Ne fut-il pas ſurpris par Alcibiade tenant entre ſes jambes un bâton qu'il nommoit ſon cheval, & ſur lequel il couroit la bague avec ſes enfans? Si eſt-ce qu'il n'en faut pas faire davantage au jugement d'Horace, pour mériter l'Ellebore, ou, comme parle l'Italien, *per pizzicare del Pazzo,* en bon François pour être condanné aux neuvaines de St. Mathurin.

*De l'Inſt. de M. le Dauphin p. 242.*

*Val. Max. l. 8. c. 8. Ael. Var. l. 12. c. 15.*

*Lib. 2.*
*Satyr. 3.*

> *Ædificare casas, plostello adjungere mures,*
> *Ludere par impar, equitare in arundine*
> *longa,*
> *Si quem delectet barbatum, amentia verset.*

Cependant tous ceux qui ont pris connoissance du génie de Socrate dans les Rélations de ses Disciples, & des autres qui ont parlé de lui, s'empêcheront bien d'avoir la moindre pensée là dessus capable de blesser cette grande réputation de Sagesse où il a toûjours été. Ah! qu'il se fût ri agréablement de ceux qui l'eussent pris pour un fou, à cause de cette action d'un Pere? Et que l'injure de n'avoir pas le sens commun eût été la bien-venuë auprès de lui?

Venons de ces jugemens particuliers & de passe-tems, à d'autres généraux, beaucoup plus importans, & que nous verrons avoir partagé l'esprit des hommes de toutes professions, qui se sont opiniâtrés pour l'affirmative ou pour la négative, sans que pas un ait jamais voulu céder.

Les Péripatéticiens établissent pour constant, suivant la doctrine de leur Legislateur, que Dieu & la nature opérent toûjours par la voie la plus courte; & quelques Philosophes encore se servent de ce principe, pour prouver la mobilité de la Terre. D'autres disent que si Dieu tant en la création du monde, qu'en sa Rédemtion, n'a pas suivi le chemin le plus court de tous les possibles, vû qu'il pouvoit faire ces choses-là d'un seul acte de volonté; il n'y a pas lieu de conclure qu'il aille toûjours par le plus court sentier au reste de la Nature. L'on n'avance point de proposition dans toute la Philosophie, qui n'ait reçû le même partage, & qui ne soit encore à décider.

Une partie du Sénat Romain suivoit l'avis de Marc Caton, qui ne se lassoit point de crier en toutes rencontres, qu'on devoit détruire Carthage, si l'on vouloit garantir Rome de désolation à l'avenir. L'autre partie portoit le bon Publius Nasica, qui resistoit perpetuellement à Caton, maintenant qu'il étoit plus glorieux de commander aux grandes villes que de les détruire, & prévoiant d'ailleurs les desordres de Rome qui suivirent selon ses Propheties, quand elle eût perdu la crainte de Carthage, qui la tenoit en quelque respect, & qui l'empêchoit de s'écarter trop de son devoir. Toutes les maximes de la Politique sont aussi problematiques que celle-là, & les raisons que les Italiens nomment de bon gouvernement; ont toûjours deux visages différens. Ceux qui suivent l'avis de Pline le

Jeune, soûtiennent qu'il n'y a point de meilleur Maitre, que celui qui a été serviteur, & qu'on n'a jamais éprouvé de si bons Princes, que l'ont été ceux qui avoient obeï en qualité de sujets. Salomon prononce tout le contraire dans ses proverbes, où il établit cette maxime, que la domination d'un serviteur devenu Maitre, est la chose du monde la plus insupportable.

Beaucoup de grands Capitaines assurent qu'une bataille a du desavantage si elle est dressée en pointe, & qu'il la faut tenir fort étenduë de front. Louïs d'Avila qui étoit de ce sentiment le prouvoit par les exemples de la Journée de Sittart, & par celle que gagna Charles Quint contre le Duc de Saxe, près de Mulberg. Monsieur de la Nouë tient le contraire, & allegue en faveur de son opinion les batailles de Coutras, & d'Yvri. Homere fait attendre de pied-ferme le choc des ennemis, & les Lacédémoniens le pratiquoient ainsi. César en usa tout autrement dans la bataille de Pharsale, & s'en trouva très bien. Les conseils de guerre sont pleins de semblables contestations, soit au fait de la Castrametation, soit en ce qui regarde les combats, & les autres fonctions militaires.

Il y a des Théologiens qui se figurent le [P]aradis d'une façon; les autres nous le re[p]résentent d'une autre en ce que l'Eglise n'a [p]as déterminé. Aux uns l'Enfer n'est rien [q]ue la privation de Dieu; aux autres il est [a]rdent de feux & de flammes, ce qui doit [ê]tre crû; les Chinois dans leur Idolatrie su[p]erstitieuse se l'imaginent fumeux seulement. Les Chrétiens font leurs jours gras qu'ils pas[s]ent dans la bonne chere, devant les abstinen[c]es du Carême. Les Turcs festinent après [l]e leur, qu'ils appellent le Ramasan, & croient avoir en cela beaucoup plus de raison que nous. Hors ce qui est de la Foi, qui ne doit jamais être disputée, la vraie Réligion même n'a presque rien qui ne soit en controverse dans ses Ecoles. L'Evêque Barthelemi de las Casas condanne les cruautés des Espagnols ses compatriotes, qu'ils avoient exercées contre ces pauvres Indiens du nouveau Monde, au délà de toutes les inhumanités imaginables, Sepulveda les soûtient comme justes, & faites selon le droit des Victorieux. Les uns disent des miserables, que Dieu les punit, & qu'il leur distribuë des afflictions à proportion de leurs crimes, les autres, que Dieu est avec eux, & les aime, voulant par là exercer leur vertu, & les faire mériter. Les

*Thuan. hift. 52.* François pleurent au seul souvenir des Matines Parisiennes, & détestent les massacres de la Saint Barthelemi; on en fait des feux de joie dans Rome, & le Château Saint Ange en tire tout son canon d'allegresse: C'est ainsi que chacun rend le Ciel partisan de ses interêts, & que l'homme ne pouvant connoitre quels sont les sentimens de Dieu (je m'explique ainsi, puisque nous ne pouvons parler qu'improprement de lui) aime mieux lui attribuer les siens propres, que d'avouer son ignorance.

O précieuse Epoque! O sûre & agréable retraite d'esprit! O inestimable antidote contre le présomtueux savoir des Pédans! que tu es de grand usage dans tout le cours de la vie, & parmi le commerce ou la conversation des hommes, ordinairement si amateurs de leur sens particulier, que tout ce qui s'en éloigne tant soit peu, n'est plus à leur *Polyb. 17. hift.* dire le Sens commun? Le mot d'Epicharme représente excellemment le mérite de cette belle suspension, νᾶφε, καὶ μέμνασο ἀπιςεῖν: ἄρθρα σαῦτα τῶν φρένων *sobrius esto, & nemini credere memento: hi sunt articuli prudentiæ:* ou comme Ciceron a traduit cette im*De petit.* portante sentence, *Nervi atque artus sunt sa-*
*Consul. picntiæ, non temere credere.* Car puisque

toutes choses sont si bien colorées, & qu'il n'y a point d'opinion pour extravagante qu'elle paroisse, qui n'ait quelque grand protecteur; pourquoi me hazarderois-je de prendre parti, & de rien déterminer, sinon autant que le vraisemblable peut permettre, & sous cette importante réserve, de me pouvoir rétracter autant de fois, que quelque nouvelle lumière me fera voir qu'il sera expedient de le faire,

*Malum consilium est, quod mutari non potest.*

disoit sententieusement le Comédien Publius. Je veux en tous mes jugemens me réserver une voix d'appel de moi, Juge mal informé, à moi-même mieux informé, s'il arrive que je le puisse être.

Certes la Théologie des Payens, s'il est permis de l'appeller ainsi, leur faisoit une belle leçon pour ne se point étonner de voir avec combien d'animosité chacun defend ce qu'il a une fois entrepris de soûtenir; quand elle leur représentoit les Dieux mêmes combattant à toute outrance, chacun pour le parti qu'il affectionnoit.

*Mulciber in Troïam, pro Troia stabat Apollo,*
*Æqua Venus Teucris, Pallas iniqua fuit.*

Ovid. 1. Trist. el. 2.

Mais comme elle enseignoit aussi, que Jupiter le plus grand de tous demeuroit indifférent parmi tant de contestations, sans se montrer plus favorable aux uns qu'aux autres, & en les écoutant tous également: On peut dire de même, que ce grand nombre de Philosophes Dogmatiques, qui sont les Dieux des Savans, ont beau contester entre eux, comme il leur arrive journellement: & se faire une guerre mortelle; Le Sceptique les regardera toûjours d'un étage superieur, sans prendre parti, & sans s'émouvoir, *Rex Iupiter omnibus idem.*

Ce n'est pas à dire pour cela, que cette *aphasie* Pyrrhonienne nous rende par son indifférence insensibles à tout, ni qu'elle prive nôtre ame de ses fonctions ordinaires, comme quelques-uns ont voulu dire. Car bien que nous n'admettions jamais cette certitude magistrale des autres Sectes, nous ne laissons pas d'acquiescer au vrai-semblable, & de suivre l'apparence des choses autant de tems qu'elle dure. Ainsi nous ne tombons pas dans la *Misologie*, qui est un mépris du raisonnement, ou une certaine aversion du bon discours, que Socrate trouve si vicieuse dans le Phedon de Platon, qu'il la fait aller du pair avec cette haine du genre humain, qu'on
nomme

nomme *Mifanthropie*, Mais à la vérité comme celui qui a été trompé une infinité de fois par ceux-là mêmes qu'il eſtimoit les plus hommes de bien, & de l'amitié deſquels il s'aſſuroit davantage: encore qu'il ne doive pas contracter là-deſſus une mauvaiſe volonté contre tout ce qui porte le caractere de nôtre humanité, fait bien pourtant de ſe défier enſuite, & ſelon le précepte moral, d'uſer de ſes amis, comme de ceux qui peuvent devenir ſes ennemis. Auſſi après avoir éprouvé tant de fois la fauſſeté des raiſons que nous avions reçûës pour les plus vraies, quoiqu'il ne ſoit pas à propos que nous haïſſions ou mépriſions pour cela toute ſorte de raiſons, ni que nous devenions *Miſologues*, pour nous ſervir des termes de Socrate: Il eſt bien de la prudence toutefois, d'uſer de nôtre défiance Sceptique, & de ne recevoir plus dorénavant ces raiſons que comme vrai-ſemblables, & telles que nous les puiſſions deſavouër ſans rougir quand nous le jugerons de ſaiſon. En vérité, comme Thucydide le rémarque fort bien, il n'y a que la ſuperbe ignorance des Pedans, ſi l'on prend ce mot dans ſa ſignification morale, qui leur faſſe ſoûtenir inſolemment tout ce qu'ils croient d'abord raiſonnable. Ceux qui ont le discours meilleur; par une plus grande connoissance de l'incertitude de toutes choses, sont beaucoup plus rétenus & plus modestes dans leurs opinions. Les termes de ce grand Historien sont trop considérables pour les omettre, ἀμαθία μὲν τράσος, dit-il, λογισμὸς δὲ ὄκνον Φέρει, *inscitia quidem audaciam, consideratio autem timiditatem affert.*

Nous ne laissons donc pas de vivre en effet, & de parler comme les autres; quoique nous le fassions toûjours avec plus de réténuë qu'eux, pour éviter les inconveniens où tombent à toutes heures les Dogmatiques. Par exemple, quand je viens d'écrire mon avis sur cette façon de parler, qui a passé en Proverbe, *N'avoir pas le Sens commun,* & que selon ma coûtume j'ai suivi mon caprice là où il m'a voulu porter, je n'ai pas laissé de prononcer que ce Sens commun n'étoit vraisemblablement connu de Personne; que quand il le seroit, ce n'étoit pas à dire pourtant qu'il fût le meilleur; & enfin que je ne pensois pas qu'un homme de jugement dût prendre ces termes pour fort injurieux. Mais je ne prétens pas néanmoins avoir rien écrit sur tout cela affirmativement ni irrévocablement d'un style d'airain. Que les autres fassent gloire tant qu'ils voudront d'avoir le leur inflexible, pour moi je réserve toûjours la faculté aux pensées de la nuit, de corriger celles du jour, si elles le jugent à propos: & je veux, que ma plume ressemble à celle du Paon, qu'elle soit susceptible de toutes couleurs, & qu'elle change comme elle, si le cas y échet aussi souvent qu'elle remuëra.

Si celui qui lira ce que je viens d'écrire se souvient qu'il est homme comme moi, il se devra contenter du vrai-semblable comme je fais, & ne rien désirer au delà, selon que Timée nous en a donné de si belles leçons dans Platon. *In Tim.* Non content de cette déclaration, je reïtere ici ma profession d'ignorance, dont la Sceptique m'a fait faire le premier vœu, & me jettant doucement entre ses bras, comme entre ceux de ma mere nourrice, je m'y promets le repos qu'elle donne à tous ses Sectateurs, & de trouver dans son giron le plus doux chevet que puisse choisir pour se reposer une tête amie de la tranquillité. Sur quoi auparavant que de finir, je veux bien reciter encore ici en faveur d'une si noble ignorance le sens allegorique & moral, que j'ai toûjours crû qu'on pouvoit fort bien tirer de l'hiſtoire de Samſon, puiſque la plûpart des Peres ſe ſont donné la même licence de l'interpreter miſtiquement, & de chercher ingenieuſement des allegories dans les plus ſacrés textes de nôtre créance, ce qui ne bleſſe jamais le ſens litéral.

Déja chacun ſait que tous ces Héros des Anciens, qu'ils nous ont repréſentés avec des forces extraordinaires, tels que ſont des Atlas, & des Hercules, paſſent dans l'explication de la fable pour de grands Philoſophes; d'où vient qu'on leur fait porter le Ciel ſur les épaules, comme aiant très bien diſcouru des choſes métaphyſiques & divines. La peinture de nôtre Hercule Gaulois rend encore un grand témoignage de cela, ſi l'on en croit Lucien, qui ne l'explique point autrement qu'au ſens que nous venons de dire. Ce n'eſt donc pas mal à propos qu'on peut prendre de même les forces corporelles de Samſon pour celles de l'eſprit, quoique dans un ſujet auſſi ſaint, que les précedens ſont profanes: & il me ſemble qu'on en peut faire la figure parfaite d'un Philoſophe Sceptique.

Son premier exploit fut de tuer ce Lion dans la bouche duquel il trouva le miel qui lui servit de très plaisante nourriture. Cela ne représente pas mal l'avantage qu'a le Sceptique sur le Dogmatique, qu'on voit fier comme un Lion, & qui croit bien en avoir les forces. De ses argumens & de ses propres conclusions, comme de sa bouche, le Sceptique tire sa nourriture, & montre évidemment l'incertitude de toutes choses; ce qui lui est d'une si agréable contemplation, qu'elle peut être comparée à la douceur du miel.

Depuis, Samson par le moien de ses Rénards, brûla les bleds des Philistins, emporta les portes de leur ville; & finalement se voiant pris par eux, fit un tel effort, qu'il renversa la maison où ils étoient, & les écrasa tous avec lui.

Les dix moiens de l'Epoque sont ces Rénards subtils, qui portent l'incendie & la désolation dans les bleds des Philistins, c'est à dire, dans toutes les Disciplines des Savans, qu'il leur est impossible de garantir, tant ce feu Sceptique est actif.

Les portes qu'il leur enleve, sont ou leurs principes qu'ils posent à l'entrée de chaque science, & dont il fait voir l'abus joint à la futilité, ou bien le rapport prétendu véritable des sens, que nous avons déja nommés les portes de nôtre ame, pource que rien ne peut parvenir jusqu'à l'entendement, qui n'ait passé par là, *nihil in intellectu, quod non fuerit prius in sensu.* Car ce Samson Sceptique montre si visiblement les tromperies ordinaires des Sens, qu'il ne laisse aucune regle certaine pour connoitre la vérité, se moquant de cet imaginaire instrument rationel que les Ecoles nomment κριτήριον τῆς ἀληθείας, puisqu'il n'y a que la fantaisie qui juge des apparences comme bon lui semble, & vû que les vérités certaines ou indubitables ne se connoissent que dans le Ciel.

Or parce que ces Savans Philistins, prirent un jour nôtre Heros Philosophique, & le lièrent de cet argument, qu'ils croioient indissoluble; que s'il n'y a rien de certain, il s'ensuit que cette proposition fondamentale de toute la Sceptique n'est pas certaine, qu'il n'y ait rien de certain, & par consequent ce qui lui est opposée se trouvera véritable, qu'il y a quelque chose de certain: Il se resolut à ce dernier effort de détruire sa proposition

r elle-même, la comprenant & l'envelop-
nt dans les propres ruines qu'elle fait de
utes sortes d'axiomes; de telle façon qu'au
ême tems qu'elle dit qu'il n'y a rien de cer-
in, elle étend la signification sur elle-même,
perit avec le reste des propositions dogma-
ques, plûtôt que de laisser subsister quelque
hose de certain. C'est ainsi que le feu qui
evore toutes choses se consume lui-même
vec elles; & que les purgatifs de la Méde-
ine se jettent eux-mêmes dehors par la même faculté dont ils chassent les mauvaises
humeurs du corps humain.

Voilà la ruïne dans laquelle Samson voulut glorieusement finir avec les Philistins, qui avoient auparavant découvert que toute sa force consistoit en ses cheveux: c'est à dire que toute la Philosophie de ce grand Personnage étoit fondée sur la foiblesse de nôtre connoissance, & sur l'incertitude de toutes choses, ce qui leur avoit donné le moien de lui préparer les liens que nous venons de dire.

Mais il n'y a rien dans toute cette Histoire de si approprié à notre sujet, que la grande défaite que fit Samson de ses ennemis avec la machoire d'un Ane; excellent Hieroglyphique de l'ignorance Sceptique, avec laquelle ce brave Philosophe, qui ne parloit que de nôtre ânerie ou ignorance naturelle, confondit tous les asserteurs de dogmes, & tous les superbes Sophistes qui se présentèrent devant lui. Aussi but-il ensuite avec un extrême plaisir des eaux qui sortirent de cette machoire: Ce qui est sans doute une riche figure des contentemens extrèmes que reçoit un esprit bien fait de la connoissance de sa foiblesse, n'entreprenant plus rien au delà de ses forces, & n'étant plus trompé, comme les autres dans ses operations, dont il ne se promet rien qui passe le vraisemblable, puisque ses Destinées n'ont pas voulu que sa sphere d'activité s'étendit plus loin.

Cette allegorie me donne envie d'en tirer une autre du Bœuf & de l'Ane, entre lesquels celui-là voulût naitre, qui a dit que toute la prudence du Monde, & que toute la Sagesse des hommes n'étoient que folie devant lui,

*Ep. 1. ad* *nonne stultam fecit Deus sapientiam huius mundi?*
*Cor. c. 1.* comme dit Saint Paul après avoir rapporté cette
Prophetie de l'esprit de Dieu qui est dans Esaïe,
*Esa. c. 29. Perdam sapientiam sapientium, & intelligen-*

*tiam intelligentium reprobabo.* Car comme l'un de ces animaux suivant nôtre précédente explication, représente si bien l'ignorance humaine, que nous avons fait passer dans nôtre langage ordinaire le mot d'ânerie pour elle, en faisant deux synonymes: Il n'y a rien aussi qui nous puisse mieux figurer **la suspension Sceptique**, que la pésante tardivité du Bœuf.

Ce fut donc, dans nôtre sens allegorique, pour nous faire leçon & de l'humble ignorance, & de la modeste rétenuë des Sceptiques, qu'il choisit l'étable & la compagnie de ces deux animaux plûtôt que de tous autres au jour de sa naissance. Il l'a bien fait voir depuis dans le cours de sa vie, toute occupée à la confusion des Savans, & où il ne nous a rien plus souvent ni plus soigneusement récommandé, que de prendre bien garde que nous ne fussions jamais seduits par les élemens d'une vaine & bouffissante Philosophie; au lieu de laquelle nous nous devions contenter d'un savoir accompagné de sobrieté, qui est celui de l'Epoque, Φρονεῖν εἰς τὸ σωφρονεῖν, *sapere ad sobrietatem*, selon les termes de l'Apôtre. C'est ce dont nous nous sommes expliqués assez au long en divers au- *Paulus ep. 2. ad Rom. c. 12.*

tres traités que celui-ci, où nous penſons avoir rendu fort apparent, que de toutes les familles Philoſophiques des Anciens, il n'y en a aucune qui s'accommode ſi facilement avec le Chriſtianiſme, que la Sceptique reſpectueuſe vers le Ciel, & ſoûmiſe à la Foi, ce qui me diſpenſera d'en dire ici davantage.

Je me doute bien que je ne me ſuis que trop étendu dans cet Opuſcule au grè de pluſieurs, qui diront peut-être qu'en traitant du Sens commun, j'ai fait voir que je n'en avois pas grande proviſion. Il s'en faut tant, que je ſois pour prendre leur jugement en mauvaiſe part, qu'en vérité il ne me donnera pas une petite ſatisfaction, à l'égard de ceux vers qui je ferois bien fâché d'être en meilleure eſtime, ne penſant pas pouvoir être bien avec eux & avec moi-même en même tems : Les autres ſe peuvent aſſurer auſſi, que je ne ſuis pas non plus pour me piquer beaucoup contre eux de cette injure, vû ce que j'en ai dit dans tout ce diſcours. Et ils conſidéreront, s'il leur plait, que c'eſt le propre de l'Epoque de traiter des paradoxes, & de rendre douteuſes les propoſitions qu'on reçoit ordinairement pour conſtantes. Comme quand elle nie que le tout soit plus grand que sa partie; surquoi nous nous sommes aussi joués quelquefois après les autres. Ou lors qu'elle ne peut souffrir qu'on dise qu'un & un fasse deux, dequoi Platon même avoit douté dans son livre de l'ame, auparavant que nôtre Sextus l'Empirique se fût servi de la négative de cette même proposition contre les Arithmeticiens. *In Phæd.* *l. 4. adv. Math. & 3. Pyr. hyp. c. 18.* Ces doutes & ces opinions paradoxiques sont utiles aux Sceptiques, comme aux maitres de Musique de prendre un peu plus haut, ou plus bas que le juste ton, pour y raméner ceux qui ont discordé; leurs sentimens nouveaux & étranges aiant le même effet pour nous tirer du courant de la multitude, dont nous ne pouvons trop nous écarter. D'ailleurs je soûtiens que le Paradoxe n'a rien en soi de mauvais, pourvû qu'il ne soit pas Paralogue, comme disoit un Ancien; & j'ai même quelque soupçon que les plus saines opinions (si tant est que nous possedions quelque santé à cet égard) sont peut-être les plus paradoxiques, bien que la plûpart de nous ne les puissent souffrir; non plus que les vuës basses une trop éclatante lumiere.

Ceux qui ont les yeux de l'esprit foibles jufqu' à ce point-là, me fauront bien du mauvais grè fans doute, de ce que dans la grande étenduë que je donnois tantôt à la Folie, je n'ai pas affez refpecté la Sageffe qu'ils croient poffeder. Mais ils feront bien injuftes, s'ils s'en prennent plûtôt à moi qui n'ai parlé qu'en riant, & fans rien déterminer, qu'à tant d'autres qui ont dreffé avec grand foin des paranymphes à cette même Folie. Varron & le plus ferieux & le plus favant Ecrivain de tous les Latins, fit une Satyre qui portoit le titre des Eumenides, où fon principal deffein étoit de prouver que tous les hommes n'étoient que des Fous, *Omnes infanire*. Et le dernier fiécle permit à Erafme de publier fon Eloge de la Folie, qu'il ofe placer jufques dans le Ciel par le moien des Ecftatiques ; fous ce prétexte que l'Ecftafe n'eft rien qu'un tranfport ou une alienation d'efprit. Je ferois bien fâché d'avoir pris autant de liberté ; & ce m'eft affez dans une récréation innocente de faire voir comme les plus fages des hommes ont réconnu, qu'il n'y en a point au Monde qui n'aient toûjours, comme on dit, quelque grain de Folie, ou je ne fai quoi de difcordant à l'égard des autres.

Certes j'ai toûjours admiré fur ce propos la prudence & le grand fens des Anciens Romains, quand ils donnèrent le nom de *Fatua* à la Déeffe qui préfidoit au premier langage des enfans. Leur but étoit fans doute de nous faire favoir qu'en apprenant à parler, nous apprenons à dire des fottifes qui nous font fi naturelles, que nous ne prononçons guéres autre chofe le refte de nos jours; la plûpart de nos meilleurs difcours, & de nos plus fins raifonnemens, n'étant fouvent, à le bien prendre, que de pures folies. *Macrob. l. 2. Saturn. c. 12.*

Je prie auffi ceux qui m'imputeront d'aimer trop la Fable dans des matieres importantes, comme font celles de la Philofophie: de fe fouvenir que le Fils de Dieu même ne parloit guéres en ce monde fans parabole, & qu'il ne s'entretenoit jamais avec fes Apôtres fans mêler dans fes plus ferieux difcours quelque narration fabuleufe, *fine parabola non loqueba-*

*tur eis*. Car pour le furplus on peut dire de la Sceptique comme quelques-uns ont fait de la Sainte Ecriture, qu'elle eft un glaive à deux trenchans. Elle n'avance guéres de propofition, fans nous expofer avec beaucoup de probabilité celle qui lui eft contraire. Pourquoi lui imputeriés-vous donc injuftement de vous vouloir faire prendre l'une plûtôt que l'autre, & d'être plus pour l'oui que pour le non, puifqu'elle fe tient dans l'indifférence aux chofes qui la fouffrent, & qu'elle s'accommode à tout le refte avec le refpect qui eft dû aux Autels, aux loix, & aux coûtumes. Le Sceptique n'étant pas ennemi de la raillerie, ni fâché qu'on lui reproche fon ânerie, fouffrira bien que je le compare ici à l'Ane de Buridan, dont parle un de nos proverbes, lequel mis entre deux bottes de foin, ne favoit fur laquelle fe ruer. Car il lui en arrive de même dans l'égalité des raifons qu'il voit & examine fans prévention, fon efprit demeurant dans un tel équilibre qu'il ne panche pas plus d'un côté que de l'autre. Et c'eft ainfi qu'il s'acquiert par habitude cette *Aphafie*, & cette heureufe fufpenfion, ui le porte au dernier point de la felicité. Enfin s'il n'est pas juste de perdre beaucoup où l'on s'est porté sans intention de faire de grands profits, je ne dois pas être fort blâmé de ce que j'ai écrit sans aucune prétention de gloire, n'aiant eu autre but que ma propre satisfaction, & celle possible de deux ou trois personnes aussi bizarres que je puis être, mais qui ne se seront pas donné le loisir de rêver si profondement que moi sur toutes ces bagatelles. J'ai voulu faire en cela mon profit de ce que je lisois il n'y a pas long-tems dans un Auteur Persan, que ce- *Gulistan.* lui qui a acquis quelque sorte de connoissance sans qu'elle soit utile à personne, ressemble à ceux qui prennent la peine de labourer leur champ sans y rien semer. Ce n'est pas merveille que des personnes qui combattent pour obtenir de grandes victoires, tombent quelquefois aussi dans l'infortune des vaincus. Mais il ne semble pas raisonnable qu'un Sceptique coure *Porphyr.* tant de hazard, puisque suivant le conseil *de vita* que donnoit Pythagore à son grand ami *Pyth.* l'Athlete Eurymene, s'il combat, c'est sans vouloir vaincre, tant pour ne se pas charger de l'envie qui accompagne toûjours les victoires, que parce qu'il ne fait pas bien lequel vaut le mieux dans cette forte de combat, d'être vainqueur ou vaincu, vû qu'entre autres choses tout le profit demeure au dernier.

Plinius ep. 17. l. 9.

*Demus alienis oblectationibus veniam, ut nostris impetremus.*

# PROBLEMES
SCEPTIQUES.

# PRÉFACE,

## SUR LES PROBLEMES SCEPTIQUES.

SI Platon a pû dire sans offenser la Divinité, que ce Monde étoit un ouvrage, que Dieu avoit fait en se joüant; l'on ne doit pas trouver mauvais, & le Lecteur ne se scandalisera pas, à ce que je crois, si je lui avouë franchement, qu'encore que je le respecte, autant qu'il se peut, je lui présente ici des jeux de mon loisir, plûtôt que des travaux où j'aie apporté beaucoup de circonspection. Ce sont des ébattemens innocens d'une Sceptique, qui, sans rien determiner, m'a fait imaginer ce que contiennent ces Problemes, d'autant plus courts, que j'ai congedié tout ce que j'ai pû me souvenir d'avoir dit ailleurs. Personne n'ignore, qu'un

*Probleme ne foit une propofition douteufe, ordinairement accompagnée d'interrogation, & parce qu'il a deux branches, l'une affirmative, & l'autre negative, j'ai donné le devant à cette derniere, & fait marcher le Non devant l'Oüi, fur la fouvenance qui j'ai euë du Génie de Socrate, qu'on veut, que ne l'ait guères inftruit que negativement & prohibitivement; ce qui paroit dans les interrogations, que lui font faire tous fes difciples, qui vont plûtôt à détruire les fauffes opinions, qu'à rien établir de certain, fi l'on en excepte l'incertitude. Varron tenoit de lui cette façon de philofopher, quand il écrivoit au feiziéme livre des chofes divines,* Hominis eft hæc opinari, Dei fcire. *Si tous ceux, qui mettent la main à la plume aujourd'hui, ufoient d'une pareille moderation, nous ne verrions pas tant de conteftations fcandaleufement opiniâtrées, où perfonne jamais ne fe départ d'une fantaifie mal prife, & où les plus témeraires & les plus précipités,* homines πρόδοξοι, *comme les nomment les Grecs, font toûjours ceux, qui débitent leurs mauvais fentimens le plus magiftralement & avec le plus d'animofité. J'en veux propofer un exemple au fujet de la Critique, qui fe vante d'être, felon la fignification de fon nom, la plus judicieufe de toutes les connoiffances humaines. Ariftote entre les Anciens, a établi*

# PREFACE.

*critiquement une opinion toute contraire à celle de Platon, quand il a préferé la Tragedie au Poëme Epique, ou à l'Epopée, ce qui donne lieu à Fortunius Licetus d'en examiner les raisons.* tom. 2. qu. per ep. *Mais pour me taire des Critiques vivans, afin de n'irriter personne, & pour être bref sur un sujet si diffus, parlons seulement de Lipse & de Scaliger, qui ont été des plus considérés de ces derniers tems dans cette sorte d'étude. Cependant le premier a pronocé, que la Troade de Seneque étoit indigne de lui, & qu'on avoit grand tort de la lui attribuer, étant sans doute de quelque autre Auteur beaucoup inferieur en mérite.* ep. 257. & 414. *Scaliger au contraire fait ses plaintes à Gruter & à Saumaise, dans des Lettres diverses qu'il leur écrit, de ce jugement de Lipse, le nommant puerile, avec protestation, qu'il n'y a que des ignorans, qui puissent l'approuver. Il ne soûtient pas seulement, que la Troade est de Seneque, mais il veut, qu'elle soit la plus accomplie de toutes ses Tragedies; de sorte, qu'il n'y a rien de plus opposé que le jugement de ces deux hommes sur un point qui est de pure Critique. Il y a bien plus, le pere & l'enfant, Iules Scaliger & Iosephe son fils, n'ont pû s'accorder au sujet de deux Poëtes Grecs, Homere & Musée. Iules a préferé Musée au premier, Iosephe proteste, qu'il ne peut être de l'avis de son Pere, &*

qu'il a fait grand tort à Homere, de ne lui avoir pas attribué la préfuance. N'est-il pas vraifemblable, que fi des hommes favans comme étoient ceux-là, euffent donné leur avis moins magistralement, outre que leurs contestations feroient plus agréables, & ne cauferoient pas de ces fcandales, que nous voions avec déplaifir arriver fi fouvent; ils y trouveroient encore cet avantage, de ne pas faire connoitre fi vifiblement qu'ils font, le peu de certitude, qu'il y a en tout ce qu'ils veulent faire paffer pour conftant. L'on ne verra rien de tel dans ces Problemes Sceptiques, où tout eft debité fans affirmation, quoi qu'on s'y foit conformé aux préceptes du Prince des Dogmatiques, qui enfeigne, que pour bien penfer des chofes, il faut bien douter auparavant, aliquid facultatis habere volentibus, bene dubitare operæ pretium eft. L'on ne doit pas trouver étrange ce procedé de la Sceptique, qui fait profeffion de s'enquerir plûtôt, que d'inftruire, & qui eft beaucoup plus ἐρωτηματικὴ, percontatrix, que la Logique à qui la même Philofophe a donné ce furnom. Il ajoûte excellemment au même lieu, qu'un doute eft comme un nœud à l'efprit, qui le lie avec peine jufqu'à ce qu'il fe foit mis en liberté. Mais il ne s'eft pas avifé, que ce nœud étant véritablement Gordien, qui en contient une infinité d'au-

3. Metaph. c. I.

c. II. de Soph. elen.

# PRÉFACE.

tres indiffolubles, l'on perd le tems à chercher un dénouëment qui est absolument impossible. Il n'y a eu que le Sceptique qui en a été l'Alexandre, prononçant & comme trenchant ce mot tout d'un coup, que Dieu s'étoit réservé la connoissance certaine des choses, & qu'à l'égard des hommes, il n'y avoit rien de certain que l'incertitude. Je pense assez que ceci ne sera pas au goût d'une infinité de personnes; mais en tout cas, l'Auteur de ce petit Ouvrage ne trouvera pas mauvais, qu'on mette les opinions qu'il y a fait voir, au rang de celles, qui sont de si peu de considération, qu'on ne les compte pas. Il souffrira même qu'on leur approprie avec mépris le Proverbe Italien, Voce d'Asino non giunge al Cielo. Et si après cela l'on ne demeure pas satisfait de sa soûmission, il pourra dire comme a fait Ciceron, qu'il ne s'en met pas beaucoup en peine, emploiant pour raison ce terme Grec, dont il s'est servi, τὸ γὰρ εὖ μετ' ἐμῦ, que le droit est de son côté. L'on trouvera peut-être, qu'il y a dans ces Problemes des argumens faciles à refuter, ce qui est très veritable. Mais la raison veut, qu'on excuse, si l'on s'est servi du précepte d'Aristote, de ne se contenter pas toûjours des Demonstrations apodictiques, & de les accompagner librement de raisonnemens seulement probables; parce que les Esprits n'étant

epist. 1. l. 6.

*pas tous d'une trempe, il y en a qui se rendent plûtôt à ces derniers, qu'aux autres qui sont plus convaincans. Or s'il y a lieu d'en user ainsi dans toute sorte de Philosophie, à plus forte raison le doit-on faire dans celle qui fait profession de s'informer seulement des choses en doutant de toutes, comme fait la Sceptique, dont l'incertitude regne à dessein du commencement jusqu'à la fin de cette composition.*

# TABLE
### DES PROBLEMES SCEPTIQUES.

#### I. PROBLEME.

Est-il à propos de mettre souvent la main à la plume, & de donner son tems à la composition de plusieurs livres.

II. Mais ne doit-on jamais prendre la plume qu'elle ne soit parfaitement bien taillée, & qu'on n'y puisse en nulle façon trouver à redire?

III. Est-on obligé de suivre toûjours dans la philosophie les sentimens de cet Aristote, dont nous venons de parler?

IV. La science est-elle de si haut prix, qu'il faille tout quiter pour l'acquerir?

V. Le desir de la gloire, de quelque nature qu'elle soit, peut-il legitimer toutes nos actions?

VI. *L'Amour doit-il être tenu pour une passion, dont l'un ni l'autre sexe ne se puisse garentir?*

VII. *Un homme d'esprit, doit-il préferer la solitude à la conversation?*

VIII. *Se doit-on abstenir des voiages, sur ce prétexte, qu'ils présentent plus de vices que de vertus à imiter?*

IX. *Faut-il refuser les présens, que vous fait une main suspecte, pour ne pas dire ennemie?*

X. *Ne sauroit-on être trop heureux? & une fortune médiocre doit-elle être préferée à toute autre?*

XI. *Est-on obligé d'observer toûjours ce qu'on a promis, & la foi donnée, doit-elle être tenuë inviolable?*

XII. *Faut-il s'abstenir des jeux de hazard, & où l'on s'affectionne à cause du gain qu'on y prétend faire?*

XIII. *Une extrême vieillesse est-elle souhaitable?*

XIV. *Peut-on trop respecter les loix, & être trop rigoureux justicier?*

XV. *Faut-il apprendre les Langues comme une chose absolument nécessaire?*

XVI. *Tout Larcin est-il condamnable ?*

XVII. *Une Loüange médiocre est-elle à estimer ?*

XVIII. *Peut-on dire, qu'il y ait de bons Magiciens ?*

XIX. *Le Mariage est-il à fuir, comme quelques-uns se le persuadent ?*

XX. *Faut-il déferer aux invectives, dont usent beaucoup de personnes, à l'exemple du vieil Caton, contre la Médecine ?*

XXI. *Doit-on s'abandonner, comme assez de gens le font, à la Fortune, ou à la Destinée ?*

XXII. *La préséance qui se donne à la Noblesse, est-elle bien fondée ?*

XXIII. *Est-il honteux de changer d'avis ?*

XXIV. *Peut-on éviter toutes les mauvaises pensées ?*

XXV. *Peut-on être trop prudent ?*

XXVI. *Y a-t-il des prieres des-agréables à Dieu ?*

XXVII. *Les Richesses méritent-elles la grande estime qu'on en fait ?*

XXVIII. *Faut-il déferer aux Songes ?*

XXIX. *Le Mensonge est-il si absolument défendu, qu'on ne doive jamais rien dire qui ne soit vrai ?*

XXX. *La Morale des Philosophes suffit-elle pour rendre parfaitement Vertueux ?*

XXXI. *Est-ce grandeur ou force d'esprit, de ne point craindre la Mort ?*

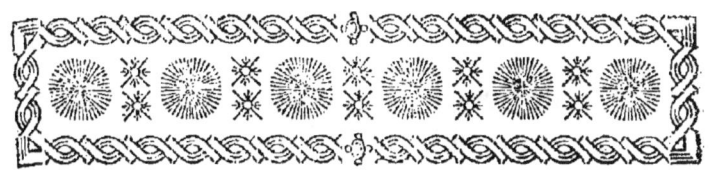

# PROBLEMES SCEPTIQUES.

### PREMIER PROBLEME.

*Est-il à propos de mettre souvent la main à la plume, & de donner son tems à la composition de plusieurs Livres.*

NON: car la multitude n'en est déja que trop grande, se trouvant plus propre à égarer les esprits, qu'à les bien guider; comme divers chemins empêchent le voiageur de se bien conduire: *Fallit sæpe* Petra. *viarum multiplicitas viatorem, & qui uno calle certus ibat, hæsit in biuio; multoque major est triuii error, aut quadriuii.* L'on peut considérer aussi, que ce qui se donne au public, s'expose à une pluralité de personnes souvent ignorantes, dont les jugemens ne peuvent être avantageux aux Ecrivains de mérite. Comme le peuple court plus ardemment à voir des monstres, ou des bagatelles, que de belles choses; l'on a souvent plus de curiosité pour la lecture d'un méchant livre, qui ne devroit être mis en lumière qu'en le jettant au feu; que pour les meilleures compositions; *imperito nonnunquam concha videtur margarita*, selon qu'a parlé Varron dans une de ses Satyres. Ajoûtés qu'en tout cas les plus courtes folies sont les meilleures; & qu'on ne sauroit trop reprimer cet ardent desir de beaucoup écrire, dont l'on a fait fort à propos une dangereuse maladie. Un grand Capitaine acquiert de la reputation dans une judicieuse retraite. Et Apelle prit de l'avantage sur Protogene, lui reprochant, qu'il ne savoit pas quiter son Ouvrage ni laisser le Pinceau quand il en étoit tems.

Oui: Car l'ingratitude étant un des plus grands vices, ce seroit en commettre une envers le genre humain, de ne pas rendre à ceux qui viendront après nous le même secours, si nous en sommes capables, que nous avons reçû de nos prédecesseurs par leurs compositions. Sans cette considération même, y a-t-il une action plus estimable que d'éclairer, le pouvant faire, tant de personnes qui n'ont pas les lumiéres nécessaires pour surmonter les obscurités de cette vie, ni pour éviter les perils sans nombre, dont elle est remplie. C'est se moquer de dire, que trop de gens ont entrepris cette conduite, où nous ne pouvons plus rien contribuer. Un Nain monté sur les épaules d'un Géant, peut voir sans doute plus loin que lui; & un dernier Auteur, qui a fait son profit des Anciens, peut ajoûter aux connoissances des plus célèbres Ecrivains. La crainte d'un Lecteur malin, ni celle d'un ignorant, ne nous doit pas non plus arrêter là dessus. Il y en a toûjours eu assez, qui n'ont pas fait quiter la plume à ceux, dont nous admirons les Ouvrages; & l'on doit méprifer le croassement de ces grenoüilles, comme faisoit le vieux Caton dans un de ses Traités. *Scio ego*, disoit-il, *quæ* fragm. de re militari. *scripta sunt si palam proferantur, multos fore qui vitilitigent; sed ii potissimum, qui veræ laudis expertes sunt; eorum ego orationes sino præterfluere.* Un tel mépris doit accompagner les ames généreuses, qui font gloire de ce que la malice ou l'ignorance d'une infinité de fainéans leur peut objecter. Pourquoi abandonner ses travaux studieux, quand l'on a du génie assez pour les continuer? Marc Varron avoit quatre-vints qautre ans, quand il écrivit son Livre des Images, où il prononce ces termes, *ego quoque jam duodecimam annorum hebdomadam sum ingressus, & ad hunc diem septuaginta hebdomadas librorum conscripsi.* Je ne veux parler ni de Democrite, ni d'Isocrate, ni de tant d'autres, à qui l'âge n'ôta jamais la faculté d'écrire. Je soûtiens seulement, que depuis Adam, à qui Genebrard attribuë après les Hebreux la composition du Pseaume nonante deuxiéme: ou depuis Moïse, qui a écrit jusqu' à la mort, puisqu'il recite la sienne dans une vallée du Mont Abaris proche de Iericho, de crainte, dit Iosephe, qu'elle ne fût ignorée; Je soûtiens, dis-je, que depuis eux il s'est toûjours trouvé des personnes, qui ne se sont point lassées de communiquer charitablement à leur posterité les lumieres qui lui pouvoient être profitables.

*in notis chron.*

*Antiqu. Iudai. l. 4. c. 8.*

## II. PROBLEME.

*Mais ne doit-on jamais prendre la plume, qu'elle ne soit parfaitement bien taillée, & qu'on n'y puisse en nulle façon trouver à redire?*

NON: autant que la chose est possible; quoi qu'il faille donner beaucoup de choses à nôtre humanité, qui n'arrive jamais à la perfection. L'on doit imiter les Dames, qui ne se laissent voir, qu'après qu'elles ont achevées de s'habiller, & que rien ne manque à leur ajustement. Quand on devroit garder un
Ouvra-

Ouvrage les neuf ans, qu'ordonne Horace, & autant que Cinna en mit à mitonner sa Smyrne, il faut le tenir tout ce tems-là, s'il en est besoin, sous la clef du cabinet. Virgile fut trois ans à polir ses Bucoliques; il en mit sept à retoucher ses Géorgiques; & onze se passèrent sur son Eneide, qui ne reçût pas néanmoins le dernier coup de pinceau. Depuis peu l'on assure que Baptiste Guarin n'employa pas moins de vint & une années à mettre son *Pastor Fido* au point où nous le voions. Malherbe, qui a si heureusement embelli nôtre Poësie Françoise, s'est plaint souvent, qu'on l'avoit trop pressé; & sa Prose beaucoup plus negligée, que ses Vers, l'a fait comparer à l'Irondelle, qui marche mal encore qu'elle vole très bien. Enfin nous lisons dans Quintilien son repentir d'avoir précipitamment laissé partir de sa main une de ses actions oratoires, *quod meipsum fecisse*, avoüe-t-il, *seductum juvenili cupiditate gloriæ fateor*.

Donatus in ejus vita.

l. 7. Institt. c. 2.

Oui: L'on peut se dispenser d'être si exact, puisqu'à observer ponctuellement cette regle, & avec toute sorte d'austerité, l'on se verroit reduit à garder un perpetuel silence. Qui est l'Auteur, soit ancien, soit moderne, qui ne se soit jamais mépris? Homere, dont les veilles sont si reverées, est accusé de s'être quelque fois endormi dans son travail. Et Aristote, de qui le credit est si bien établi dans l'Ecole, a fait des bevuës & des inadvertances, dont je me contenterai pour conclure, qu'on ne doit pas être trop severe contre ceux qui écrivent. Il attribuë dans ses Ethiques des paroles à Calypso, qu'Homere fait proferer à Ulisse dans son Odyssée. Il fait dire de même à Hector celles qu'Agamemnon prononce dans le second livre de l'Iliade. Dans ceux de la Rhétorique, ce, qu'il conte d'Amasis, est rapporté par Herodote comme appartenant à Psammenitus. Et le Grammairien Asclepiades observa beaucoup de lieux semblables, qu'il corrigea dans ses Oeuvres. Est-ce à dire qu'il faille condanner, ou seulement méprifer sur cela, & sur quelques autres instances pareilles, un si grand personnage qu'étoit Aristote? qui a eu ses Zoiles & ses Critiques, comme chacun a les siens. Pourvû qu'on ne s'amuse point à ces vaines parades de langage, destitué de bon sens, & de toute érudition, l'humanité veut, que nous fassions cas du travail de ceux, qui prennent la peine de nous communiquer leurs bonnes pensées, bien qu'on y trouve quelque fois quelque chose à redire. Mais l'on remarque aussi d'ailleurs des compositions, dont toutes les paroles choisies avec grande peine, rendent les périodes fort rondes à la vérité, mais fort creuses pareillement, n'étant remplies que d'ignorance & de badineries. Ce sont des pieces, qui ont leur rapport aux Pouppées, qu'on habille de drap d'or, quoi que leur corps ne soit que de carte. Certes l'on ne sauroit trop s'éloigner de leur ressemblance, & bien qu'un beau langage soit aussi agréable, que l'ombre d'un Orme spacieux & d'heureuse venuë, je voudrois que le premier fût accompagné d'utiles pensées, comme les Anciens marioient ordinairement l'ombrage de l'Orme aux fruits précieux de la Vigne. J'avoüe pourtant, que l'excès de ces mêmes pensées, & le trop d'érudition, peuvent porter à un discours le même préjudice, que donne à un arbre l'abondance de fruits si elle est demesurée; parce qu'elle les empêche de venir à maturité, & fait qu'ils ne sont jamais de considération. Je serois tenté de faire ici une petite digression sur quelque éloquence moderne, mais je craindrois de tomber dans un extravagante transgression.

### III. PROBLEME.

*Eſt-on obligé de ſuivre toûjours dans la Philoſophie les ſentimens de cet Ariſtote dont nous venons de parler?*

NON: parce que ce feroit captiver nos efprits, qui doivent être libres; & faire tort non feulement à Platon, mais encore à une infinité d'autres Philofophes qui ont eu leurs opinions fondées fur des raifons probables, & néanmoins contraires aux fiennes. Il étoit homme, & par confequent fujet à fe méprendre, n'y aiant que les Anges, qui puiffent difcourir fûrement & lumineufement des véritès qui nous font inconnuës. Pourquoi renoncer à nôtre franc arbitre, & l'affujettir à la tyrannie de qui que ce foit?

Oui: A caufe qu'il eft abfolument neceffaire d'obferver quelque ordre dans nos études, qui feroient trop confufes fans cela. Outre qu'Averroës a prononcé que la doctrine de ce Prince du Lycée étoit la fouveraine vérité, *Ariſtotelis doctrinam eſſe ſummam veritatem, quoniam ejus intellectus finis fuit humani intellectus:* la Providence Divine l'aiant créé exprés pour nous faire remarquer tout ce qui peut être fçû, *creatus & datus nobis divina providentia, ut non ignoraremus poſſibi-*

deſtr.
diſp. 3.
in ſolut.
dub. 3.

*lia sciri*, Ainsi dans toute la Chine, où le nom d'Aristote est inconnu, il n'y a que la doctrine du grand Confutius qui soit suivie, tous les Loytias & Mandarins n'étant examinés que sur sa doctrine. Et nous apprenons du Pere Martini, que l'Empereur de ce vaste Roiaume a ordonné par Edict exprès, que dans toutes les Universités les Ecrits de Confutius fussent expliqués suivant les sentimens du seul Docteur Chuvencungus, dont les Commentaires sont préferés à tous les autres.

## IV. PROBLEME.

*La Science est-elle de si haut prix qu'il faille tout quitter pour l'acquerir ?*

NON: Puisque nous voions des personnes, qui pour la posseder n'ont pas des chausses, pour parler avec Montagne, c'est à dire les choses necessaires à la vie. Ils font provision de je ne sai quelles Lettres, semblables à celles du plain chant d'un Lutrin, comme étant fort grossieres & en petit nombre, outre qu'elles leur sont ordinairement inutiles. En effet la plûpart des Savans sont comme les Frelons, qui ont besoin, qu'il y ait des Abeilles pour leur faire du miel. Et je crois que c'est le fondement de la Fable des Anciens, qui porte, que Jupiter se trouva si importuné, & tout ensemble si entêté de la Savante Minerve, qu'il se vit reduit à la faire sortir de sa tête avec une violence extrême. Aussi remarque-t-on presque toûjours, que les hommes qui ne possedent rien au delà de leur sens commun, reüssissent mieux dans la plûpart de leurs entreprises, que les plus renommés dans toutes les disciplines. Cela fait soûtenir à Hippolyte dans un Poëte Grec, que ceux, dont les Savans ne font nul conte, à cause qu'ils n'ont pas toutes leurs connoissances, sont les plus propres à persuader ce qu'ils veulent qu'on croie,

*- - - qui inter sapientes*
*Nullius sunt pretii, illi sunt aptiores ad*
*loquendum apud turbam.*

Prenés y garde de près, vous trouverés, que souvent toute l'érudition des plus habiles hommes, & qui ont donné le plus de tems à feüilleter leurs livres, n'est, à le bien prendre, qu'une ignorance étudiée. Il ne faut donc pas s'étonner, si les plus puissans de la Terre font cas des Ordres de Chevalerie, dont ils portent volontiers les marques, & se mocquent des chaperons & des bonnets du Doctorat. Ce Siécle pourtant a vû avec

*(marginal note: Eutip. in Hippol.)*

étonnement un Souverain se faire passer Docteur dans la plus considérable de ses Universités, mais qui fut assez malheureux ensuite, & assez décredité auprès de ses peuples rebelles, pour laisser sa tête sur un échaffaut.

O u i : Car le dire d'un Roi de Naples est fort approuvé, que si la Science étoit à vendre, il n'y a point de Monarque qui ne dût plûtôt s'appauvrir; quelques biens qu'il possedât, que de manquer à faire une si importante acquisition. Il est aisé de juger par cette sentence Roiale, de la maniere dont les particuliers se doivent gouverner là dessus. Et sans mentir, si l'homme en général a reçû son nom Grec de la contemplation studieuse où il doit être toute sa vie des choses du Monde, ἄνθρωπος παρὰ τὸ ἀναθεωρεῖν ἃ ὄπωπε, *quod contempletur ea quæ viderit*, selon l'étymologie, qu'Eusebe rapporte, comme étant de Platon; ne faut-il pas avoüer, qu'il n'y a rien qui lui soit plus propre, que de vaquer toute sa vie, de quelque condition qu'il soit, à la connoissance de toutes choses autant qu'il est capable de la posseder. Je fais donc grand état des paroles de Varron, qui nous restent dans une de ses Satyres, où il dit, qu'il envoie son esprit se promener par toute la terre, pour apprendre le raisonnement des

præp. Evang. l. 11. c. 6.

hommes, qui y font, & pour favoir ce qu'ils y font; *animum mitto speculatum toto orbe, ut quid facerent aut fentirent homines cum experrecti funt, me faceret certiorem.* Mais je tombe d'accord qu'auffi bien qu'on ne doit pas prifer les fleurs, à caufe de leur beauté ou de leur odeur feulement; & que nous fommes obligés, pour en bien ufer, d'imiter les Abeilles, qui en font du miel pour les hommes, & de la cire pour les Dieux, felon la penfée d'un Ancien : L'on ne doit pas non plus careffer les Mufes pour en faire vanité feulement, & fe contenter de ce qu'elles ont de plaifant & de recréatif. Il faut rendre nôtre étude, autant qu'il eft poffible, utile à la vie, de forte, que nous en profitions, &, fi faire fe peut, ceux, qui viendront après nous. Quoi qu'il en foit, l'Empereur Sigifmond eût grande raifon de fe mocquer d'un Docteur, qu'il avoit fait Chevalier, fur ce qu'il fçût, que méprifant fa premiere qualité de Docteur, il ne fignoit plus qu'en fe difant fimplement Chevalier : Vous ufés fort mal, lui dit Sigifmond, de la grace que je vous ai faite; fachés, que je puis faire cent Chevaliers comme vous en un jour, & qu'en cent ans je ne ferois pas un Docteur.

## V. PROBLEME.

*Le desir de la gloire, de quelque nature qu'elle soit, peut-il legitimer toutes nos actions?*

Non: Puisqu'outre les mauvaises gloires, & les vicieuses ambitions, il y en a peu ou point, qui méritent les soins excessifs, & les peines souvent ridicules où necessairement elles nous obligent,

*Magnus enim labor est magnæ custodia famæ.*

De sorte qu'encore que l'acquisition d'une haute reputation soit quasi toûjours bien laborieuse, sa conservation est encore plus difficile, & de plus grand travail.

*Summum ad gradum cum claritatis veneris,* Laberius.
*Consistes ægre, & citius quam ascendas decidas.*

C'est peut-être ce qui a fait dire allegoriquement à Salomon, *qui altam facit domum suam,* Prov. *quærit ruinam.* c. 17. Nôtre vûë se trouble, & fait perdre le jugement aux lieux les plus hauts, où la gloire aspire toûjours, ce qui en rend les chûtes aussi fréquentes que dangereuses. La plus belle reputation ressemble en cela au verre, que plus elle est éclatante, plus elle est fragile. Et néanmoins, comme dit Pline, l.11.c.37.

P v

la vanité, compagne ordinaire de la gloire, lui a fait choisir pour se placer le plus haut lieu de l'homme, qui est le sourcil; *nihil altius simul abruptiusque inuenit in corpore, ubi solitaria esset.* Cela oblige Demetrius Phalereus à dire dans Diogene Laërce, que ce sourcil est une des plus importantes parties de nôtre corps, comme celle, qui nous peut infiniment préjudicier si nous la tenons trop élevée. Disons avec Horace là dessus,

l. 1. ep. 18.
*Deme supercilio nubem.*

Et en effet nous voions, que ce Demetrius avec toute sa gloire, qui lui acquit trois cens statuës dans Athenes, les vit toutes abatuës de son vivant. En vérité ce violent desir d'être estimé, & de faire parler de soi, est bien plus mal fondé, que ceux, qui en sont épris ne le croient. Le vice rend quelque fois nôtre nom aussi célébre que la Vertu. Et l'on ne sauroit nier, que la grande renommée n'ait causé à plusieurs personnes mille déplaisirs, aussi bien qu'à Ciceron, à Socrate, à Demosthene, & à plusieurs autres, leur ruïne entiere. Au fond, qu'est la plûpart du tems une reputation si difficile à garentir, & qui ne ressemble que trop souvent à de certaines herbes rampantes assez loin, mais sans avoir de racine assûrée? Ne dit-on pas,

# V. PROBLEME. 235

que la préfence des hommes, dont on fait grand cas, en diminuë ordinairement l'eftime, pareils en cela à ces vers luifans, dont l'éclat paroit beaucoup moindre, quand on les approche. Après tout, il faut demeurer d'accord, que cette belle renommée, fi elle eft grande, nous accable indubitablement de mille foins & de mille devoirs, dont l'on ne peut fe difpenfer pour la conferver. Ajoûtés à tout cela, qu'afin de l'acquerir, on eft fouvent contraint de méprifer les autres biens de fortune, de forte que celui-ci devient incommode & méprifable dans la neceffité, & l'indigence qui l'accompagnent, felon l'allufion du Poëte Palingenius

 - - *cognatæ fami dulciffima famæ.*  in Scorp.

Cela s'appelle, qu'on perd le folide pour du vent. Car y a-t-il rien de plus foible & de plus labile que la mémoire des hommes, fur qui repofe cette charmante reputation, après une vie de fi peu de durée, qu'eft la nôtre? *Vita enim mortuorum in memoria vivorum eft* Cic. Phi-*pofita:* Et le tems, qui vient à bout de tou- lipp. 9. tes chofes, anneantit encore la plus glorieufe renommée. Cependant, les efprits prévenus d'une violente paffion de l'obtenir, la recherchent avec un tranfport, que je ne puis mieux exprimer, qu'avec les termes, dont in fragm. se servoit autrefois Varron, *Tanta invasit cupiditas honorum plerosque, ut vel cœlum ruere, dummodo magistratum adipiscantur, exoptent.* De là vient cette haine mortelle, que nous portons à ceux, qui nous méprisent. Ah! que je trouve belle la moderation de celui qui ne reçevant pas le salut d'un autre, ne s'en fit que rire, en disant, Ce n'est pas que cet homme ne me connoisse, mais c'est qu'il ne se connoit plus; Il est sans doute plus malade qu'il ne croit, il ne reconnoit plus personne.

Oui: La bonne Morale nous enseignant, que l'honneur, qu'on rend au mérite, est la plus précieuse chose, que nous puissions posseder, & qu'il n'y a que les vicieux, qui ne se soucient pas de leur réputation, *nam negligere quid de se quisque sentiat, non solum arrogantis est, sed etiam omnino dissoluti.* Quiconque méprise sa renommée, ne fait pas grand état de la Vertu; *contemtu famæ contemnuntur virtutes.* Les éloges & les applaudissemens qu'on donne aux hommes de grande consideration, ne sont pris pour de simples & ridicules fumées, que par ceux, qui pour être trop corporels, ne prisent que ce qui est materiel comme eux. Mais à le bien prendre, ces fumées, dont ils parlent, sont les

Cic. l. I. de Offic.

vraies pâtures de nôtre ame, qui lui conviennent d'autant mieux, qu'elles font incorporelles comme elle. Toutes les autres chofes, qu'on range au nombre des biens, changent de nature, fi elles ne font accompagnées de la bonne réputation, qui les doit perfectionner & comme affaifonner.

*Malum appellandum eſt cum mala fama* Laberius.
*lucrum.*

Et tous les Docteurs ont convenu de cette maxime générale, *Cauſa honoris potior eſt quam emolumenti.* L'honneur eſt une chofe fi fplendide & fi éclatante, qu'il porte fa lumiere jufqu' aux Siécles les plus éloignés, & par les tems les plus tenebreux. C'eſt pourquoi les Anciens lui facrifioient, & à Saturne, aiant la tête nuë, pour dire, que ces Divinités ne pouvoient jamais être obfcurcies. Certes il faut que cet honneur foit d'un grand prix, puifque felon l'obfervation d'Ariſtote, l. 7. Eudem. c. 10. pour tous les bienfaits, dont nous fommes rédévables à Dieu, nous n'avons que l'honneur à lui rendre, qui feul tient lieu de reconnoiſſance. De dire, que le defir de le poſſeder nous faſſe perdre quelquefois l'acquifition & l'ufage des autres biens, cela fe trouve fi peu vrai, qu'on voit qu'il n'y a guéres que les hommes heureux, qui vivent dans la gloire & dans l'eſtime; ce qui a fait prononcer hardiment à Pindare, ἔςι δὲ εὐτυχία

*Ode 1. Nemeo.* πᾶν δόξιας ἄκρον, *eſt autem in felicitate omnis gloriæ ſummum.* Il n'y a donc rien qu'on ne doive faire, pour acquerir ce qui par raiſon nous doit être plus cher, que les biens qui ſe diſſipent, ou qui nous abandonnent, & que la vie même, qui ſe perd tôt ou tard: Puiſque le vrai honneur & la gloire, qui font la bonne renommée, durent encore après la

*Cic. pro Rabir.* mort; *exiguum nobis vitæ curriculum Natura circumſcripſit, immenſum gloriæ.* Tous les Héros de l'Antiquité que nous reſpectons, en rendent un témoignage immémorial, & les Rélations de la Chine nous apprennent, qu'on donne même aux particuliers après leur trépas de nouveaux titres d'honneur, ſi leur poſterité fait des actions dignes de récommandation. Auſſi eſt-ce poſſible une des plus avantageuſes preuves, qu'il y ait de l'immortalité de nos ames, que ce ſoin, qu'elles prennent naturellement de ſe perpetuer par la reputation, & d'acquerir pendant qu'elles ſont icy bas un nom, qui ne meure jamais.

*orat. pro Archia.* *Certe ſi nihil animus præſentiret in poſterum, & ſi quibus regionibus vitæ ſpatium circumſcriptum eſt, eiſdem omnes cogitationes terminaret ſuas, nec tantis ſe laboribus frangeret,*

## VI. PROBLEME.

eque tot curis vigiliisque angeretur. Ciceron
e qui j'emprunte cette pensée, la porte bien
lus loin, que ce Probleme ne le souffre.

### VI. PROBLEME.

*L'Amour doit-il être tenu pour une passion, dont l'un ni l'autre sexe ne se puisse garentir ?*

NON: Car sans parler de ce qui se remarque dans la Loi de Grace, nous apprenons, que dans celle de la pure Nature, il se trouve à la Chine beaucoup d'hommes anachoretes, qui s'aveuglent encore présentement comme autrefois Démocrite, pour fermer, disent-ils, deux portes à l'amour, & en ouvrir mille à la Sagesse. L'autre sexe a de même une infinité d'exemples de celles, qui ont préferé leur chasteté à toutes les sollicitations amoureuses. Et la Fable seule enseigne, que leur pudicité a été honorée de ceux, qui l'avoient le plus âprement persecutée. Apollon y est représenté se faisant couronner de branches de laurier, nonobstant que sa cruelle Daphné l'eût toûjours fui jusqu' à la metamorphose en cette plante, qui devint l'honneur de son Parnasse. L'on y voit au rebours, que Jupiter change en une

Vache, animal grossier & si peu agréable, cette Jo, qui avoit consenti à ses desirs. Tant il est vrai, que l'un & l'autre sexe trouve de grands avantages dans l'exemtion de cette passion amoureuse.

Oui: Puisque le Ciel l'inspire dans tous les ordres de la Nature, & que nous avons un Sacrement expressément institué par la Réligion en faveur de cette passion, avec le précepte, qu'il vaut mieux la contenter par le mariage, que de brûler en y renonçant. Il s'en faut tant, que la liaison conjugale ne doive pas être bien fort estimée, & tenuë pour un Sacrement, que quelqu'un se vantoit d'y en avoir trouvé deux, le Mariage, & la Pénitence, tout ensemble.

## VII. PROBLEME.

*Un homme d'esprit doit-il préferer la solitude à la conversation?*

Non: Si l'on demeure d'accord, que de tous les animaux nous soions les plus nés à la societé; & si Ulysse doit être loüé comme un exemplaire de prudence, de ne s'être jamais voulu arrêter dans la Solitude, où Circé lui promettoit l'immortalité, aiant mieux aimé courir le monde & converser avec

# VII. PROBLEME.

avec les hommes de son tems, pour les instruire ou pour être instruit d'eux.

Oui: Parce que quand nous avoüerions, que la societé fût aussi naturelle à l'homme, que la plûpart des Philosophes l'ont présupposé, ce qui oblige, ce semble, à la rechercher préferablement aux choses, qui lui sont contraires; il faut toûjours entendre cela d'une nature pure & non corrompuë comme celle, qui nous anime. Qui est-ce qui se peut promettre de resister à l'air contagieux, qu'on respire dans la conversation des hommes de ce Siécle? Seneque avoüant du sien, qu'il croioit la chose impossible. *Facile transitur ad plures*, dit-il dans la settiéme de ses Epitres à Lucilius, *Socrati, Catoni, & Lælio, excutere mentem suam dissimilis multitudo potuisset, adeo nemo nostrum qui maxime concinnamus ingenium, ferre impetum vitiorum tam magno comitatu venientium potest.*

## VIII. PROBLEME.

*Se doit-on abstenir des voyages, sur ce prétexte, qu'ils préfentent plus de vices que de vertus à imiter?*

Non: Puifque les plus grands hommes de l'Antiquité, & particulierement de la Grece, fe font rendus recommandables par les voyages, qu'ils entreprenoient & continüoient fort avancés dans l'âge. L'on eftime partout ceux, qui s'y font adonnés, & l'on peut dire tout de bon, auffi bien qu'en raillant, qu'un homme doit bien favoir fon monde, quand il n'a fait toute fa vie, que le courir.

Oui: Généralement parlant, & fur tout à l'égard des jeunes gens, qui font bien plus fufceptibles du mal que du bien. Le Proverbe, *Ne temere Abydum*, donnoit autrefois ce confeil. Les plus utiles promenades font celles de l'efprit, ψυχῆς περίπατος φροντὶς ἀνθρώποισιν. Et l'on peut répondre à l'exemple propofé des Philofophes Grecs, que nos corps aiant été nommés par eux des plantes humaines, il n'y a point d'apparence de les tranfplanter fi tard, qu'ils faifoient. Nous ne fommes pas moins terreftres en cela que les arbres, qu'on ne fauroit changer de terroir sans un peril presque inévitable, quand ils sont avancés dans leur retour. Certes on peut dire hardiment, que nos ames ont trop d'interêt à la conservation de cette partie inférieure, pour la tant hazarder.

## IX. PROBLEME.

*Faut-il refuser les présens, que vous fait une main suspecte? pour ne pas dire ennemie.*

Non: Il y a trop d'inhumanité dans ce refus, qui ferme la porte à toute reconciliation. Souvent un petit présent a noüé inopinément de grandes amitiés. Et ce n'est pas sans sujet, qu'Optatus Evêque de Milevi reproche à l'Hérétique Donatus, Chef des Donatistes, d'avoir insolemment rejetté les présens de l'Empereur Constans, se croiant plus sage que Daniel, qui ne refusa pas ceux du Roi Balthasar.

Oui: Les ennemis, & les personnes suspectes sont à craindre, même lors qu'ils vous font des présens, *Timeo Danaos & dona ferentes*. Les plus sages, dit Pindare, y sont quelque fois attrapés, ἀλλὰ κέρδει καὶ σοφία δέδεται, *verum, lucro etiam sapientia irretitur*. Et Sophocle a judicieusement observé, qu'Hector fut attaché avec le baudrier *in Ajace flagell.* qu'Ajax lui avoit donné, comme Ajax fut tué avec l'épée, dont Hector lui avoit fait préfent. Tant le fort même vérifie, que le don d'un ennemi eft fouvent préjudiciable.

## X. PROBLEME.

*Ne fauroit-on être trop heureux? & une fortune mediocre doit-elle être préferée à toute autre?*

NON: L'extenfion du bien ne peut changer fa nature; & plus il eft grand, plus il eft à prifer. S'il en étoit autrement, nous ne pourrions concevoir la beatitude, que nous attribuons à Dieu, qu'avec quelque mélange d'imperfection. Quand l'excès du bonheur femble nous inquieter, ce n'eft pas fa faute, c'eft celle du fujet où il eft attaché, qui ne fait pas s'en prévaloir. Mais l'on reconnoit journellement, que la bonne fortune n'éblouït pas fans exception tous ceux, qu'elle éleve; & qu'il fe trouve tel eftomac, qui profite de fes plus grandes douceurs, fans les rejetter & fans en être incommodé. L'appetit naturel du bien que tout le monde fouhaite, juftifie, qu'on auroit tort de s'en défier; n'y aiant point d'apparence, qu'il pût devenir un mal, & qu'il fût fi univerfel & il-

# X. PROBLEME. 245

lusoire tout enſemble. Tant d'autels dreſſés par tout l'univers à la bonne fortune, montrent auſſi qu'on n'a pas toûjours eu ſi mauvaiſe opinion d'elle.

Oui: **La felicité de ce ſiécle eſt quelque fois embaraſſante, comme ces habits de parade, qui peinent pour être trop chargés d'or & de pierreries;** *probo fortunam velut tunicam, magis concinnam quam longam;* la veſte ou le manteau qui trainent, ne ſont bons qu'à faire broncher,

  *Fortuna magna, magna domino eſt ſer-* Laber.
    *vitus.*

Ce Romain, que ceux de ſon païs ont préferé à trois cens Socrates,

  *Quippe malim unum Catonem, quam tre-* Florid.
    *centum Socratas.*

Ce grand homme, dis-je, faiſoit difficulté d'opiner pendant la joie des proſperités, parce qu'elles nous troublent le jugement autant que les adverſités ont accoutumé de le rectifier. *Adverſæ res ſe domant, & docent quid* Cato l. 5. *opus ſit facto: ſecundæ res lætitia tranſverſum* Orig. *trudere ſolent a recte conſulendo, atque intelligendo. Quo majore opere dico ſuadeoque, uti hæc res aliquot dies proferatur, dum ex tanto gaudio in poteſtatem noſtram redeamus.* Il s'eſt expliqué ailleurs de la même penſée en ces

Q iij

*fragm. Orat.* termes, *Scio fortunas secundas negligentiam prehendere solere*, soutenant, qu'entre autres mauvais effets, les bons évenemens nous jettent dans une dangereuse negligence. Il y *relat. Martini.* a un oiseau à la Chine, qui ne chante jamais, si ce n'est lors qu'il doit pleuvoir. Vous diriés, que le bonheur extrême, dont nous parlons, ait quelque chose de semblable, il ne nous visite guéres qu'à la veille de quelque signalé déplaisir, qui le suit. Nous avons vû de nos jours tels hommes, qui pou- *l. 2. de fin.* voient dire avec un Cæcilianus dans Ciceron, *omnibus se lætitiis lætos esse*, dont la condition passée d'une extrémité à l'autre, vérifie suffisamment ce que nous disons. A peine se trouvera-t-il une personne, qui n'éprouve quelque chose de semblable dans sa vie pour particuliere qu'elle soit; mais cela ne paroit guéres qu'en celle des hommes élevés au dessus du commun, comme l'on n'observe que les eclipses des grands Astres, tels que la Lune & le Soleil. Ce n'est donc pas sans sujet qu'Aristote a prononcé, que ce n'est nullement le fait de tout le monde de digerer une *l. 5. polit. c. 8.* bonne fortune, Φέρειν οὐ παντὸς ἀνδρὸς εὐτυχίαν, *non esse cujusvis ferre prosperam fortunam*; d'où il resulte, qu'une médiocre est plus souhaitable, puisqu'ordinairement la premiere nous accable.

## XI. PROBLEME.

*Eſt-on obligé d'obſerver toûjours ce qu'on a promis, & la Foi donnée doit-elle être tenuë inviolable?*

NON: Si vous ne pouvés executer vôtre promeſſe ſans offenſer Dieu. Hérode fit très mal de garder celle, qu'il avoit faite à Herodias pour la mort de Saint Iean Baptiſte. Mais l'on doit condanner ſur cette matiere toutes évaſions mentales, ſemblables à celle d'Hippolyte dans Euripide, quand il proteſte, qu'il n'y a eu que ſa langue ſeule, qui ait juré, ſon eſprit aiant été fort éloigné de ſon ſerment,

*Quæ jurat mens eſt, nihil juravimus illa.*

dit auſſi Cydippe dans Ovide à ſon Acontius. Ce que prononça un Roi de la grande Java, eſt encore plus condannable, lors qu'il crût bien répondre au reproche qu'on lui faiſoit de ne garder pas ſa parole, parce que ſa langue, diſoit-il, n'étoit pas faite d'os pour demeurer inflexible, mais qu'il la vouloit ploier à ſa volonté, & n'être jamais contraint par elle en ſes actions. Ce ſont deux crimes de promettre une choſe injuſte, & puis de l'executer. Hors de cette conſidération, c'en feroit une ridicule de dire, qu'on ne veut pas être esclave de sa parole.

Oui: Alexandre le Grand pour avoir manqué de parole à quelques Indiens, ternit le lustre de ses plus beaux exploits. Et Plutarque qui fait ce jugement, quoique favorisant toûjours ailleurs ceux de sa nation, remarque dans ses Questions Romaines, qu'Hercule ne jura jamais qu'une fois, sans dire qu'il se soit parjuré. La Morale du Grand Seigneur est fort à reprouver, quand sur le prétexte, que tous ses sujets sont ses Esclaves, il croit n'être point obligé à tenir les sermens, qu'il leur peut faire, protestant, qu'un Souverain ne sauroit s'engager valablement envers son Esclave. Le mot de nôtre Roi Jean est bien plus à estimer, que si la Foi étoit perduë dans le Monde, elle devroit se retrouver dans la bouche des Rois. Ajoûtons-y dans celles des Philosophes, qui ne le peuvent être sans être gens de bien, puisque Xenocrate, comme tel, étoit dispensé par les Magistrats d'Athenes, de jurer, selon la forme ordinaire, que ses dépositions étoient véritables; donnant à sa sincerité, dit Valere Maxime, ce qu'ils n'eussent pas voulu donner à leur Magistrature.

<small>Val. Max. l. 2. c. vlt.</small>

## XII. PROBLEME.

*Faut-il s'abstenir des Ieux de hazard, & où l'on s'affectionne à cause du gain qu'on y prétend faire?*

Non: Parce que la vie humaine est accompagnée de tant de chagrins, que chacun a besoin de la recréer un peu, & de délasser son esprit dans le divertissement, qui se prend au jeu. Le Soleil même, dit plaisamment l'Espagnol dans un de ses Proverbes, se jouë avant que de commencer sa carriere, *jvega el Sol antes que nasca*; & il semble, qu'il se repose, quand il finit sa course. Quoi qu'il en soit, il y a plus d'apparence d'excuser le jeu sur ce relâchement necessaire aux ames les plus agissantes, que de s'imaginer en faveur des trois dez, le plus décrié de tous les jeux, qu'ils ont quelque chose de philosophique, n'aiant été inventés, comme quelques-uns l'ont écrit, qu'en considération des trois tems, le présent, le passé, & le futur. Il n'y auroit point de Jeux, qu'on ne pût aisément excuser, si l'on vouloit donner la même liberté à sa fantaisie. Buleng. de Iud. vet. c. 59.

Oui: L'on doit éviter comme des écueils ces jeux, où l'on ne s'applique, que pour profiter de la perte des personnes, qui s'y exercent avec nous. C'est une honte, que des Payens & des Idolâtres pratiquent une Morale plus auftere, que la nôtre, fur ce fujet. Les Rélations du Japon nous apprennent, que c'eft un crime capital, que d'y joüer de l'argent. Tous ceux, qui ont demeuré parmi les Turcs vous affureront, qu'à la referve de quelques Rénégats, les vrais Mufulmans ne s'adonnent point aux Jeux, où le vainqueur puiffe s'attribuer plus d'avantage, que d'avoir remporté la victoire. Voiés comme Ciceron traite mal Antoine dans fa feconde Philippique, fur ce que *Licinium Lenticulum de alea condemnatum colluforem fuum reftituit.* Il lui foutient qu'un autre qu'un brélandier n'auroit pas violé les Loix Romaines, établies contre les joüeurs, en faifant abfoudre & rétablir celui, qu'elles avoient condanné comme tel; *hominem omnium nequiffimum, qui non dubitaret vel in foro alea ludere, hunc lege quæ eft de alea condemnatum qui in integrum reftituit, is non aperte ftudium fuum profitetur?* En vérité, la licence n'a pas été toûjours telle, que nous la voions aujourd'hui, fur tout à l'égard des Ecclefiaftiques, Saint Bernard aiant prononcé autrefois, que les jeux des Séculiers devenoient des crimes en la perfonne de ceux-là.

## XII. PROBLEME.

Entre une infinité d'exemples, qui se peuvent rapporter, pour faire comprendre les malheurs, que peut causer le Jeu, de quelque nature qu'il soit, j'en veux rapporter deux seulement, assez authentiques il me semble. Nôtre Histoire nous fait voir, que Robert & Henri, enfans de Guillaume le Conquerant, étant venus visiter le Roi Philippe Premier à Conflans sur Oise, & s'étant mis à joüer à l'Echiquier avec Louïs le Gros fils du même Philippe, ils s'échauffèrent tellement à ce jeu, que se querellant ils en vinrent aux mains. Nôtre Louïs nomma Henri fils de bâtard, celui-ci le frapa de l'Echiquier, & l'eût peut-être tué, si Robert son frere ne l'en eût empêché. Les Normans se sauvèrent après cela chez eux, mais ce fut l'origine de quatre cens ans de guerres, qui continuèrent depuis entre eux & nous. Le second exemple sera étranger, & d'un païs, qu'on peut nommer l'autre Monde. L'Inca Manco joüant aux quilles avec des Espagnols qui s'étoient refugiés vers lui, l'un d'eux nommé Gomez Perez prit querelle avec ce Prince, & le tua d'un coup de quille sur la tête; ce qui porta les Indiens à faire perdre la vie à tous ces Espagnols. De si funestes évenemens doivent donner de l'horreur des jeux, qui les

*Hist. des Incas 2. part. l. 4. c. 7.*

produisent. Ne vous étonnés pas de ce que nous venons de dire de celui des Quilles, la même Histoire témoigne, que François Pizarre, ce grand Conquerant du Perou, se plaisoit sur tout à y joüer.

2. part. 1.<br>3. c. 9.

## XIII. PROBLEME.

*Une extrême vieillesse est-elle souhaitable?*

NON : Parce que les beaux jours de nôtre vie, sont apparamment ceux de nôtre Jeunesse, comme les premieres liqueurs, qui sortent d'un vaisseau, sont les plus pures & les plus estimables, ce qui suit n'aiant rien que de grossier, à cause qu'il se ressent de la lie qui est au fond.

Virg.
*Optima quæque dies miseris mortalibus ævi*
*Prima fugit.*

La prudence & le bon sens, qui font tant priser le grand âge, ne l'accompagnent pas toûjours, souvent il nous fait radoter, & les Vertus le quitent, lors que nous en aurions le plus de besoin. *Non canitudini comes Virtus,* comme parloit Varron, & l'on ne voit pas moins de vieux fous, que de jeunes évaporés. D'ailleurs le bien général s'oppose à ces desirs inconsiderés de vieillir, qui mettroient

## XIII. PROBLEME. 253

a famine dans le Monde s'ils étoient exaucés & satisfaits, *humani generis incrementum terra non caperet, si omnes senescerent qui nascuntur.* Tant y a que dans le vieil Testament, David à l'âge de soixante & dix ans où il mourut, étant nommé *senex & plenus dierum*, lui, que Dieu avoit choisi selon son cœur, il semble qu'on doit être ridicule aujourd'hui, d'aspirer à une derniere caducité.

Petrar.

1. Paral. c. 23.

Oui: Puisqu'il n'y a point de souhait plus ordinaire à tous les hommes, que celui de vivre longtems; ce qui montre qu'il est naturel, & par consequent raisonnable. Je sai bien, qu'Euripide dans son Hercule Furieux rend la vieillesse plus difficile à supporter, que tout le Mont Ætna; ce qui a fait écrire à Saint Gregoire de Nazianze

   - - - *premor ipse senecta,*
*Quæ gravior Siculis dicitur esse jugis.*

carm. in morbum.

Mais ce sont des exagerations poëtiques, qui n'empêchent point, qu'on ne voie de fort heureuses & souhaitables vieillesses. Peut-on dire, que ce ne soit pas un très grand avantage de se voir délivré de la tyrannie de tant de passions inséparables de la jeunesse, & qui ne nous abandonnent souvent qu'à l'extrémité ? N'est-ce pas aussi un merveilleux contentement de connoitre cent choses, que l'âge avancé nous découvre, qui font le bonheur de nôtre vie, & dont à peine les jeunes gens conçoivent la moindre idée ? puisqu'enfin selon le Proverbe Espagnol, *un Asno viejo sabe mas que un potro.*

## XIV. PROBLEME.
*Peut-on trop respecter les Loix, & être trop rigoureux Iusticier ?*

Non: Car le bon Juge doit ressembler à la Mer, qui ne change jamais la qualité de ses eaux par la douceur de celles qui entrent dedans; ni celui dont nous parlons, la rigueur des Loix, ou ce qu'elles ont de précis, par quelque considération que ce soit. En effet l'ordonnance de Dieu défend expressément dans l'Exode, d'avoir pitié du pauvre en jugement, qui est le plus grand sujet qu'on puisse avoir, pour rabattre quelque chose de la severité du Droit. Et dans le Levitique l'on voit mises en parallele ces deux fautes, d'avoir égard à la personne d'un pauvre miserable, & de faire quelque réflexion sur l'autorité des gens puissans; *non consideres personam pauperis, nec honores vultum potentis.* C'est pourquoi le nouveau Testament est plein de passages, qui assûrent, que Dieu

cap. 23.

cap. 19.

## XIV. PROBLEME. 255

garde également toutes les personnes, *Deus non est acceptor personarum*. Et certes, celui qui veut interposer son jugement sur ce qu'a prescrit le Legislateur, en augmentant ou diminuant ses peines ou ses recompenses, court grande fortune de s'éloigner de ses bonnes intentions, & de commettre sans y penser de grandes injustices. Aristote demande dans sect. 29. un de ses Problemes, pourquoi l'homme est qu. 7. le plus injuste de tous les animaux. Sa solution est, qu'étant le plus ingenieux de tous, la pointe de son esprit fait, que par de certaines vuës, trop subtiles, il s'écarte plus souvent, que les autres, de la droite raison. L'on ne peut donc se tenir trop attaché à ce que prescrivent les Loix, qui doivent être invariables à nôtre égard. Il semble quelquefois qu'il y a de la rigueur à les suivre exactement, mais à le bien prendre, il se trouve toûjours qu'elles sont très justes, parce que dans la Politique, aussi bien que dans la Médecine, ce qui est le plus utile est encore le plus juste. Dans celle-ci l'on coupe un membre pour en sauver un autre, ou l'on seigne le bras pour guerir la tête. Et dans le cours de la Justice, des personnes innocentes peuvent souffrir pour un bien général, & par là plus important que le leur particulier, dont l'on pourroit produire une infinité d'exemples. Ainſi chez les Romains un ſerviteur aiant tué ſon Maitre, tous les autres étoient condannés à mourir. Ainſi le Général, qui decimoit ſon armée, puniſſoit le dixiéme, que le ſort préſentoit, bien qu'il n'eût pas fui volontairement, & qu'il fût peut-être le moins coupable de tous.

Oui: Parce qu'en bonne Théologie, il n'appartient qu'à Dieu ſeul de chatier pour l'iniquité d'autrui. Qui eſt le Juge temporel, qui dût punir l'enfant pour le pere, comme le fut le fils d'Achab à cauſe de la mort de Naboth, ſelon la declaration d'Elie au troiſiéme livre des Rois. Et Sylla n'eſt-il pas juſtement diffamé par Salluſte, d'avoir le premier étendu les peines de ſes proſcriptions juſques ſur ceux, qui étoient à naitre, *Sulla ſolus omnium poſt memoriam hominum, ſupplicia in poſt futuros compoſuit, queis prius injuria quam vita certa eſſet.* Je ſai bien, qu'il y a des Juges, que les Anciens nommoient *Caſſianos*, qui ſont d'une humeur ſi rigoureuſe, qu'ils font gloire de porter toûjours les choſes, *etiam ſputatilia crimina*, comme les nommoit L. Siſenna, dans la derniere ſévérité. Mais il y en a d'autres, qu'on doit apparamment plus priſer, encore qu'on les puiſſe

*marginalia:* c. 21. & Ioſ. ant. Judaic. l. 8. c. 7.

Cic. in Bruto.

# XIV. PROBLEME. 257

nommer leurs Antipodes. Tel étoit ce grand Empereur Marc Antonin le Philosophe, qui punissoit tous les crimes, selon le témoignage de Jules Capitolin, par des supplices beaucoup moindres, que ceux, qui leur étoient ordonnés par les Loix. Les Negres du païs de Senega ne font jamais souffrir la mort à leurs coupables, par cette raison, qu'il n'y a que Dieu, qui, comme auteur de la vie, ait le droit de l'ôter. Et la remarque de Thucydide, qu'autrefois les peines, dont l'on se servoit, n'étoient pas si grandes, qu'elles ont été depuis, montre bien qu'étant arbitraires, les plus humaines doivent être tenuës les meilleures, puisque, comme il dit, il n'y en a point qui puissent empêcher de pécher. Ceux de cette opinion font grande distinction entre l'Equité, qui est selon la Loi de Nature, & la Justice ou le Droit, qui se conforme à la Loi écrite. Ce sont peut-être ces deux Divinités, Dicé, & Themis, que les Grecs vouloient n'abandonner point les côtés de Jupiter. Mais on a toûjours reconnu, que si ce dernier Droit n'étoit temperé ou moderé par l'Equité, il dégenereroit souvent en une pure injustice, *summum jus, summa injuria.* C'est pourquoi Origene dans son settiéme Livre contre Celsus, interpréte

l. 3. hist.

*Tome V. Part. II.* R

selon cela le *jus non bonum & præcepta non bona* d'Ezechiel, de ceux, qui font felon la lettre, foutenant, que les autres appellés par le Prophete *præcepta recta & jus bonum*, doivent être *fecundum intellectum*, & que le jugement avec l'équité en font les maitres. De là vient le précepte de l'Ecclefiafte, *noli effe nimis juftus*, & la maxime Apoftolique, que la lettre feule tuë, mais que l'efprit vivifie. En effet, quoi qu'on confonde fouvent la Juftice & l'Equité, dont nous parlons, parce qu'elles font comprifes fous un même genre, qui eft celui de la Vertu; elles ne laiffent pas de différer, comme l'homme & le cheval fe diftinguent, qui ont l'animal pour genre commun. Tant y a, que les fentences les plus douces ont pour elles le précepte de Salomon: *Erue eos, qui ducuntur ad mortem, & qui trahuntur ad interitum liberare ne ceffes*. Mais il y a des perfonnes, qui fur le prétexte, de ne donner jamais rien à la faveur, penchent toûjours du côté de la rigueur, & comme le leur reproche Pline le Jeune, *dum verentur ne gratiæ potentium nimium impertiri videantur, finifteritatis atque etiam malignitatis famam confequuntur.* Tout cela n'empêche pas, que le mot ne doive être pris pour un Oracle, que ceux, qui cor-

Prov. c. 24.

l. 9. ep. 5.

rompent les Loix, sont pires que les faux Monnoyeurs, qu'on a vû assez d'Etats & de Communautés, qui se sont maintenuës, employant de la monnoye d'argent mêlé avec du plomb ou du cuivre; & que de celles, qui ont méprisé ou falsifié leurs Loix, il ne s'en est jamais sauvé une, au dire de l'Orateur Grec, qui ne soit miserablement perie. Demost. orat. contr. Thim.

## XV. PROBLEME.

*Faut-il apprendre les Langues comme une chose absolument nécessaire ?*

Non: Puisque leur connoissance ne peut être qu'improprement honorée du titre de Science, & qu'elles ne sont qu'un moien propre pour l'acquerir, duquel néanmoins on se peut passer. A la vérité le langage des Savans primitifs, qui ont été les Grecs, donne un merveilleux avantage pour l'acquisition de ces mêmes sciences, à cause que les simples termes, dont ils se sont servis, font entendre souvent de telle sorte la nature des choses, qu'on les comprend presque aussi clairement, que par de longues definitions, que les autres Langues sont obligées d'en donner. C'est pourquoi Ciceron, qui a porté la Latine au plus haut point de perfection, qu'elle pouvoit aller, n'a pas fait difficulté d'avoüer, que les ouvrages spirituels des Grecs étoient bien plus connus & plus estimés par tout le Monde, que ceux des Latins, *Græca leguntur in omnibus gentibus, Latina suis finibus, exiguis sane, continentur.* Cela procedoit de ce que toutes les Nations ont été passionées pour apprendre les Sciences que les Grecs semblent avoir cultivées les premiers, les communiquant en suite à toute la Terre. Mais suivant le cours des choses sublunaires, qui varient incessamment, le Latin a tellement étendu ses limites, que le plus grand de ses Orateurs faisoit si étroites, qu'aujourd'hui il a presque pris la place du Grec, de façon, que Lipse n'a pas fait difficulté d'appeller la Langue Latine, *vinculum Gentium.* Et il se trouve aussi qu'à present il y a peu de peuples de reputation, qui ne possedent dans leur Langue toutes les belles connoissances Grecques & Latines. L'importance est que chacun d'eux s'en fait accroire là dessus, & tient sa Langue maternelle préferable à toutes les autres, qu'il méprise. Ainsi les Turcs soutiennent, qu'il n'y a que la leur seule qui soit de bon usage en ce Monde, qu'en Paradis on parlera Arabe, & que le jargon des Persans, leurs mortels en-

*[marginalia:]* orat. pro Archia.

Relat. de

## XV. PROBLEME.

nemis est reservé pour l'Enfer. Cela me fait souvenir, que *Pietro della Valle* dans sa quatriéme Lettre, veut, que la Langue Persane soit une des plus pauvres de toutes celles, qui se parlent. Mais je défere peu aux jugemens d'un étranger, qui n'avoit pas toutes les lumieres nécessaires pour determiner ce qu'est un idiome, dont il connoissoit à peine les premiers élemens. Tant y a que comme nous venons de dire, chacun met le bon de son côté; témoin l'Empereur Michel, qui rescrivant en colere au Pape Nicolas, lui reprochoit, que sa Langue Romaine ou Latine, étoit barbare & Scythique; témoin encore cet Espagnol, qui assûroit, que sa Langue étoit tellement propre pour le commandement, que Dieu s'en servit, lors qu'il fit défense à Adam de manger d'un des fruits du Paradis Terrestre, que le serpent séduisit Eve en Italien, le plus persuasif de tous les langages; & que nôtre premier Pere s'excusa en François, qui lui fournit les termes les plus propres, dont il pouvoit former une excuse. Si cela semble ridicule, l'opinion de Beccan ne l'est pas moins, quand il a soutenu, que le Brabançon ou Flamand étoit cette Langue originale que Dieu avoit alors inspiré au premier des hommes. Je laisse aux Rabins la

*Theu. le Ieune.*

*Baron. tom. 10.*

défense de leur Hebreu, mais outre qu'il n'est pas constant, que celui qui reste soit le langage d'Adam, ni s'il étoit Syriaque ou Chaldéen, encore peut-on dire, que supposé qu'il le fût, cela ne prouveroit pas bien, qu'il dût passer pour le plus excellent de tous, non plus que son premier habit ne seroit pas vraisemblablement pris pour le plus riche & pour le plus à estimer, dont l'on se pût parer. En effet la Langue Hebraïque, toute abondante qu'elle est en expressions sublimes, se trouve fort sterile d'ailleurs, & manque des termes nécessaires pour signifier les choses communes. Cela fait, qu'on l'a agréablement comparée à un hôte curieux en peintures, & en mille autres galanteries, mais qui manque de draps, de serviettes, dont un ménage ne se peut passer sans une grande incommodité. Les Massorets en diront ce qu'il leur plaira; mais tant y a, qu'il n'y a guéres de Langues, qui ne se croient présentement plus capables d'enseigner les Sciences, que celle-là; outre que les plus communes, qui sont de quelque mérite, ou pour mieux dire d'une richesse connuë, pensent, qu'elles se peuvent aisément passer de toutes les autres.

Oui: Parce qu'il y a des Langues savantes, qui tiennent l'érudition comme enfermée, de telle façon, qu'on ne sauroit sans elles se promettre de la bien posseder. En effet, qui peut sans le Grec esperer quelque rang parmi les hommes de lettres? L'Arabe ne donne-t-il pas des lumieres dans la Philosophie Péripatétique par le moien d'Averroës, & dans la Médecine par ce qu'en a écrit Avicenne, qui rendent les hommes fort recommandables dans ces deux professions? Pour le Latin, chacun sait, que sans lui on ne peut faire la moindre figure, ni être tant soit peu considérable entre les personnes savantes. Mais qui peut nier, que l'homme, le plus né à la societé de tous les animaux, ne desire naturellement d'entendre & d'être entendu de ses semblables? ce qu'il ne peut obtenir que par la connoissance des Langues. Cette considération a été si puissante sur les esprits de Kekerman & de Vossius, que fondés sur la maxime d'Aristote au premier Livre de ses Ethiques chapitre premier, que nul desir purement naturel n'est illusoire ni vain, ils ont été persuadés, qu'originellement les hommes étoient nés pour une langue universelle, qui devoit être commune à tout le genre humain. Plutarque nous apprend dans son Traité d'Isis & d'Osiris, que parmi les Egyptiens leurs Mages tenoient aussi, qu'à la fin

syst. ph. l. 4. c. 8. de theol. Gent. l. 3. c. 44.

tous les hommes ne parleroient plus qu'une langue. Je vous citerois volontiers là deſſus un paſſage d'Arnobe, qui feroit beaucoup pour montrer la néceſſité d'une ſeule langue parmi les hommes, puiſqu'il porte, que le Fils de Dieu étant en terre ſe faiſoit entendre avec un ſeul idiome qu'il proferoit, par autant de perſonnes, qui l'écoutoient, & qui étant de différentes nations, penſoient toutes, qu'il leur avoit parlé en leur langue maternelle, *cum unam emitteret vocem, ab diverſis populis, & diſſona oratione loquentibus; familiaribus verborum ſonis, & ſuo cuique utens exiſtimabatur eloquio.* Mais ſes Evangeliſtes n'aiant rien prononcé de ſi précis, je ne défere que pieuſement au texte d'Arnobe, & je me contente d'obſerver, qu'on ne peut remedier aucunement à cette divèrſité de langage, ſi ennemie de la ſocieté des hommes, que par l'étude des Langues différentes, dont la connoiſſance ſe peut dire par conſequent néceſſaire.

lib. 1.

## XVI. PROBLEME.

*Tout Larcin est-il condamnable?*

Non: Vû que des Nations entieres, fort eſtimées d'ailleurs, ont permis & même priſé le Larcin. Aulu Gelle prouve par l'autorité d'un Ariſton, célébre juriſconſulte, que les premiers Egyptiens, qui furent très-ingenieux dans les arts & dans les ſciences, permirent toute ſorte de vol, *apud veteres Ægyptios, quod genus homines conſtat & in artibus reperiendis ſolertes extitiſſe, & cognitione indaganda ſagaces, furta omnia fuiſſe licita & impunita.* Il ajoûte la même choſe des Lacedemoniens, & que tous ceux, qui avoient couché par écrit leurs Loix & leurs Coutumes, *qui de moribus legibuſque eorum memorias condiderant*, demeuroient d'accord, que le Larcin étoit licite, & d'un uſage commun parmi eux, comme très utile à la jeuneſſe, *quod & furandi ſolertia & adſuetudo acueret firmaretque animos adoleſcentium, & ad inſidiarum aſtus, & ad vigilandi tolerantiam, & obrependi celeritatem.* Iſocrate confirme tellement cela dans ſon Panathenaïque, qu'il aſſure, que c'étoit par prétexte ſeulement, que les Spartiates envoioient leurs enfans au ſortir du lit à la chaſſe, mais qu'en effet c'é-

l. 11. c. ult.

R v

toit pour dérober aux champs tout ce qu'ils pourroient. Je sai bien que d'autres païs ont été & font encore fort rigoureux aux Larrons; mais cette diversité ne sert-elle point à rendre la chose problematique? aussi bien que la différence des peines établies par les Legislateurs. Quoi qu'il en soit, s'il y a eu de tout tems de bons Larrons, tels que l'Autolicus d'Homere, l'on ne doit pas, il me semble, les condanner tous. L'on dit, que le Roiaume des Cieux veut être pris de force; & les Athéniens en condannant en l'amende leur Roi Agesilas, pour avoir dérobé le cœur de ses sujets, lui rendirent sans doute le plus grand honneur, qu'ils lui pouvoient faire. Il y a donc des larcins glorieux, & l'on ne doit pas les mettre tous à une même censure.

Oui: Attendu que ces Loix, qui paroissent avoir toleré le Larcin, ne sont rien au prix de tant d'autres, & sur tout des divines, qui en font un crime Capital. Des vols équivoques ou métaphoriques, tels que celui d'Agesilas, ne peuvent être allegués en faveur de ceux, contre qui les bonnes Loix fulminent avec toute sorte de sévérité. Le grand Legislateur de la Chine Confutius témoigna la grande aversion, qu'il avoit contre les Voleurs, quand il ne voulut jamais boire, quelque alteré qu'il fût, de l'eau d'une fontaine, qu'il rencontra, par cette seule raison, qu'elle se nommoit *Tao*, c'est à dire du Brigand. L'on veut que ce mot de Brigand vienne de Brabançon, qui lui a été autrefois synonyme, *prædones vulgo dicti Brabantiones*, dit la Vie de Louïs settiéme, fils de Louïs le Gros. Ainsi Κυμβρὸς, *Cimber*, ou *Danus*, passe dans Suidas pour un Voleur; de même que les mots *Isauricus* & *Argivus*, ont été autrefois proverbialement emploiés avec diffamation pour désigner de dangereux Larrons. L'adage *Lydus ostium clausit*, n'étoit pas plus favorable aux habitans de Lydie; ce qui sert à montrer que par tout le Monde les Larrons ont été en abomination. C'est une chose considérable, que nous trouvons appuié de l'autorité du Jurisconsulte Sabinus dans la même chapitre d'Aulu Gelle, qui vient d'être cité, que la seule volonté peut rendre une personne coupable de larcin, *furtum sine ulla quoque adtrectatione fieri posse, sola mente atque animo, ut furtum fiat, annitente*; de sorte que comme par le droit des Romains *pœna manifesti furti, quadrupli erat, nec manifesti dupli; furti concepti pœna tripli erat*. Ce qui a grand rapport à la défense portée par le Droit Divin, dans la seconde table du Decalogue, de souhaiter seulement ce que les autres possedent legitiment.

## XVII. PROBLEME.
*Une loüange médiocre est-elle à estimer.*

Non: A cause qu'il y a souvent de la malignité à loüer bassement ce que le mérite a élevé. Beaucoup de personnes en usent ainsi dans l'opinion où ils vivent, qu'il est des loüanges comme de l'argent, de façon qu'ils apprehendent d'en donner trop, de peur de s'en faire faute. Cependant c'est en quelque sorte faire tort à un grand homme de bien, de le priser de n'avoir pas commis les actions d'un vicieux,

Laberius. *Non est bonitas esse meliorem pessimo.*

Il en est de même sur beaucoup de sujets, où de chetives loüanges font le même effet, que de certains miroirs, qui représentent infidelement les figures beaucoup plus petites qu'elles ne sont. Et je trouve le mot de Valere Maxime fort considérable, lors qu'il craint de n'avoir pas assez dignement parlé d'une action de Paul Emilie, *si tamen*, dit-il, *acta excellentissimorum virorum humiliter æstimare, sine insolentiæ reprehensione permittitur.* En effet Marc Antonin a judicieusement observé

l. 2. c. 7.

que jufqu' aux pierres précieufes, elles perdent quelque chofe de leur prix, fi elles ne font hautement loüées. Auffi voions-nous, que ceux qui paroiffent fi chiches dans la diftribution de leurs loüanges, n'en donnent guéres qu'avec quelque intention de déprimer ceux, qu'ils font mine de vouloir exalter. L'on endort le membre qu'on veut couper; & l'on fait fouvent comme le Scorpion, qui embraffe avant que de lancer fon aiguillon, ou au même tems qu'il pique de la queuë;

*Fiftula dulce canit volucrem dum decipit auceps.*

Ceux, qui en ufent ainfi, peuvent encore être comparés à une efpece de Crocodiles, qui fe trouvent en Cananor aux Indes Orientales, qui pour avoir l'haleine agréable & attraiante, ne laiffent pas de devorer très cruellement. Dieu nous garde de ceux qui paranymphent de cette maniere; & tenons auffi pour bonne maxime, qu'une loüange médiocre, qui paroit ordiniarement prefque forcée, ne s'applique guéres à des fujets, qui en méritent de plus relevée, qu'avec fort peu de bonne intention.

Oui: Dautant qu'il n'y a rien de plus préjudiciable aux bonnes mœurs, que ces loüan-

Maffeus l. 2. hift.

ges hyperboliques, qui partent de lieux communs, & qui se distribuent presque indifférement à toute sorte de personnes. Seneque s'en est plaint avant moi, particulierement au sujet de l'Eloquence, *Nihil æque & eloquentiam, & omne aliud studium auribus deditum vitiavit, quam popularis assensio,* ou plûtôt selon moi *assentatio*. Il distingue pour cela *laudem*, qui doit être reglée, *à laudatione*, qui est presque toûjours exorbitante; d'où vient, ajoûte-t-il, qu'on ne dit pas *laus funebris*, mais *laudatio funebris*; parce qu'en cette derniere l'on passe d'ordinaire jusqu'à l'excès. Certes une loüange modérée est préferable à toute autre. Elle est comme une pluie légere, qui pénetre mieux, & moüille plus heureusement qu'une grande, qui tombe avec trop d'impetuosité. Et il me semble, que Lysippe étoit fondé en bonne raison, de soutenir, qu'il avoit plus obligé Alexandre, le représentant une pique à la main, qu'Apelles qui lui faisoit tenir comme à Iupiter la foudre prête à lancer. C'est pourquoi Macrobe remarque fort bien, que les plus amples loüanges d'Homere se prennent plus de l'exemtion des vices, que de la possession des vertus, dequoi il fournit divers exemples; *Homerus non virtutibus appellandis, sed vitiis*

ep. 102.

Plutar.
de I. fide.

l. 6. Saturn. c. 7.

## XVII. PROBLEME. 271

*detrahendis laudare ampliter solet.* Aussi ne peut-on trop estimer le mot de ce Spartiate, qui sur des éloges excessifs que donnoit un étranger à un joüeur de harpe, lui demanda de quels titres d'honneur on usoit en son païs, pour bien loüer les hommes de vertu & d'un grand mérite, puisqu'il emploioit des termes si magnifiques à l'avantage d'un joüeur d'instrument. Mais quoi, si c'étoit un vice autrefois d'être excessif en loüanges, c'est aujourd'hui pratique si ordinaire, qu'on peut dire plus à propos encore, qu'autrefois disoit Laberius;

*Vitium fuit, nunc mos est adsentatio.*
Cette flaterie de propos obligeans est une glu, où les plus modestes se laissent assez souvent attraper; semblables à cet oiseau, que nous nommons Duc, les Latins *Asio*, & les Grecs *Nycticorax* ou *Otus*, à cause de ses oreilles. Suidas avec d'autres, assurent, qu'il saute & est si sot que de se laisser prendre quand on le loüe. O que Caton me paroit illustre, quand il se glorifie de ce qu'on ne voioit point de ses Statuës; & que Clodius me semble infame, lors qu'il est contraint de rougir dans la honte qu'il a d'en voir une de lui qu'il avoit si peu méritée !

Ad vocem ὦτος.

## XVIII. PROBLEME.

*Peut-on dire qu'il y ait de bons Magiciens?*

NON: Puisque généralement parlant ils on été condannés par toute sorte de Nations, & dans toutes les Réligions. Aussi ne voit-on que des imposteurs, qui se mêlent d'un art encore plus vain, qu'il n'est reprouvé, dequoi nous nous sommes expliqués en plusieurs endroits, & particulierement dans l'Instruction du Dauphin. Le Poëte Accius s'en moquoit sous le nom des Augures, lors qu'il disoit dans son Astyanax, *Nihil credo Auguribus qui aureis verbis ditant alienas, suas ut auro locupletent domos.* Si la Magie étoit véritable, & qu'elle eût le pouvoir, qu'on lui attribuë, ceux, qui en font profession, seroient-ils si miserables que nous les voions? Et comme argumentoit autrefois Origene, si les Oiseaux étoient si savans, que de pouvoir apprendre les choses futures, ne prévoiroient-ils pas les embuches, qu'on leur dresse? comme la Magie apprendroit sans doute à ceux, qui s'y appliquent, les moïens d'éviter tant de peines, dont à bon droit on les punit tous les jours. Mais quoi, l'on prend plaisir à faire valoir le métier de Magicien, par des interprétations favorables sur beaucoup d'évene-

*[marginal note: Nonius Marcellus.]*

## XVII. PROBLEME. 273

d'évenemens, que le seul hazard produit. Ainsi sur ce qu'on avoit prédit à Robert le Normand, qu'il mourroit en allant en Ierusalem, Anne Comnene nous apprend au sixiéme Livre de son Alexiade, qu'après son trépas, l'on dit, que la Prophetie ne regardoit pas la Ierusalem Palestine, mais celle de Cephalonie ou d'Ithaque. J'ai rapporté ailleurs une grande multitude d'interprétations semblables, dont l'on pipe une infinité de personnes, qui sont si simples que d'y déferer. N'est-ce pas une chose honteuse, de voir dans *Pietro della Valle*, ce grand Roi de Perse Xa [lettre 6.] Abas, qui demeure trois jours aux portes d'Ispahan sans y entrer, à cause qu'un Géomante avec ses régles ridicules le lui defendoit. Le même Auteur, quoi qu'assez judicieux en d'autres choses, fait ailleurs un autre conte indigne d'être raporté, de certaines Sorcieres, qui en regardant seulement, man- [lettre 17.] gent le cœur des hommes, & quelquefois le dedans des Concombres. Que toutes les conjurations des Magiciens puissent d'elles-mêmes operer quelque chose, c'est une grande erreur, *& non solum antiqua, sed antiquata opinio*. Si leurs paroles sont considérables, ce n'est qu'autant qu'elles agissent, non pas formellement, mais matériellement, en troublant l'imagination de ceux, à qui ces impofteurs les addreffent. Et de penfer, felon que quelques-uns l'ont écrit, que comme la Nature produit des animaux venimeux, elle faffe naitre des hommes Sorciers & d'eux-mêmes malfaifans, c'eft fe plaire à fe tromper foi-même. Si vous croiés ceux qui font prévenus de femblables opinions, les perfonnes qui naiffent le jour du Vendredi Saint, auquel la Terre s'ouvrit, voient jufqu'au profond de la terre tout ce qui s'y rencontre. Et une Mouche, mife fur la porte de la Boucherie de Tolede, empêche toutes les autres d'y entrer. En vérité l'homme eft un crédule animal.

Oui: Parce que fans parler de la Magie blanche, qui paffe pour permife, comme oppofée à la Noire; il y a eû de tout tems de très grands perfonnages, qui ont été nommés Magiciens, à caufe de leurs connoiffances extraordinaires. Ainfi ni les Statuës de Phidias, ni les Tableaux de Zeuxis, n'étoient pas leurs ouvrages, au dire de certains envieux, mais du Demon, qui conduifoit leur main. Et Suidas qui dit cela au fujet du Médecin Jacob, ajoûte, que ceux de fon tems vouloient, qu'il ne fût qu'un ignorant, quoi qu'une main fuperieure guerit tous fes malades. Il est certain, que Saint Athanase fit mine d'entendre le croassement d'un Corbeau, ce qui est au delà de la portée de nôtre humanité, pour faire prendre garde au lendemain à ses auditeurs, chose qui lui reüssit par son interprétation du terme *cras*. Petrarque ne fût-il accusé de Magie, à cause, dit-il lui-même, qu'il lisoit le Poëte Virgile ? Et sa vie ne nous apprend-elle pas, qu'il eût bien de la peine à se tirer des mains de l'Inquisiteur *Marcus Picenus de Solipodio*, le grand savoir de Petrarque le lui aiant rendu suspect de Magie ? Or quoi qu'on fasse cent contes là dessus plus dignes de mépris que de condannation,

Baron. tom. 3.

l. 1. rerum senil. ep. 3.

- - - - - *ære minuto*
*Qualiacunque voles Iudæi somnia vendunt;*
ce n'est pas à dire, que la vanité ni le crime soient semblables par tout. Il faut se moquer de Solin, quand il assure que *lapis hyenium qui in pupulis hyenæ invenitur, hominis linguæ subditus, facit ut prædicet futura.* Mais Ciceron, qui se railloit si bien des Haruspices & des autres devineurs de son tems, ne laisse pas d'avoüer après Démocrite, que l'inspection des entrailles de quelques animaux avoit été très sagement introduite, pour avoir par ce moien des signes évidens de la bonté

c. 27.

des terres, & de la salubrité de l'air; parce que si l'on y reconnoit le contraire, la prédiction est aisée des pestes & des famines futures, qu'on tâche ensuite d'éviter. Cette sorte de Magie, si elle se peut ainsi nommer, n'étoit donc pas condannable par sa fin. Je ne veux pas dire comme fait l'Espagnol en son Proverbe, *hagase el milagre, y hagalo el Diablo;* & je sai bien, qu'il n'est pas permis d'user de mauvais moiens pour parvenir à une bonne fin. Mais il me semble, qu'il y a beaucoup de tours de passe-passe, *vel facta vel ficta,* qui ne doivent pas être mis au rang des plus criminelles actions de Magie. Nicetas Choniate parle d'un Basilicius, qui faisoit si bien le Prophete, qu'il passoit pour Magicien, en considérant & maniant aux femmes la gorge, & même les talons. Voudrions-nous dire qu'il fût aussi coupable, que cette Sorciere, qui évoquoit l'ame de Samuel, ou qu'un Negromante, qui tâcheroit de reduire en pratique tout ce qu'enseigne la Clavicule de Salomon? Certes il y a grande différence entre eux; & quoi que le nom de Magicien soit toûjours pris en mauvaise part, il y en a, qu'on peut en quelque façon nommer bons, s'ils sont comparés aux plus coupables. En tout cas souvenons-nous de ce que decla-

in Isacio Angelo l. 3.

roit autrefois un Muſicien d'Egypte, grand ami de Celſus, contre qui Origene a ſi bien écrit, que la Magie n'a nul pouvoir ſur les gens de bien, ni ſur les Philoſophes, à cauſe de leur vie bien reglée ; mais ſeulement ſur les ignorans, & ſur les malvivans. Une telle Sentence bien interpretée, doit être reçûë de quelque lieu qu'elle vienne ; le mauvais Demon n'a pas laiſſé de proferer quelquefois d'eſſencielles vérités.

Orig. contra Celſ. l. 6.

## XIX. PROBLEME.

*Le Mariage eſt-il à fuir, comme quelques-uns ſe le perſuadent?*

Non : Car les plus ſages Legiſlateurs n'ont rien trouvé ni de plus raiſonnable, ni de plus propre à donner le contentement de la vie, que l'union matrimoniale. Le Celibat a ſes incommodités auſſi bien qu'elle ; & jamais il n'a été honoré par la ſeule conſidération de ce dont il ſe prive, plus que le mariage. Je ſai bien, que ſelon la condition des choſes de ce Monde, il y a des liaiſons d'homme à femme, qui ne ſatisfont guéres ni l'un ni l'autre. Les Americains étendent ces diſgraces juſqu' aux mariages du Ciel, où ils croient que la Lune, comme femme du So-

Petrus Martyr

leil, a été blessée par lui lors de son éclipse, la plaie qu'il lui a faite ne se consolidant que quand cette éclipse est passée. Mais elle ne dure guéres, & il en est presque toûjours de même aux mariages de la Terre. Leurs riottes passent bientôt entre des personnes raisonnables, & ces riottes ne font assez de fois que lier plus étroitement l'amitié, qui doit être entre-elles. En effet, quand les Anciens plaçoient Venus & Mercure dans un Temple commun à tous deux; ils vouloient dire sans doute, que des paroles proférées à propos, & un doux entretien entre les deux sexes, suffisoient pour remedier aux petites mesintelligences, qui peuvent y survenir. Nous avons accoutumé d'en donner le tort à celui de ces deux sexes, que la Nature semble avoir créé le plus foible; & c'est peut être pourquoi on le devroit au contraire justement excuser. Quoi qu'il en soit, s'il se trouve des femmes imperieuses, & par là insupportables à leurs maris; & si les Japonois, sur la crainte d'en rencontrer de telles, ont raison de ne prendre jamais rien de leurs épousées, quand ils se marient, afin, disent-ils, qu'elles ne puissent pas leur reprocher ce qu'ils auroient reçû; combien en voions-nous d'autres mieux conditionnées, si respectueuses, & si pleines de

*dec. 8.*
*c. 8.*

modestie, qu'à l'exemple de la femme de Phocion, elles tiennent pour leurs plus grands ornemens le mérite & la vertu de leurs maris, où elles établissent leur principale gloire. *Plutar. de la Musique.* Si la mauvaise destinée de quelques hommes porte, qu'ils ne rencontrent pas dans le mariage tout ce qu'ils s'en promettoient, que leur bonne Morale supplée au reste; &, pour user de cet exemple, qu'ils se consolent comme faisoit Aristippe, s'ils ne sont pas aimés autant qu'ils voudroient; les bons morceaux que je mange, disoit-il, ne m'aiment pas non plus, & néanmoins je ne laisse pas de les avaler agréablement.

Oui: S'il est vrai, que les hommes, selon le mot de Socrate, ressemblent en ceci aux Poissons, qui tâchent d'entrer dans le filet, quand ils ne sont pas encore dedans, quoique, quand ils s'y voient pris, ils ne cherchent qu'à en sortir. Je n'ai nul sujet de mal parler des femmes, ni du Mariage, mais pour ne pas abandonner tout à fait la plus foible branche de ce Probleme, je veux seulement me souvenir du choix, que fit celui à qui deux filles étoient offertes en mariage. L'une avoit peu de bien, mais assez de sagesse; l'autre possedoit beaucoup d'écus, mais elle étoit extraordinairement évaporée. L'on assure qu'il prit cette derniere, proteſtant, qu'il trouvoit ſi peu de différence entre une femme ſage & une folle, qu'il ne ſe pouvoit reſoudre à perdre de grandes richeſſes pour ſi peu de choſe. Cette petite hiſtoriette ne doit pas irriter les Fées, que je me contenterai de faire ſouvenir de la maxime établie par Plutarque, que les Dieux mêmes n'ont jamais agréables les ſacrifices faits par une femme en cachette & à l'inſçû de ſon mari. Et qui peut ſe vanter d'avoir remarqué un Siécle dans l'Hiſtoire, où cette doctrine, ſi pleine de conſequences, ait été ſuivie?

## XX. PROBLEME.

*Faut-il déferer aux invectives, dont uſent beaucoup de perſonnes, à l'exemple de Caton, contre la Médecine?*

Non: Ne fut-ce qu'en conſidération de ce, qu'encore que ce vieux Romain ait uſé de mille termes injurieux contre la Médecine, porté d'une averſion extrême contre les Grecs, qui ſeuls l'exerçoient de ſon tems avec reputation, *autoritas non erat*, par la confeſſion de Pline, *aliter quam Græce eam tractantibus;* ſi eſt-ce que Pline ajoûte une choſe, qu'on peut voir auſſi dans la vie de ce

l. 29. c. 1.

même Caton, écrite par Plutarque, quil avoit un Livre de recettes, dont il se servoit à médicamenter tous ceux de sa famille, qui tomboient dans quelque infirmité. On doit conclure là dessus avec ces deux Auteurs, que ni Caton, ni ses semblables, n'ont jamais condanné absolument la Médecine, encore qu'ils aient fort declamé contre la méthode de ses Professeurs; *non rem antiqui damnabant, sed artem.* Ils on peut-être eu raison de trouver à redire en un art de pure conjecture, & si sujet à changement que celui, dont nous parlons. Mais n'est-ce pas une chose étrange, que nonobstant ses defauts, il n'y en ait point de plus utile à la vie humaine? *nullam artium inconstantiorem fuisse, & etiamnum sæpius mutari, cum sit fructuosior nulla.* Car on ne peut pas dire, qu'il y ait moins de sujet aujourd'hui de faire cette réflexion de Pline, qu'il n'en avoit de son tems. Les hommes sont toûjours les mêmes, qui ne déferent pas aux remedes le plus souvent, s'ils les connoissent, *minus credunt, quæ ad salutem suam pertinent, si intelligunt.* Les Arabes depuis ont encore rendu le métier plus obscur qu'il n'étoit, ce qui contribuë beaucoup à le faire plus respecter. Tant y a, que les fautes & les charlataneries des Médecins, s'ils en commettent, ne doivent pas être imputées à la Médecine; & que si l'on remarque diverses Nations, qui se sont passées de Médecins, l'on ne sauroit dire, qu'il y en ait jamais eu, qui fussent absolument sans aucun exercice de Médecine, *millia Gentium sine Medicis degunt, nec tamen sine medicina.* En vérite nous lisons dans Strabon, que les Indiens, qui en étoient fort curieux, l'exerçoient plus par l'usage de certains alimens, que par celui des médicamens, *medicinam maxime per cibos perficiebant, non per medicamenta;* c'est à dire, comme je crois, qu'ils usoient plus de la Diete, qui considére la quantité & la qualité des vivres, que de fâcheuses & violentes purgations. Mais tout cela établit plûtôt, qu'il ne détruit la Médecine, pourvu qu'elle soit bien pratiquée, & qu'on la fasse selon cette maxime, qu'établit Scaliger au sujet de Léodicenus, *homines qui sine bonis literis medicinam tractant, esse similes iis, qui in alieno foro litigant.* Si vous m'opposés le jugement d'Aristophane, qui nomme grossiers & impertinens les Livres d'Hippocrate, je vous répondrai qu'il ne parle pas de ceux du Prince des Médecins, mais de ceux d'un Hippocrate Athenien, qui méritoient d'être traités de la sorte. Après tout, l'infirmité du corps humain étant telle, que

*Plin. l.29. c. I.*

chacun la reffent, ne doit-on pas faire grand état d'une fcience, qui nous apprend tout ce qui fe peut naturellement pratiquer, pour y remédier. Car il n'y a point de maladies, qui n'aient des fecours propres à les furmonter; *non eſt fateri rerum Natura largius mala,* Plin. l. 8. *an remedia genuerit.* Dans toûte l'Antiquité c. 23. l'on ne remarque qu'un feul homme, qui arriva fans aucune incommodité à l'âge de cent cinq ans, ce qui paffe pour un miracle, *pro* Plin. l. 7. *miraculo & id folitarium reperitur exemplum,* c. 50. *Xenophilum Muſicum centum & quinque annis vixiſſe, ſine ullo corporis incommodo.* Pour l'ordinaire il n'y a que la Médecine, qui recompenfe fes auditeurs du beau préfent de la Santé, à peu près, dit Plutarque, comme il y avoit dans Athénes des repréfentations, où l'on donnoit de l'argent à chaque fpectateur. Et qu'y a-t-il de plus eftimable que cette Santé fans laquelle tous les autres biens ne font rien ? La Santé de Crotone, que choifit fon fondateur Myfcelus, eft felon moi beaucoup plus à prifer, que les richeffes de Syracufe, que vous apprendrés dans Suidas, qu'un Archias lui préfera. Car pour cette πλutυγία qui tom. 1. p. ajoûte les richeffes à la fanté, le mot & la cho- 450. & fe font de l'invention d'Ariftophane, & n'eû- tom. 2. p. rent peut être jamais d'autre réalité, que dans 197.

son imagination. J'ai de la peine à m'empêcher de dire, que ces deux choses sont presque incompatibles.

Oui: Eu égard à la quantité de gens qu'on voit perir entre les mains de ceux de cette profession, fort bien nommée par les Grecs ἰατρική des poisons dont elle remplit le corps humain, *ab ioïs id est venenis*, plûtôt que de la santé, qu'elle procure selon une autre étymologie. La Pharmacie, qui fait une partie de l'art, compose dans une de ses significations, dit Suidas, des venins, qui lui ont aussi donné le nom. Mais il y a long-tems qu'on a prononcé, que le Soleil éclairoit leurs bonnes œuvres, & qu'heureusement pour eux, la Terre couvre les mauvaises. Un Grec a écrit de même, qu'il n'est permis qu'aux Juges & aux Médecins de faire mourir les hommes impunement. Quoi qu'il en soit, on ne sauroit nier, que si un Médecin doit être estimé, plusieurs ensemble le seroient encore davantage, parce que la nature du bien porte que sa multiplication le rend encore meilleur, *bonum bono additum fit majus*. Cependant personne n'ignore le mot de l'Empereur Adrien, qu'il prononça en mourant, *Turba Medicorum interfecit Regem*. Les assemblées que ces Galenistes appellent des

[tom. 2. p. 1030.]

[Dio Cassius l. 69.]

## XX. PROBLEME.

confultations, produifent tous les jours de femblables effets; & un paffage de Seneque témoigne que c'étoit la même chofe de fon tems, *multorum Medicorum confilia devita, qui parum docti, & multum feduli multos officiofiffime occidunt.* En vérité, je doute fort que cet Empereur du Catay fe trouvât bien d'une fi étrange multitude de Médecins, que la Rélation de Beato Odorico affure, qu'il entretenoit dans Cambalu. Il lui en donne quatre mille, qui étoient Idolâtres, huit de créance Chrétienne, & un feul Sarrafin ou Mahometan. Il en faut bien moins dans une bonne ville, pour fe pouvoir vanter qu'auffi bien, que l'Achille d'Homere & fes autres Héros, ils envoient au Roiaume de Pluton une infinité d'ames tous les jours. Cela me fait fouvenir de la raillerie de celui, qui difoit depuis à l'enterrement d'un Médecin, qu'il étoit mort comme le bon Dieu pour le falut des hommes. Et parce que Caton accufoit les Médecins Grecs de fon tems, de fe venger des Romains dans l'exercice de leur art, je ne puis m'empêcher de rapporter ce qu'on a écrit des Ecoffois, qu'ils envoient leurs jeunes Médecins faire leur apprentiffage en Angleterre, dont ils n'aiment pas fort les habitans, *ut difcant periculis eorum, & experimen-*

<small>Ramufio tom. 2.</small>

*ta per mortes agant.* Enfin si l'on en croit le Poëte Philemon, un Médecin se porte mal, quand il ne voit personne, qui se porte mal,

- - - - - - κακῶς ἔχει
Ἅπας ἰατρὸς, οὐ κακῶς μηδεὶς ἔχῃ,
*male Medicus habet,*
*Cum neminem male sese habere contigit.*

Au fond, que font souvent leurs plus belles cures, qu'un changement de mal; s'ils guérissent la pleuresie, c'est souvent en jettant leurs malades dans une peripnevmonie; une autre fois *removent phrenitidem, inducunt lethargum,* comme le leur reproche Sextus Empiricus. Aussi se vantent-ils de provoquer utilement la fiévre, pour remédier à quelque facheux rhumatisme. Et il se trouve presque toûjours, qu'en suivant toutes les belles ordonnances, dont ils accablent le monde, l'on agit contre le plus beau de leurs préceptes, rapporté par Celsus en ces termes, *cavendum ne in secunda valetudine, adversæ præsidia consumantur.* Cet Auteur, qu'ils estiment plus pour sa belle Latinité, que pour sa doctrine, soutient une autre maxime qui ne cede à pas une autre, *Nil in arte Medica adeo certum esse, quam nil certum.* N'ajoûtons rien à cela.

*(marginal: adv. Math. p. 461.)*

## XXI. PROBLEME.

*Doit-on s'abandonner, comme assez de gens le font, à la Fortune ou à la Destinée?*

NON: Parce que selon le mot de Ptolomée, le Sage commande aux astres, qu'il reduit à suivre sa volonté, & il est aussi l'artisan de sa propre fortune. En effet, quand ce Diogene disoit, qu'une goutte de bonne fortune valoit mieux qu'un plein muid de sagesse; il lui fut fort bien répondu, qu'une petite larme de sagesse devoit être préferée à tout un ocean de cette prétenduë fortune. Sylla est un mauvais exemple à suivre, quand il donnoit tant à la même Déesse, qu'à son dire tout lui succedoit mieux, lorsqu'il agissoit par hazard, que s'il se conduisoit par discours, & qu'il fit intervenir sa raison. Aussi est-ce une pure rêverie de croire, que le Général Timothée ne fit plus rien de considérable, depuis qu'il eût irrité cette fausse Divinité, en prononçant après sa derniere victoire, qu'on ne pouvoit pas dire que la Fortune y eût eu quelque part. Tant y a que la Fatalité des Anciens n'est pas mieux fondée en ce qui concerne les actions humaines, que ce qu'ils ont adjugé de pouvoir au sort des choses fortuites. Et quand Platon s'est plû à soutenir en

*Stobæus serm.148.*

*Plutar. in ejus vita.*

faveur des trois Parques, qu'Atropos étoit le Ciel des étoiles fixes, que Clothon représentoit ceux des Planetes, & que Lachesis avoit son rapport aux quatre Elemens; il a plus parlé en homme prévenu de la fausse Théologie de son tems, qu'en véritable & sincere philosophe. Ceux aussi, qui ont établi la maxime, *Fata volentem ducunt, nolentem trahunt,* n'ont rien dit, qui assure une nécessité invincible. Car cet entrainement ne veut rien signifier qu'une certaine violence, qui n'empêche pas, qu'on ne lui puisse resister, & même la surmonter en ce qui dépend du franc-arbitre, par une repugnance opiniâtrée.

Oui : Puisque toutes les histoires sont pleines de tant d'évenemens, qui montrent, que personne ne peut éviter son sort, ni éluder sa Destinée. Ce n'est pas sans sujet, que Virgile fait prononcer ce vers à la Sibylle,

6. Æn. *Desine fata Deûm flecti sperare precando.*

Chalcon. l. 7. Et ce jeune Turc Eliezes, qui fit un si célébre duel devant Amurath, eût bonne grace de lui dire, qu'un Liévre lui avoit appris d'estre vaillant & ne rien craindre, ne l'ayant pû tuër de quarante coups de fléches, quoiqu'il fût endormi, ni le faire prendre à ses chiens; ce qui le persuada de la force inévitable

table du Destin. Pour ce qui regarde la Fortune, aions tant que nous voudrons la résolution de ne lui rien donner, elle prendra toûjours assez sur nous, pour nous faire avoüer son pouvoir, quand nous y penserons le moins, car c'est alors, qu'elle se plait à faire des siennes, ἄσκοπος γὰρ ἡ τύχη, *impro-* Plutar. de *visa enim est fortuna*, selon qu'en parloit consol. Théophraste. D'où nous serons contraints p. 104. de souscrire à cette sentence Grecque,

Τύχης τὰ θνητῶν πράγματ' ἐκ εὐβελίας,
*Fortuna mortalium res, non consilium moderatur.*

Et à ce proverbe Italien, *assai ben balla a chi fortuna suona*, joint à cet autre, *dammi fortuna, ti darò bel giuoco.*

## XXII. PROBLEME.

*La préséance, qui se donne à la Noblesse, est-elle bien fondée?*

Non: Puisque comme le Diacre Agapet le représente fort bien à l'Empereur Iustinien, nôtre vraie origine vient indifféremment à tous d'un peu de terre détrempée dont fut formé le premier des hommes. *Ma-* Bacon. *jorum nobilitate ne quis delicietur; limum enim* tom. 7. *habent omnes generis auctorem. Ne igitur lu-*

*tulentum jactemus genus, sed morum integritate gloriemur.* D'ailleurs, qu'eſt-ce que la Nobleſſe ſelon Iſidore, que je ne ſai quelle marque, qui vous diſtingue des Roturiers; *Nobilitas quaſi non vilitas*, & ſi l'on en croit Tiraquellus, *Nobilis quaſi noſcibilis*. C'eſt pourquoi l'on a fort bien dit, qu'il valoit beaucoup mieux être homme gentil & bien conditionné, que ſimplement gentilhomme: & l'Eſpagnol, tout glorieux qu'il eſt, s'écrie dans un de ſes proverbes, *Dexemos padres y abuelos, y por noſotros ſeamos buenos*. Véritablement il a raiſon d'en parler ainſi, ſi ſes *hidalgos* ou Nobles ne ſont que *hy os di algo*, fils de quelque choſe, ce qui ne veut pas dire grande choſe en effet: ou ſi le mot veut ſignifier fils de Gots: qu'étoient ces Gots uſurpateurs de l'Eſpagne, que de miſerables Scythes, qui quittèrent leurs terres ſteriles, & leur ciel rigoureux, pour habiter un meilleur païs? Certes une Nobleſſe tirée delà, ne ſemble pas mériter des reſpects extraordinaires. Mais l'incertitude d'où elle ſe tire, ne montre-t-elle pas ſon peu de réalité. Les Lyciens dans Herodote la faiſoient dépendre de la Mere, *Lycii præter cæteros homines nomen & familiam a Matre repetebant*. Nous avons des provinces en France, qui gardent

## XXII. PROBLEME.

le même ufage; conforme à celui de la vieille Italie du tems d'Evandre, puifque le Poëte dit de ce beau parleur Drances qui étoit de fa Cour,

> - - *genus huic materna fuperbum*    Virg. II.
> *Nobilitas dabat; incertum de patre fe-* Æneid.
> *rebat.*

Les Alemans appellent fe mes-allier, fi un homme prend une femme de moindre extraction que lui, & leur nobleffe fe tire des deux côtés fi fcrupuleufement, qu'il ne faut pas moins de quatre quartiers de chacun, felon le jargon armorial, pour la bien établir. La nôtre ordinairement dépend toute du Pere, nos plus grands Seigneurs ne faifant pas grande difficulté d'époufer une femme roturiere pourvû qu'elle foit riche. Et les plus puiffans états de la Terre fuivent cette coutume, de forte que l'Empereur même des Turcs, & la plûpart des autres Souverains de religion Mufulmane, ne feroient ni Nobles, ni Gentils-hommes prefque jamais, fi l'on confidéroit leur Mere. Une fi grande varieté fait bien voir le mauvais fondement de la chofe, dont nous parlons. En tout cas, une nobleffe acquife par la vertu des prédeceffeurs, ne perd-elle pas fon luftre & fes droits dans l'obfcurité & le peu de mérite d'une lignée fainéante & vicieuse ? Nous avons vû de ce siécle des personnes venües des plus illustres Maisons de l'Europe, si méprisables, soit du corps, soit de l'esprit, que tout le monde en rougissoit. Certes l'on parle mieux qu'on ne pense, quand on demande de quelle Maison est un homme pour s'informer de sa Noblesse : Elle est sujette à dépérir aussi bien que les Palais les mieux bâtis, & que les plus superbes édifices. Tout dégénere avec le tems, & je vois dans Varron, que la Théologie de son tems rendoit leurs Dieux mêmes sujets à ce changement, *Diis quibusdam patribus, & Deabus matribus, sicut hominibus, ignobilitas accidit*, ce sont ses termes. Le sage Persan Sadi considére là dessus dans son Rosaire, que le Feu, qui est si noble & si excellent, engendre la cendre, qui n'est bonne à rien. Cela étant, doit-on rendre les mêmes honneurs à une Noblesse éteinte, qui lui étoient deferés dans son éclatante origine ?

Oui : A cause que la raison veut qu'on recompense la vertu de ceux, qui ont bien mérité du public en la personne de leurs descendans. Pourquoi non ? puisqu'on punit assez souvent la posterité, sur les crimes & sur le démérite des Dévanciers ? Aussi semble-t-il,

*l. 16. rerum divinarum.*

que toutes les Nations aient convenu en ce point, d'honorer les enfans par la considération de leurs peres nobles & vertueux. N'est-il pas vraisemblable, que ces Enfans seront tout autrement excités aux belles & grandes actions sur des exemples domestiques, que d'autres personnes, qui ne voient rien dans toute leur famille, qui les y puisse animer? Le sang qu'on a tiré des aieuls, s'il est illustre, bout dans les veines, & porte à de glorieux exploits, que n'entreprenent guéres des ames basses & roturieres. En vérité, cela se voit si clairement dans toute l'étenduë de notre humanité, & hors d'elle encore dans les différentes races de tous les animaux, qu'il n'y auroit point d'apparence de nous y arrêter davantage.

## XXIII. PROBLEME.

### *Est-il honteux de changer d'avis?*

NON: Car c'est une opiniâtreté vicieuse d'abonder tellement en son sens, qu'on ne s'en départe jamais, quelque raison qu'il y ait de le faire. Une infinité de personnes sont de cette humeur, & croiroient se faire grand tort, s'ils abandonnoient la moindre de leurs opinions, faisant gloire de s'y tenir inséparablement attachés, *Polypi more saxis adhærescentes*, pour en parler comme fait Ciceron. Cela vient de ce que leur vanité les leur représente toutes bonnes, de même que nos Ganadois pensent, que toutes leurs rêveries contiennent un succès nécessaire, & que tout ce qu'ils s'imaginent en dormant doit arriver. Ainsi, disoit Varron dans une de ses Satyres, ceux, qui ont la jaunisse se persuadent, que tous les objets sont de la couleur, dont ils les envisagent, *ut arquatis & veternosis lutea quæ non sunt æque ut lutea videntur*. En effet la même chose, que nous voions arriver par ce vice corporel, arrive encore & plus dangereusement par un autre vice spirituel, que les Grecs nommoient δοκησισοφίαν. Il cause les mêmes bevuës interieures, étant le grand ennemi de la sagesse, s'il y en a quelqu'une parmi nous, & il se peut mieux nommer en Latin que *insaniens sapientia*. Si l'on prise tant la constance, n'est-ce pas en user de suivre toûjours ce qui nous paroit le plus raisonnable, en quittant ce qui lui est opposé? Ce n'est pas une force à priser d'être inébranlable dans une mauvaise assiette. Il y a des

l. 7. Eth. Nic. c. 2. & 9.

changemens avantageux. Aristote les appelle honorables & studieux, au lieu de ses Morales où il loüe Neoptoleme, qui dans le Phioctete de Sophocle, ne perſiſte pas au menſonge auquel l'éloquence ſubtile d'Ulyſſe l'avoit engagé. L'eau courante des rivieres eſt plus eſtimée, que l'eau morte & croupiſſante des marais. Et après tout, le Soleil même qui eſt la regle des choſes les plus reglées & les plus uniformes, ſemble biaiſer quelque fois, ſoit par un mouvement de trépidation au cas qu'on lui en puiſſe attribuer, ſoit par quelque autre cauſe, qui ſatisfaſſe aux apparences.

Oui: Si nous voulons imiter celui qui eſt le plus parfait de tous les exemplaires, & qui a prononcé de ſoi, *ego ſum Deus & non mutor*. Il faut acquerir de ſa reſſemblance, autant que faire ſe peut, & ſe ſouvenir qu'encore que comme premier Moteur il produiſe toutes les diverſités, qui ſe voient dans la Nature, il ne laiſſe pas quant à lui d'être toûjours invariable & immobile. Le changement d'avis, & cette ὀστράκου περιστροφὴ *teſtulæ converſio* des Grecs, eſt propre à un Epiméthée, mais elle eſt indigne tout à fait de Prométhée (*), & de tout homme ferme en ſes reſolutions, qui doit ſelon la façon de parler

---

(*) Les Poëtes ont feint, qu'Epiméthée avoit formé les hommes imprudens & ſtupides & que Prométhée avoit fait les prudens & ingenieux.

> in Alex. pseud.

de Lucien, ἀδαμαντίνην τὴν γνώμην ἔχειν avoir la fermeté du Diamant dans ses opinions. Quelle honte de ploier à tous vents comme ces Isles fabuleuses.

> Sen. in Troa.

*Quolibet vento faciles Echidnæ?* Quoi! parce que le peuple ne croit pas le Soleil plus grand que la gueule d'un Four, & qu'Epicure a eu ses raisons pour être de ce même sentiment; je m'y laisserai aussi emporter, tout prêt d'en suivre un autre, & d'en changer encore par complaisance ou autrement. *Ouejas bobas por do va vna van todas.* En vérité, la constance, & si je l'ose dire l'inflexibilité, a de grands avantages sur des temperamens si variables, & qui ont si peu de solidité que ceux du premier avis.

## XXIV. PROBLEME.

*Peut-on éviter toutes les mauvaises pensées?*

NON: Parce qu'elles ont leur fondement dans la Nature, & que d'ailleurs, parlant avec les anciens, elles gagnent le cœur comme des ennemis domestiques, où elles font quelquefois de grands ravages avant qu'on se soit mis en défense contre elles. Et qui peut les aller combattre dans un lieu de si difficile abord, & si malaisé à être pénétré?

Car encore qu'on ait trouvé le moien de prendre la hauteur des plus fourcilleufes montagnes; bien qu'on ait pû pénétrer jufqu'au centre de la terre, puifqu'on en a pris connoiffance par celle de fon Demidiametre; & quoi qu'enfin on ait reconnu la fource & l'origine des eaux du Nil, qui ont fi long tems arrêté tant d'efprits curieux; le cœur de l'homme eft demeuré imperfcrutable, & fans pouvoir être fuffifamment decouvert dans fa profondeur. Auffi comme il n'y a que Dieu, qui foit *Cardiagnofte* ou fcrutateur des cœurs, il n'y a que lui, qui puiffe préferver cette partie, & remedier aux bleffûres, que lui font ces dangereufes ennemies les paffions. Selon la plus importante partie de la philofophie, qui eft la Morale, perfonne n'en eft exemt. Chacun a fon temperament, & comme elles en dépendent prefque abfolument, non feulement les particuliers en font touchés diverfement, mais les villes mêmes, les païs, & les nations, différent notablement en cela. Ainfi les Atheniens prenoient autrefois leurs réfolutions fubitement, fe laiffant emporter à la colere; & les Lacedemoniens au rebours avoient de la peine à fe determiner dans leurs plus grands reffentimens, felon l'obfervation, qu'en a fait Tite-Live au cinquiéme livre de sa cinquiéme Decade. Combien pourrions-nous tirer de paralleles semblables entre nous & nos voisins! Il vaut mieux en recueillir cette consequence, que tous les hommes sont égaux en ce point, qu'ils sont dominés par les passions, encore qu'il y ait quelque dissemblance à l'égard du plus & du moins. Une personne singuliere ne peut prétendre de privilège là dessus, sans changer de nature, *dishumanarsi*, ἐξανθρωπίζειν, ou renoncer entiérement à l'humanité. *Homo ex humo, sine humanitate non est homo.* Moquons nous du Sage des Stoïciens sans passions, & tenons pour un Oracle le mot de Pindare, qu'il n'y a point de sagesse, que la passion ne maitrise souvent, *animi perturbationes vel sapientibus non raro imposuerunt*.

<small>ode 7. Olymp.</small>

Oui: Si nous considérons avec Origene, qu'il n'est pas des maladies de l'esprit comme de celles du corps. Ces dernieres sont quelquefois incurables dans l'art des Médecins.

<small>Ovid. l. 1. de Ponto, el. 4.</small>

*Non est in Medico semper relevetur ut æger,*
*Interdum docta plus valet arte malum.*

Mais il n'y a point de maladies spirituelles, telles que sont les passions, dont nous parlons, que la bonne Morale ne puisse guerir. Ces passions sont fort impetueuses, & très difficiles à surmonter, j'en tombe d'accord; il ne faut pas croire pourtant, qu'elles soient tout-à-fait irremédiables. Seneque le montre au sujet de la colere, où il prononce cette belle & générale sentence, *sanabilibus ægro-* *tamus malis, ipsaque nos in rectum genitos Natura, si emendari velimus, juvat.* C'est nôtre foiblesse, que nous devons accuser, si ressentant la premiere tentation des passions, nous n'empêchons nôtre volonté d'y consentir. La Théologie des anciens faisoit regner ces Passions jusques dans le Ciel.

l. 2. de ira, c. 13.

*Tangit & Ira Deos;*
Mais c'étoit en sorte, que, selon nôtre façon de parler, elles y étoient mises à la raison. Sur ce fondement Pindare exhorte le Roi de Cyrene Arcesilaus, de pardonner à Demophile qu'il avoit banni; & pour le bien porter à cela, il lui représente, que Jupiter même pardonna aux Tirans, & délia ceux, qui l'avoient voulu dethrôner. Si l'on trouve, qu'il y ait trop peu de rapport entre ce qui se passe en des lieux aussi éloignés l'un de l'autre, que l'est le Ciel de la Terre; il ne faut que jetter les yeux sur les animaux, qui nous environnent, ils nous feront la même leçon. L'on y verra jusqu'aux Tigres & aux Lions domter leur fureur, & souffrir le bâ-

Ovid. 8. Metam.

Ode 4. Pyth.

ton de celui, qui prend le foin de leur nourriture. N'eſt-ce pas faire honte aux perſonnes, qui ne peuvent reſiſter à la moindre de leurs paſſions? En vérité par l'exemple des bêtes, que nous nommons ſans raiſon, nous pouvons ſouvent être inſtruits à devenir hommes raiſonnables.

## XXV. PROBLEME.
### *Peut-on être trop prudent?*

Non: Puiſque comme une Vertu, qui eſt l'aſſaiſonnement de toutes les autres, elle ne ſauroit être trop diffuſe. Il la faut conſidérer de même qu'on fait ces fleuves, qui ne ſont jamais ſi utiles, que quand ils débordent, portant la fertilité ſur tout ce qu'ils inondent. Et certes ſi la Prudence a été bien definie l'art de bien vivre, & ſi Ariſtote a eu raiſon de dire dans ſa Politique, qu'elle avoit été donnée à l'homme par la Nature, pour lui tenir lieu d'armes propres à combattre toute ſorte d'évenemens; peut-on poſſeder trop tôt, ou mettre trop en uſage une choſe, qui fait tout le bien de la vie humaine, & ſans qui nos jours ne ſont qu'une continuation de miſere? Je vois pourtant deux penſées, qui paroiſſent différentes là deſſus.

cap. 2.

L'une est de Sophocle, quand il dit dans son Oedipe, *subito qui sapit, non tuto sapit*, ce qui semble dèsapprouver une prudence trop avancée. L'autre a pour auteur un Ecrivain moderne, qui n'a pas feint de prononcer dans son Zodiaque,

ce in Ocd. tyr.

> *Qui sapit is sapiat cito, nam sapientia sera*
> *Proxima stultitiæ est.*

Marc. Paling. in sagit.

Ces diversités néanmoins peuvent être accommodées & conciliées par la prudence même, qui n'est ni tardive, ni précipitée, puisqu'elle n'agit jamais qu'en lieu propre, & en tems convenable.

Oui: Car nous apprenons de celui qui ne trompe personne, qu'il ne faut être sage ou prudent, qu'avec sobrieté & retenuë, & par conséquent qu'on peut l'être trop en certaine façon. Aussi a-t-on crû, que quand les Grecs ont nommé la Temperance σωφροσύνην sur ce qu'elle étoit σωτηρία φρονήσεως, *prudentiæ incolumitas*; ils ont voulu faire comprendre, que cette Prudence devoit avoir des limites, être temperante, & ne se produire pas légerement en toute rencontre, parce qu'en ce cas, elle dégénere en intempérance, & n'est plus cette Vertu, que Bion disoit être entre les autres, ce qu'est la Vuë entre les sens. D'ailleurs, si les Stoïciens l'ont bien nommée

D. Paulus.

Diog. Laert.

une science, qui connoit les choses bonnes, les mauvaises, & celles qui sont entre deux; l'homme prudent ne doit-il pas être modeste & retenu, afin que dans cette science du bien & du mal, il ne se porte & ne se plaise jamais qu'au premier, étant dans une perpetuelle défiance de l'autre. Car les plus fins y sont pris, & il arrive quelque fois, que la trop grande prudence dont l'on se veut servir, nous écarte du bon chemin, & nous fait lourdement broncher.

Iuven. *Fallit enim vitium specie virtutis & umbra,*
*Cum sit triste habitu, vultuque, & veste severum.*

l. 6. Eth. Nic. c. 31. Aristote soutient, que quand cela arrive, la chute est d'autant plus grande, que l'esprit, qui fait cette bevuë est grand, de même qu'un corps puissant s'offense bien davantage s'il tombe, qu'un autre plus petit & plus leger. L'on peut donc conclure, que la Prudence veut elle-même, qu'on use d'elle fort sobrement, selon le mot de l'Apôtre, parce qu'elle court fortune de devenir blâmable, &, s'il faut ainsi dire, imprudente, si on la pousse trop avant.

✿ ✿

## XXVI. PROBLEME.

*Y a-t-il des Prieres désagréables à Dieu?*

NON: N'y aiant point d'apparence, qu'il en rebute comme faisoit le peuple Romain celles des Gladiateurs, qui n'étoient souvent bonnes, qu'à les faire haïr, si nous en croions Ciceron dans son oraison pour Milon. La Théologie Payenne donnoit le pouvoir aux Prieres, de desarmer souvent le bras de Jupiter dans sa plus grande colere. Ovide le dit, après avoir prononcé, que la priere, qui suit la faute, rendoit quelque fois les Dieux coupables, sur le pardon, qu'ils accordoient à des criminels.

*Sæpe Deos aliquis peccando fecit iniquos,* Ovid.l. 5.
*Et pro delictis hostia blanda fuit.* Fast.

Il y a bien plus, le texte aussi sacré, que celui de ce Poëte est profane, nous apprend, qu'à quelque heure qu'un pécheur pénitent adresse sa priere au vrai Dieu, il est exaucé. C'est pourquoi l'on tient communément, que les Saints, qu'on invoque, accordent quelque fois aux impies mêmes ce, dont ils sont requis; *Nec impiorum preces interdum despiciunt invocati Sancti, præmio saltem aliquo temporali, ut Deus Solem suum oriri facit super bonos & super malos,* selon le texte & l'exem-

## XXVI. PROBLEME.

ple qu'en donne Baronius. Que ne pût point la priere de Saint Gregoire Pape pour Trajan tout infidele qu'il étoit, fi ce qu'en écrit Joannes Sarisberienfis dans fon Policrate eft vrai? Ceux du Roiaume de Siam confidérent le Ciel encore aujourd'hui, comme un grand Palais, où plufieurs chemins aboutiffent, qui conduifent tous à la Felicité: Ne peut-on pas dire avec plus de pieté qu'eux, que diverfes prieres y font adreffées, les unes plus confidérables que les autres, fans que pas une foit rejettée, fi un cœur tel, qu'il doit être, les préfente. Il ne faut pas néanmoins attribuer trop aux prieres, ni tomber par un zéle indifcret dans le defaut de ces Origeniftes, qu'on nomma les Mifericordieux, & qui furent condannés par un Concile de Valence, à caufe que, ne fe contentans pas de faire tirer à Nôtre Seigneur fes Elus des Enfers, ils vouloient, qu'il n'y eût pas laiffé un feul coupable.

Oui: Puifque rien d'impur ne fauroit être agréable à Dieu, & qu'il peut être requis de chofes injuftes, témoin, fans parler des enfans de Zebedée, ce faux devot du poëte fatyrique, qui prononce effrontément dans le Temple - - *O fi*

*Ebullet patrui præclarum funus, &c.*

L'orai-

*Marginalia:*
Tom. 8. ann. p. 331. de nugis Curial. l. 5. c. 8.
Voyage de l'Eu. de Beryre.

Satyr.

## XXVI. PROBLEME.

L'oraison même Dominicale, toute excellente qu'elle est, sera beaucoup moins efficace, si on ne la profere, que, comme faisoient d'abord nos Hurons affamés du Canada, à cause du pain quotidien, dont elle parle. Car comme l'on disoit des Atheniens, qu'ils ne parloient jamais de la paix, qu'en habit de deüil, & pressés de la derniere nécessité; il y a des gens, qui ne songent jamais à invoquer ce qu'ils croient de plus saint dans le Ciel, que quand ils se pensent malheureux sur la Terre. Certes nous devons en tout tems lui offrir nos vœux & nos prieres, les accompagnant toûjours, autant qu'il nous est possible, de bonnes actions. Car le vieux Caton disoit fort bien, nonobstant son infidelité, que sans elles les Graces d'enhaut ne s'obtenoient pas aisément; *Non votis, neque supplicis muliebribus, auxilia Deorum parantur: Vigilando, agendo, bene consulendo, prospere omnia cedunt.* Il ajoûtoit, que sans ces bonnes œuvres, les Dieux, au lieu d'entendre favorablement nos prieres, se courouçoient contre nous, & devenoient nos adversaires; *Vbi socordiæ atque ignaviæ te tradideris, nequicquam Deos implores, irati infestique sunt.* Mais comment les Gentils eussent-ils pû faire de bonnes prieres, eux, qui dans

Sall. in bello Catil.

leur aveuglement ne favoient à qui elles devoient s'adreffer, les commençant toûjours par ces termes, *Sive tu Deus es, five Dea*, felon qu'Arnobe le leur reproche bien à propos? Ces mêmes tenebres fpirituelles font, qu'encore aujourd'hui les premiers philofophes de la Chine, quoiqu'ils reconnoiffent un Etre Souverain, font profeffion de ne le point fervir du tout, croiant mieux faire ainfi, que s'ils lui rendoient un culte defectueux; comme d'autres foutiennent qu'il eft ridicule, de prier celui qui fait bien mieux que nous, ce qui nous eft néceffaire, outre, qu'étant tout bon, il eft affez porté de lui même à nous le donner. Il n'y a que la vraie Réligion, qui nous puiffe tirer de ces erreurs, & nous bien conduire là deffus. Ce n'eft pas que les Payens mêmes n'y aient eu quelque fois de bonnes maximes. Le précepte, foit de Pythagore, foit de Numa, καθῆσθαι προσκυνήσοντας, *adoraturi fedeant*, a fon rapport à ce que Pybrac enfeigne pieufement aux jeunes enfans,

*Adore affis comme le Grec ordonne.*

Après tout néanmoins, nos prieres n'obtiendront jamais du Ciel, ce qu'elles lui peuvent demander, fi elles ne fe conforment à celles de l'Eglife.

*l. 3. adv. Gentes.*

## XXVII. PROBLEME.

*Les Richesses méritent-elles la grande estime qu'on en fait?*

Non: Je soutiens, que ces Richesses ont plus fait perir de personnes, que la Pauvreté. Combien d'Etats ont-ils été renversés comme celui des Lacedemoniens, dont Lysandre causa la ruine selon la prediction de l'Oracle, par le seul desir des Richesses. N'avons-nous pas vû dans nos jours l'infortune d'une infinité de particuliers, semblables à ces animaux pris à l'appas, qui après s'être gorgés de biens, se sont vûs reduits à rendre gorge, aussi bien que le Renard de l'Apologue à qui la Belette dit si à propos, Pausanias l. 9.

*Macra cavum repetes arctum quem macra subisti.* Horat. l. I. ep. 7.

Ah, qu'une telle privation est beaucoup plus fâcheuse, que l'acquisition ni même la possession n'en peut avoir été agréable. L'Espagnol appelle cela *comer en plata morir en grillos*. En vérité l'on éprouvera toûjours, qu'il est des richesses comme de tout ce que nous emploions à nous vétir, qui importune, s'il excede la bonne mesure. *Probo Fortunam velut tunicam, magis concinnam quam longam.* Une soutane vaut mieux un peu plus courte, que trop longue, & par conſequent embaraſſante. Et nous avoüerons, ſi nous ſommes tant ſoit peu raiſonnables, que dans le chemin, que nous devons faire en ce monde, qui n'eſt pas un voiage de long cours, moins l'on eſt chargé, mieux on va & avec plus de gaieté, parce qu'on n'apprehende preſque rien. Cependant nôtre plus grand ſoin eſt d'accumuler ce qu'on nomme du bien, & qui fait ſouvent nôtre plus grand mal, puiſque plus on en a, plus l'envie croit d'en poſſeder davantage, de même qu'un feu s'embraze d'autant plus, qu'on y jette de bois. Cela va juſqu'à un tel excès, que nous pouvons dire avec plus de ſujet que Varron ne faiſoit de ſon tems, *Perſpicuum eſt majorem curam nos habere marſupii, quam vitæ noſtræ.* Rien ne nous eſt cher comme la bourſe, & cette monnoie, qu'elle enferme, occupe tellement nos eſprits, que les Latins la nommèrent fort à propos *Monetam*, à cauſe du ſouvenir qu'elle nous donne de ſes interêts, n'y aiant rien dont nous perdions moins la mémoire, *vbi theſaurus, ibi animus.* Nous faiſons nôtre Dieu de ce qui compoſe les menotes des criminels en quelques païs, & que la Nature ſemble avoir mis ſous nos pieds pour nous en donner du mépris; *Nec erubeſcimus ſumma apud nos*

Sen. ep. 94.

## XXVII. PROBLEME.

*haberi, quæ fuerunt ima terrarum.* En un mot nôtre felicité, telle que nous la faisons par une imagination depravée, est la felicité d'un escargot, comme l'appelloit Diogene, d'un Gryphon, d'une Fourmi d'Inde, & d'un miserable Choucas, qui met dans son trou tout ce qu'il peut attraper de metal. Mais quand l'opulence auroit quelque chose aussi estimable, qu'on se le figure ordinairement, ce qu'elle cause presque toûjours ne devroit-il pas nous la rendre suspecte. N'est-ce pas elle, qui nous rend superbes & intolerables le plus souvent? dont la consequence est si bien exprimée par cette roüe des Italiens *Richezza fa superbia, superbia fa povertà, povertà fa humilta, humilta fa richezza, richezza fa superbia,* ce qui continuëra d'une répétition poursuivie, & aussi long tems, que les Cieux rouleront circulairement sur nos têtes. Bon Dieu! qu'une honnête pauvreté a de merveilleux avantages sur une telle richesse; & que je dis volontiers avec cet ancien dans Tacite, *Satis habeo si tenues res meæ nec mihi pudori, nec cuiquam oneri fuerint.* Pourvû que j'aie assez de viatique pour couler ce peu de jours qui me restent,

- - *Quo fit mihi tuta senectus*     Iuven.
  *A tegete, & baculo.*     sat. 9.

je m'eſtimerai plus heureux mille fois, que de me voir accablé de biens qui obligent à mille ſoucis pour les conſerver. *Longe gratior læta & otioſa paupertas, quam triſtes & occupatæ divitiæ.* Rien ne me plait tant dans la vie de Tycho Brahé, que ſa Parodie ordinaire.

<small>Caſſendus in ejus vita l. 6.</small>

*Haud facile emergunt quorum virtutibus obſtat*
*Res numeroſa domi.*

C'eſt une merveille, que des perſonnes nées dans l'opulence, cultivent tant ſoit peu leur eſprit; & quand je fais ſérieuſement réflexion ſur l'emploi de leurs biens, je ne puis condanner cette penſée, qu'il devroit être permis de jetter un devolu ſur les richeſſes de ceux, qui n'en ſavent pas uſer. La fin tranquille d'un néceſſiteux eſt plus à priſer que la leur, au jugement du Sage Sadi dans ſon Roſaire, *Mendicus cujus extrema ſunt felicia, præſtare diviti cujus extrema ſunt infelicia.* Et la conſidération de ce Perſan me plait ailleurs, quand il admire que dix gueux dorment paiſiblement enſemble ſur une natte, & que deux puiſſans Souverains ne ſe puiſſent ſouffrir dans les plus grands roiaumes de la Terre. Ne donnons donc pas tant d'avantage aux Richeſſes, que nous mépriſions abſolument toute pauvreté, y en aiant quelqu'une fans doute, qui leur eſt préférable. Celui, qui l'a deteſtée, parce qu'elle lui avoit fait perdre ſes amis, en avoit fait indubitablement un mauvais choix; & au lieu de s'en plaindre, il feroit mieux de reputer à gain cette perte. Arrien dit, que ceux de Gadare (elle ſera Antioche ou Seleucie comme vous voudrés) avoient dedié un autel commun à cette Pauvreté, & aux Arts que nous cultivons ſi utilement; pour marque, que c'étoit elle, qui avoit aiguiſé l'eſprit humain, le rendant capable de les inventer.

Oui : Car les Richeſſes n'ôtent pas à tous les hommes l'eſprit également; & comme biens de fortune, ſelon qu'on les nomme ordinairement, elles n'éblouïſſent pas ſans exception tous ceux, qu'elles élevent pardeſſus les autres. Si quelques-uns ſe laiſſent poſſeder par elles pour n'en ſavoir pas le bel uſage, les plus aviſés les poſſedent utilement & agréablement, ſans jamais ſouffrir leur tyrannique domination. Mais en bonne conſcience, qui ſe peut paſſer d'une choſe ſans laquelle un homme demeure dans une perpetuelle ſouffrance, & dans un mépris tel, qu'il paſſe pour n'avoir pas le ſens commun ? Car pour le premier point, Laberius le remarquoit autrefois,

*Hominem experiri multa paupertas jubet.*

Et pour l'autre, une ancienne Epigramme l'a prononcé hardiment,

*Nullus inops sapiens, vbi res, ibi copia sensus.*

Certes un Arsabandus des plus savans, & tout ensemble des plus pauvres Arabes de son tems, exprima plaisamment sa souffrance avec cette indignation propre à sa langue & au génie de sa nation; Les plus nobles & les plus généreux de tous les animaux, qui sont les Lions, se voient contraints de perir de faim dans les bois, au même tems, que des Chiens de cuisine, & de vilains matins se crévent de manger & sont dans l'abondance de toute sorte de vivres. Or, outre l'aversion, qu'on doit avoir du miserable état, où nous met le Pauvreté, il se faut toûjours souvenir, qu'on compte entre les hérésies de Pelagius, celle, d'avoir soutenu, qu'une personne riche ne se pouvoit sauver, si elle ne donnoit tout aux pauvres. J'avouë, que les Richesses ne rendent pas d'elles-mêmes un homme sage & vertueux; mais je soûtiens, que celui, qui est tel, peut bien mieux faire des actions dignes de lui, & exercer sa sagesse & sa vertu dans

*in semita Sapient.*

l'opulence, que dans la néceffité, & que pour m'expliquer aux termes de Seneque, *Major ei materia animum explicandi fuum in divitiis; quam in paupertate.* Sans mentir des biens ne font jamais de vrais biens, que lorfqu'ils tombent dans de fi dignes mains ; & quand la Fortune verroit auffi clair, qu'on la dit aveugle, elle ne pourroit jamais les mieux placer, qu'en fi bon lieu, où elles font fi bien adminiftrées, & d'où elle peut toûjours les retirer fans faire crier perfonne: *Divitias qui-* Sen. de *dem ubi tutius fortuna deponet, quam ibi, unde* vita bea. *fine querela reddentis receptura eft.* Je fai bien, c. 21. qu'Ariftote met la felicité non pas dans la grande abondance, mais dans une médiocrité de biens, parce qu'à fon dire cet état heureux, qu'il nomme *Eudemonie*, confifte dans l. 4. Politun certain milieu également diftant des extré- tic. c. 11. mités; d'où il conclud, que *fummæ felicitatis eft rem familiarem mediocrem habere.* Mais encore que je n'approuve pas une trop grande convoitife, ne fût-ce qu'à caufe du proverbe, *qui en un anno quiere ferrico, al medio le ahorcam*; & bien que j'aie horreur de la maxime prefque inconcevable de Craffus, qu'un homme foit pauvre s'il ne peut de fon revenu entretenir une armée, je ne laiffe pas de dire, qu'il eft plus avantageux, d'avoir fur ce fujet

U v

un peu les coudés franches, que d'être reduit à une trop grande lesine; & qu'en ceci, aussi bien qu'en quelques vertus, le milieu philosophique doit être plus voisin de l'opulence, que de la Pauvreté. Les Turcs ont une parœmie, qui porte que celui, qui a quantité de poivre, en met jusques sur ces choux. Chacun en peut faire l'application à sa mode. Quant à moi j'improuve le luxe, qui n'est bon à rien qu'à paroitre vain; mais je ne saurois condanner une vie aisée, dont il est impossible de joüir dans une trop exacte frugalité.

## XXVIII. PROBLEME.

### Faut-il deferer aux Songes?

Non: Les Songes ne sont, généralement parlant, que mensonges, & leur interprétation est ou frivole, ou douteuse. Il n'y a rien de plus vain, que ce qu'ont écrit les Onerocritiques, témoin Artemidore, qui étoit du tems des Antonins dans un siécle lettré; & ce que nous avons des Arabes à cet égard, le travail d'un desquels a été mis depuis peu en nôtre langue, qui témoigne autant que tout autre, qu'il n'y a point de païs, où l'esprit des hommes ne se repaisse souvent de viandes creuses, faute de meilleure nourriture.

## XXVIII. PROBLEME. 315

Le songe, que fit Pompée avant le combat de Pharsale, qu'il alloit orner le Temple de Venus Victorieuse de beaucoup de dépoüilles, ne servit qu'à lui partager l'esprit, à cause qu'il le laissoit en doute, si la Victoire le regardoit, ou César son adversaire, qui se disoit venu des descendans d'Enée, que cette Déesse favorisoit. Il n'y a sorte d'extravagances, ni de malheureuses actions, que les Songes ne fassent faire, non seulement à ceux, qui se promenent tout endormis, que les Latins ont nommés *somnambules*, & les Grecs, *hypnobates*, mais sur tout aux crédules, qui les interprétent à leur mode, & qui reçoivent d'eux des transports d'esprit furieux. Un avare dans l'Anthologie aiant rêvé, qu'il avoit fait une dépense excessive, se pendit à son réveil, desesperé d'une si grande perte, que lui représentoit son imagination blessée. Et un Portugais, déferant à un songe, qui lui avoit fait voir sa femme commettant adultere, la poignarda cruellement le matin, toute innocente qu'elle étoit. L'aîné des Denys, que leur tyrannie rend si célébres, fit massacrer un Marsias pour avoir sçû, qu'endormant il avoit songé, qu'il tuoit ce Tyran, croiant qu'un tel songe pouvoit être venu des pensées du jour. Et l'Empereur Tibere troisiéme exila un Phi- *Plutar. in Dione.*

lippe, fils du Patrice Nicephore, qui avoit grandement aidé à le faire Empereur, à cause d'un conte, que ce jeune homme fit à ses amis, qu'en rêvant endormi, il lui avoit semblé, qu'un Aigle lui couvroit la tête de ses ailes; ce que Tibere prit pour un présage de sa promotion à l'Empire. Mais l'esprit humain se peut-il rien figurer de plus contraire à la raison, que de donner aux représentations de la nuit les plus criminelles, des interprétations, qui promettent toute sorte de bonheur. Dion Cassius fait rêver César étant aux Gades d'Espagne, qu'il avoit affaire à sa Mere, & Plutarque lui attribuë le même songe avant son passage du Rubicon en Italie, l'un & l'autre voulant qu'il ait conçû de là l'esperance, d'obtenir la Monarchie de tout le monde. Pausanias représente un certain Comon à qui un pareil inceste, commis avec sa Mere, morte il y avoit long tems, par une semblable illusion nocturne, fut un augure aux Messeniens de la restitution de leur ville. Et Vincent de Beauvais observe dans son Miroir historial, qu'un Hugues Evêque d'Auxerre, eût la nuit avant son élection un songe approchant de ceux-là: *In nocte quidem electionem suam præcedente, vidit in somnis quod Mater sua sibi esset copulanda nuptiali fœdere.* Enfin si les Songes méri-

*Platina in Sergio I.*

*l. 41.*

*in ejus vita.*

*l. 4.*

*an. 1151. c. 127.*

tent quelque créance, parce qu'ils font quelquefois envoiés d'enhaut, qu'ont fait au Ciel ceux, qui ne rêvent jamais? Solin a dit cela l. 9. des peuples de Libye, qu'il nomme Atlantes. Plutarque l'affure d'un Cleon de Daulie, & de orac. d'un Thrafymede, bien qu'ils euffent vécu def. long-tems. Et presque dans tous les fiécles, il s'eft trouvé des perfonnes d'un temperament à paffer comme ceux-là toutes les nuits fans faire aucun fonge. Certes l'homme eft bien ridicule en ceci comme en toute autre chofe, & j'ai horreur de l'impieté des Païens, qui faifoient rêver leur Jupiter même, témoin cette action nocturne, que Paufanias leur attribuë, l. 7. & qui me paroit trop infame pour être rapportée.

Oui: Si nous ne voulons démentir toutes les hiftoires profanes & facrées, qui rapportent des Songes tout à fait confidérables. Voiés dans Denys d'Halicarnaffe, comme un l. 7. Romain malade retourne fain chez lui, après avoir fait entendre fon fonge au Senat. Dans Agathias un Philofophe Grec ouït dormant fin du 1. l. des vers, qui lui furent prononcés, & qui portoient, que les Perfes étoient indignes, qu'on les enterrât, parce que la Terre ne vouloit pas recevoir ceux, qui s'accouploient avec leurs Meres. Paufanias protefte, que l. 1.

des visions nocturnes reçûës en dormant, l'empêchent d'expliquer ses sentimens sur ce qui se passoit au temple de Cerés Eleusine; & il rapporte ailleurs, que Sophocle reçût pendant son sommeil un commandement de Bacchus, d'écrire une Tragedie, dont sa jeunesse le rendoit incapable, mais que néanmoins aiant esfaié à son réveil, il fut étonné de voir, qu'il lui reüssissoit à merveille. Dans Appien Sylla, le plus heureux des hommes, disoient les Romains, songea, que son Destin l'appelloit, *vocari se jam a fato*, il le dit le lendemain à ses amis, fit son testament, eût le soir la fiévre, & mourût la nuit suivante à soixante ans. Aussi est-ce le même Sylla, qui donnoit ce conseil à Luculle dans ses Commentaires, qu'il lui avoit dediés, de croire sur toutes choses à ses Songes, *Nihil perinde fidele duceret & firmum, ac quod in somnis demonstraretur;* Plutarque nous l'apprenant ainsi. Un songe du Médecin d'Octave César, est cause, qu'il se trouve au combat des champs Philippiques, & qu'il eût le moïen de se sauver, au rapport de Dion Cassius. Gallien dit au neuviéme livre de sa Méthode, qu'il fut obligé par des Songes très exprès de son pere, s'appliquer à la Médecine en suite de la Philosophie. Et au dixiéme livre de l'usage des parties il proteste, qu'il

*l. de bello civili.*

*in vita Luculli.*

*l. 47.*

*c. 4.*

*c. 12.*

fut forcé d'écrire les merveilles de l'œil par un songe, qui lui reprochoit d'être impie envers son Créateur, s'il ne le faisoit pas. En divers autres endroits de cet ouvrage il répete cela, jusqu'à s'excuser, de s'être servi de démonstrations Géometriques, qu'il savoit bien, que les Médecins de son tems avoient en aversion, sur ce qu'il en usoit ainsi par force, *Non lubens*, écrit-il, *sed solum ut Dei jussis satisfacerem, mathematicis theorematibus sum usus.* Cardan l'a voulu imiter en cela, quand il a c. 43. déclaré au livre de sa propre vie, qu'il avoit été averti en songe de mettre dans sa bouche une émeraude, qu'il portoit penduë au cou, s'il vouloit perdre la mémoire de la mort de son fils, ce qui lui succeda. Si j'avois envie d'être plus diffus, je rapporterois le songe de Suger, qu'il fit avant que d'être Abbé de Saint Denys, & qu'il recite lui-même dans la vie qu'il a écrite du Roi Louis le Gros. Celui du Conseiller Peiresc, que nous a fait observer un des plus savans hommes de ce siécle, n'est pas moins considérable non plus, comme aiant eu un succès véritable. Je me contenterai de deux exemples assez merveilleux. Le premier est, qu'un Conseiller du Parlement de Dijon nommé Carré, ouït en dormant, qu'on lui disoit ces mots Grecs qu'il n'entendoit nullement, ἄπιθι, ἐκ αἰσθανή τὴν σȣ ἀτυχίαν. Ils lui furent interpretés, *abi, non sentis infortunium tuum*; & comme la maison qu'il habitoit ménaçoit de ruine, il la quitta fort à propos, pour éviter sa chûte, qui arriva aussi-tôt après. Le second exemple sera d'un nommé *André Pujon*, qui étant, il n'y a pas une centaine d'années à Rion, songea en dormant, qu'il faisoit l'anagramme de son nom, où il trouvoit *pendu à Rion*, ce qui eût son effet quelques jours après. Or outre les Songes naturels, dans lesquels Zenon vouloit, qu'on se mirât pour y reconnoître son temperament, & ceux, qui sont même provoqués par des pierres, telle que celle dont parle Solin, quand elle est mise sous le chevet du lit; soit par des plantes, comme cette *Munghoa*, ou, *fleur du Songe*, que les Ambassadeurs Hollandois disent avoir trouvée depuis peu à la Chine: Outre ces Songes-là, dis-je, il s'en voit de prophetiques, qu'on va chercher dans les Temples au même païs, avec quelques cérémonies, qu'on observe, dit le Pere Martini, pour les avoir heureux. Et l'on ne sauroit nier, qu'il n'y en ait de tout à fait Divins, puisque Daniel n'interprétoit pas seulement les Songes du Roi Nabuchodonosor, mais devinoit

vinoit même ce qu'il avoit rêvé, quand ce Roi l'avoit oublié.

## XXIX. PROBLEME.

*Le Menſonge eſt-il ſi abſolument défendu, qu'on ne doive jamais rien dire, qui ne ſoit vrai?*

Non: Car il y a des Menſonges ſi utiles, qu'ils deviennent néceſſaires n'y aiant jamais eu de ſiécle où ils n'aient été pratiqués, ni de Nations, qui ne les aient approuvés. Dans le Philoctete de Sophocle, Neoptoleme demande à Ulyſſe, s'il ne croit pas, que le Menſonge ſoit une choſe honteuſe ? Non pas, lui répond le plus prudent des Grecs, lorſqu'on l'emploie au ſalut des hommes. Les Perſes le préferent comme tel aux vérités préjudiciables, comme l'enſeigne cette ſentence priſe du Roſaire de Sadi, *Mendacium beneficium faciens, melius eſt vero exitium parturienti.* Et comment un menſonge profitable, & qui ne porte préjudice à perſonne feroit-il un crime? puiſqu'on en uſe licitement pour le ſeul divertiſſement, témoin celui des Fables, ſi innocent & ſi inſtructif tout enſemble, que le Fils de Dieu ne parloit preſque point à ſes diſciples ſans paraboles. Auſſi comme par permiſſion divine les Oracles n'ont pas laiſſé quelquefois de prononcer aux Gentils de bonnes choſes, & qui leur étoient avantageuſes, celui de Delphe porta Eſope à la compoſition de ces fables ſi célébres & ſi eſtimées de tout le Monde, ou, pour en parler, comme fait Avienus à Theodoſe, *Reſponſo Delphici Apollinis monitus, ridicula orſus eſt, ut legenda firmaret.* Quoi qu'il en ſoit, la maxime de ce Docteur de l'Egliſe qui a écrit, *Quoties aliquis utilitatis proximi cauſa mentitur, ſi non erat peccator antequam mentiretur, mentiendo efficitur id quod vitarat;* Cette maxime, dis-je, doit être entenduë d'une perſonne, qui en faveur d'un ami, dit quelque menſonge préjudiciable à d'autres; ce qui va contre la regle de ne faire jamais un mal, ſous le prétexte d'en retirer du bien. Je condamne autant qu'il eſt poſſible les Priſcillianiſtes, qui approuvoient même le parjure, ſelon que le rapporte Saint Auguſtin, quand ils ne faiſoient pas difficulté de dire,

*Iura, perjura, ſecretum prodere noli.*

Baron. tom. 4.

Mais je penſe, qu'on ne peut faillir en faiſant avec Saint Thomas diſtinction entre les Menſonges plaiſans ou récréatifs, les utiles, & les pernicieux. Il a tant de manquemens & de déguiſemens de paroles qui ſont excuſables, qu'on auroit tort de les condanner tous, comme de dangereux menſonges. On excuſe Abraham & Iſaac, qui contre l'intention de Pharaon & d'Abimelech, qui les interrogeoient, dirent, que Sara & Rebecca n'étoient que leurs Sœurs. Mais que dirons-nous de Jacob, quand il feignit d'être Eſau, pour avoir la bénédiction de ſon pere, qui valut nonobſtant la tromperie? Que penſerons-nous de David, lorſque voulant ſe ſauver, il dit fauſſement au grand Prêtre Abimelech, qu'il venoit par l'ordre de Saul, & puis feignit d'être inſenſé devant le Roi Achis? Accuſerons-nous Saint Paul d'avoir trompé les Romains, leur écrivant, qu'il iroit en Eſpagne, ſans l'executer? Et condannerons-nous Saint Pierre, quand il proteſta à ſon Maitre, qu'il ne ſe laiſſera jamais laver les pieds par lui, *non lavabis mihi pedes in æternum*, ce qu'il fit néanmoins incontinent après? Non certes, il faut bien ſe garder de mettre cela au rang des menſonges deſagréables à Dieu. L'on doit dire plûtôt du menſonge en général, ce que quelqu'un a prononcé de la Vérité, *aliqua ut ſanitatis, ita & veritatis datur latitudo*, puiſque la raiſon des contraires le ſouffre. Et quoi qu'à l'égard des exemples, qui viennent d'être rapportés, il y ait lieu de penſer, que les

c. XV. 28.

choses du Ciel, ne se considérent pas comme celles de la Terre, l'on peut ajoûter, qu'humainement parlant il se voit des Mensonges, qui ne sauroient à cause de leur fin, être raisonnablement condannés.

Oui: Puisque la Vérité, comme fille de Cronus ou du Tems, selon la Théologie des Anciens, ne doit jamais être abandonnée en quelque saison, ni sur quelque considération que ce puisse être. Clement Alexandrin rapporte au sixiéme livre de ses Tapisseries avec grande estime cette sentence de Pindare: ἀρχὰ μεγαλᾶς ἀρετᾶς ἄνασσα ἀλήθεια, *Principium magnæ virtutis Regina Veritas*. Et Saint Jerôme dans son apologie contre Ruffin, a prononcé hardiment avec les Pythagoriciens, qu'après Dieu il n'y avoit rien, qu'on dût plus respecter que la Vérité, qui seule nous approche de sa Divinité, *Post Deum Veritas colenda, quæ sola homines Deo proximos facit*. C'est pour cela, que le Président d'Egypte portoit la Vérité sur son estomac, selon que Diodore Sicilien le représente dans le premier livre de sa Bibliothéque historique. Aussi peut-on dire, que la recherche de cette belle Vérité, qui se fait estimer jusques dans la bouche des Ennemis, est le seul sujet, pour lequel les Philosophes nous permettent de renoncer à nôtre liberté; & que la même recherche est la plus propre de toutes, & la plus naturelle à l'homme, *In primis hominis est propria veri inquisitio atque investigatio*, pour user des termes de Ciceron. Delà vient l'excellent pensée de Platon, dont Marc Antonin s'est voulu souvenir, qu'il n'y a rien dequoi nos Ames se sentent privées plus mal volontiers, que de la connoissance de la Vérité, πᾶσα ψυχὴ ἀκοῦσα ϛέρεται ἀληθείας, *Omnis animus non sua sponte privatur veritate*. Iugés par tous ces éloges, quelle opinion nous devons prendre de la laideur du Mensonge, capital ennemi de cette Vérité, & qui fait le revers naturel de sa médaille; celle-ci étant une, & l'autre plein de varieté & de toutes sortes de faussetés. Car pour le bien debiter, il n'y a personne qui ne tâche de couvrir sa difformité, & qui ne le dore, si faire se peut, de quelque feuille de vrai-semblance. Certainement c'est une chose merveilleuse, qu'il n'y ait que l'homme, qui se serve de sa voix pour mentir, celle de tous les autres animaux étant sincere, & ne servant jamais à l'imposture. Car ce qu'on a écrit de l'Hyéne (*) & du Crocodile, ne doit

l. 1. de Offic. l. 3. & 7. de vita sua.

(*) Hyéne, animal semblable au lion, plus petit mais plus cruel & plus rusé. On dit qu'il prononce fort distinctement les paroles, qu'habitant dans les bois, il apprend les noms des bergers, les appelle la nuit, & les devore, quand ils sortent de leurs huttes. *Plin*. l. 8. c. 30.

pas tenir lieu d'exception, puisqu'assez d'Auteurs modernes sé moquent de ces cris trompeurs qu'on leur avoit attribués. Quoiqu'il en soit, le Mensonge mérite d'être reputé le plus infame de tous les vices, & le plus contraire, je ne dirai pas simplement à la societé civile, mais à nôtre humanité. En effet, ceux qui ont dérivé leurs noms de *Verum*, & de *Veritas*, de celui du Printems des Latins qu'ils appellent *Ver*, ne doivent pas avoir tant fait de réflexion sur ses premieres productions, qui ne démentent jamais leur principe naturel, que sur ce qu'au printems de nôtre âge, où regne l'innocence, l'on dit les choses, comme elles sont, ou du moins, comme on les croit être, n'y aiant que la malice des années subsequentes, qui porte à mentir, & qui apprenne à pervertir l'usage de nos paroles. Je sai bien, qu'on veut faire servir l'utilité de vehicule & de prétexte au Mensonge, pour le faire approuver, sinon à l'égard des particuliers, pour le moins, selon l'opinion des Platoniciens, quand il est emploié à l'avantage du public par ceux, qui gouvernent les Etats. Mais ne flattons point un si dangereux vice, qui ne demande qu'à s'introduire & à s'établir doucement, tantôt comme nécessaire, tantôt comme servant innocemment au plaisir, pour former une habitude dans nos ames, qui les ruine auprès de leur Créateur. Vous favés les aphorifmes de la bonne Morale, que ce qui eft defectueux dans fon principe, *tractu temporis convalefcere non poteft*, & cet autre prefque femblable, *quæ crefcentia perniciofa funt, eadem funt vitiofa nafcentia*. *Qui vitiis modum apponit, is partem fufcipit vitiorum.* Cic. l. 4. Tufc. qu. Tant y a, qu'un menfonge en attire un autre, *linum lino nectitur*, & il arrive, qu'on le fait même fervir & les parjures à l'ornement du langage. L'on ne croit point de belle Eloquence, fi elle ne fait faire comme cet Autolycus d'Ovide.

*Candida de nigris, & de candentibus atra;* l. 11. Metam.

fans que perfonne défere au fentiment de Saint Jerôme, *melius effe verum dicere ruftice, quam falfa diferte proferre*. Pour moi, je penfe, qu'on ne fauroit trop s'en fouvenir, ni trop pratiquer dans la vie le précepte du grand Saint Gregoire, *Melius eft ut fcandalum oriatur, quam veritas relinquatur*. Pourquoi emploier le déguifement & la fauffeté, fous ombre de faire paroitre plus agréable celle, qui reffemble dans fa fimplicité au marbre & au porphyre, qu'on voit refufer toute forte de peinture, & de parure étrangere, parce

X iiij

qu'ils ont en eux-mêmes, sans rien emprunter d'ailleurs, la plus grande recommandation, qu'on leur puisse donner.

## XXX. PROBLEME.

*La Morale des Philosophes suffit-elle, pour rendre parfaitement Vertueux ?*

Non: Parce qu'il n'y a rien de plus incertain, que leurs préceptes, dont les uns sont souvent absolument contraires aux autres. Ainsi l'on en voit, qui suivant Hippocrate & Galien, font dépendre les Vertus & les Vices du Temperament, & beaucoup d'autres soutiennent, que ce sont des habitudes de l'Ame. Les Stoïciens établissent des bornes ou limites morales, au delà desquelles la moindre transgression fait un crime, ce qui a donné lieu à leur paradoxe, que tous péchés sont égaux: Les autres Sectes s'en sont moqués, & laissant aux Mathematiciens l'indivisibilité de leur ligne, ils donnent quelque largeur à celle de la Morale, de sorte que toutes nos actions reçoivent des différences notables de bonté, ou de malice, selon le plus & le moins, qui sont les termes de l'Ecole. Quelques-uns ont tant d'austerité

## XXX. PROBLEME.

qu'ils ne croient pas, qu'un homme vicieux, & comme tel haï du Ciel, puisse produire une bonne action : D'autres soutiennent ce qui est opposé à cette maxime ; & Suidas cite Elien, comme auteur de ce qu'Apollon & Jupiter prolongèrent les jours de deux années à Phalaris, parce que ce Tyran avoit été clement contre son ordinaire à l'endroit de Chariton & de Menalippe ; ce qui veut dire que les plus méchans hommes peuvent faire de si bonnes œuvres, qu'elles sont même recompensées d'enhaut. Chaque païs, & chaque Nation a sa façon de philosopher, & sa Morale, qu'il croit la meilleure de toutes. Quand on reproche à ceux d'Achem, qui ont leur Roi dans l'Ile de Sumatra, qu'ils agissent souvent contre leur conscience, faisant plus pour lui que pour Dieu ; ils croient bien satisfaire à cette objection, quand ils répondent, que Dieu est loin, & que leur Roi est tout proche d'eux ; ce qui passeroit pour une impieté ailleurs, leur tenant lieu d'une bonne Moralité. La diversité des sentimens entre les Philosophes, sur tout à l'égard des mœurs, montre le peu de certitude, que contiennent leurs livres : & je pense, qu'il faut toûjours se souvenir là dessus, que Saint Paul n'a rien plus expressément recommandé aux

*Tom. 2. ad vocem Phalaris.*

Fideles, que de se bien garder des Philosophes, capables de les seduire avec leurs faux principes, & leurs différens Elemens du Monde, ce qu'il repete en divers lieux de ses Epitres. Ce n'est donc pas de leur philosophie, qu'on peut apprendre à devenir parfaitement Vertueux.

Oui: Car la varieté de leurs Dogmes n'empêche pas, qu'on ne puisse beaucoup profiter dans leur Morale, en faisant choix de ceux, qui ont de la conformité avec nos Vérités révélées. En effet, celui-là n'a peut être pas mal rencontré, qui a dit, que la Vertu philosophique & Morale, dont nous parlons, est une voie qui conduit insensiblement aux Vertus Théologales & Divines; de même que l'ame vegetative & la sensitive, que nous tenons de nos parens, préparent le chemin à la Raisonnable, qui vient de Dieu, qui en est le seul distributeur. Encore que les Philosophes se sont lourdement trompé en beaucoup de choses, qui concernent nôtre salut, ce n'est pas à dire, que leur doctrine ne soit quelque fois de grande utilité aux points les plus considérables de la Morale; ce que les Peres de l'Eglise disent être de grande consolation au cœur d'un Fidele, quand ils interprètent ces mots, *vocavit an-*

*cillas ad arcem*, des diverses Sectes, qui ont eu leurs opinions favorables à la Foi. Les erreurs de quelques-uns de ces Philosophes, qui se sont écarté en leur chemin de la Vertu, peuvent être instructives, à cause que leur égarement fait remarquer avec exactitude la bonne voie qu'ils n'ont pas suivie. Le pélerin qui s'est une fois mépris dans sa route, devient plus capable qu'il n'eût été sans cela de redresser ceux, qui s'informent de lui, comme ils doivent se conduire dans le voiage, qu'il a fait. Il y a donc lieu de soutenir, que l'Ethique des Philosophes bien entenduë sera suffisante à nous faire embrasser la Vertu, qui est l'objet de toutes leurs veilles, & la fin de leurs plus abstraites méditations. Je me contenterai pour confirmer ma proposition, de vous rapporter un seul passage moral, tiré d'un fragment de l'Oraison que Caton prononça dans Numance, & que j'ai commis il y a long-tems à ma mémoire, ne croiant pas, qu'il y ait rien dans toute la Morale de plus touchant, ni de plus persuasif, soit à nous porter aux bonnes actions, soit à nous éloigner du Vice. *Cogitate cum animis vestris, si quid vos per laborem recte feceritis, labor ille a vobis cito recedet, benefactum a vobis dum vivetis non abscedet. Sed si qua per voluptatem nequiter feceritis, voluptas abibit, nequiter factum illud apud vos semper manebit.* J'avois bien remarqué dans Plutarque, qui nous a donné la vie de ce Caton, qu'il avoit été nommé le Demosthene Romain; mais ce seul échantillon de sa Morale me fait dire, qu'on le peut encore appeler le Socrate Romain, pour ne le pas mettre au dessus comme a fait l'auteur de ce vers,

> *Quippe malim unum Catonem, quam trecentum Socratas.*

Tant y a, que je ferois conscience de ne rien prononcer au desavantage de la Philosophie, de quelque siécle qu'elle soit & de quelque païs qu'elle puisse venir, parce que si elle merite un si beau nom, elle ne peut être autre que Vertueuse.

## XXXI. PROBLEME.

*Est-ce grandeur ou force d'esprit de ne point craindre la Mort?*

NON: Il ne peut y avoir ni grandeur, ni force d'ame à méprifer ce que les premiers de tous les hommes, & celui même qui n'étoit pas moins Dieu, qu'il étoit homme, ont jugé digne d'apprehension, jusqu'à demander au Ciel d'être exemté d'avaler une ſi rude boiſſon, qu'eſt celle qui ſe prend dans le calice de la Mort. La magnanimité a ſes bornes auſſi bien que toutes les autres Vertus; & l'on ſe peut tromper dans ſes excés, de même, que dans la force corporelle, où la maladie, telle que la fureur, fait paroitre plus de vigueur & plus de violence, que la ſanté n'en donne aux hommes, qui ſe portent bien. Quelle apparence de vouloir tirer vanité du mépris d'une choſe, que les Philoſophes de la plus haute reputation n'ont pas fait difficulté de nommer la plus terrible de toutes les choſes terribles? Je penſe bien, qu'en quelque façon elle peut être trop apprehendée; & que le maſque qu'on lui donne la fait quelque fois redouter avec auſſi peu de raiſon que de petits enfans fuient devant les maſcarades, *perſonatos timent pueri*. Les apparences ſont trompeuſes, & je me ſouviens aſſez, que le Lion de l'Apologue prit la Grenoüille à la voix pour un dangereux animal. Mais je ne puis tomber d'accord, qu'un homme, comme tel, ne doive point craindre la Mort, qu'il n'y a aucun animal, qui ne la craigne naturellement en naiſſant. C'eſt ce que Seneque, qui a proferé tant de belles ſentences pour faire mépriſer la vie, a été contraint d'avoüer dans une de ses Epitres, *Nullum animal ad vitam prodit, sine sensu mortis;* & ce que les moindres petits poussins, que la seule ombre de l'Oiseau de proie épouvante, lui ont donné le moien de prouver suffisamment. Pourquoi donc ferons-nous les intrépides sur un sujet, où toute la Nature repugne à une générosité ridicule. Je la nomme ainsi après ce même Auteur, lorsqu'il se raille de ceux, qui argumentoient ainsi, *Quod malum est, gloriosum non est; mors gloriosa est. Mors ergo non est malum.* Il appelle ces subtilités de Dialectique, *artificii veternosissimi nodos,* & sa raillerie passe jusqu'à conclure, *acuta sunt ista, sed nihil acutius arista; quædam inutilia & inefficacia ipsa subtilitas reddit.* En effet, c'est une moquerie de traiter la Morale avec ces *minuties* de Logique. J'aimerois autant prouver, combien la Mort doit être fâcheuse, & par conséquent à craindre, par cet argument vrai-semblable d'un Arabe; si l'arracher une seule dent fait une douleur si sensible que nous l'éprouvons, il faut croire que quand l'ame est arrachée du corps, elle cause un mal qui ne peut être exprimé? Pour en parler sainement, il n'y auroit que le témoignage de ceux, qui ont franchi le passage de la mort, qui pût obliger,

*ep. 121.*

Rosar. Sadi.

## XXXI. PROBLEME. 335

par ce qu'ils en diroient, à méprifer tout ce que le refte des hommes s'en imaginent. Mais le malheur eft, que perfonne, d'autant qu'on dit qu'il en eft revenu de l'autre monde, ne nous a inftruit là deffus. Car il me femble, qu'il faudroit être fort crédule pour déferer à ce que Platon conte au dixiéme livre de fa Republique d'un Pamphilus, qui revenu des Enfers, difoit merveilles de ce que les Dieux y faifoient. La Foi n'oblige pas non plus à croire toutes les chofes que Gregoire de Tours affure comme témoin auriculaire, que rapportoit un Salvius reffufcité & depuis Evêque d'Albi, qui ne fe taifoit pas de ce qu'il avoit vû au Ciel. J'avouë pourtant, que la rélation d'affez de perfonnes, qui ont été jufqu'aux portes de la Mort, ne nous l'ont pas dépeinte fi affreufe, qu'on la fait ordinairement. Le Capitaine Montagnac étant tombé jufqu' à trois diverfes fois d'une potence, par la rupture de la corde, qui l'y attachoit, & aiant été donné enfuite au Vicomte de Turenne par le Préfident Duranti, fe plaignoit, qu'aiant perdu en un moment toute douleur, on l'avoit tiré d'une lumiere fi agréable, qu'elle ne fe pouvoit repréfenter. Le Chancelier d'Angleterre Baccon, écrit quelque chofe approchante de cela, d'un qui

*l. 7. c. 1.*

*Hift. d'Aub. tom. 2.*

*l. de vita.*

ne s'étant pas étranglé, quoiqu'il y eût peu à dire, protestoit, qu'il n'avoit senti aucune douleur; *se dolorem non sensisse, sed vidisse speciem ignis, post nigredinis, post cærulei coloris.* Je sai, que par ordre de nôtre Roi Henri quatre, le Médecin la Riviere visita un pauvre criminel échappé du gibet par le même accident d'une corde rompuë; qui l'assura, qu'il n'avoit enduré qu'un peu en quittant l'échelle, un grand feu s'étant aussi-tôt présenté devant ses yeux, au travers duquel il voioit de très belles allées. J'ajoûterai ce que je tiens de celui, qui accompagnoit ce Médecin, que sur son offre faite à ce malheureux, qui avoit tué son pupille, d'intercéder pour obtenir sa grace de sa Majesté, il lui répondit froidement, que c'étoit si peu de chose de finir par le licou, qu'il ne jugeoit pas, qu'on dût importuner le Roi sur cela. Il est constant, que la suffocation dans l'eau a été tenuë par les anciens la plus cruelle de toutes les morts, à cause que l'ame étant ignée y combatoit contre son plus grand adversaire. Si est ce qu'un de mes amis à demi noié, m'a protesté qu'il trouvoit tant de plaisir à gratter au fond de l'eau, qu'il sçût mauvais gré à ceux, qui l'en retirèrent. Et l'on peut voir dans une lettre écrite de Canada en mil six cens trente deux

## XXXI. PROBLEME.

e deux par le Pere Paul le Jeune, qu'il s'y rouva dans un pareil accident presque étouffé dans cet Element, ajoûtant ces mêmes paroles, Je croiois qu'il y eût plus de mal à être noié, qu'il n'y en a. On pourroit aussi faire réflexion sur ceux, qui fort âgés sont passés de cette vie à l'autre, & selon leur propre dire sans souffrance. J'en ai vû plusieurs finir de cette sorte. Et Cardan en rapporte des exemples notables dans son *Theonoston*. Mais à parler ingenument, mon opinion n'est pas, nonobstant tout cela, qu'on doive tenir la Mort pour autre que pour la grande ennemie de tout ce qui est vivant; ni d'ailleurs encore moins, qu'on puisse mettre la grandeur ou force d'esprit à ne la point craindre.

Oui: Les mêmes Philosophes qui nous ont représenté la Mort si hideuse & si terrible, n'ont pas laissé de mettre le plus haut point de la Vertu Héroïque à la mépriser; parce que celui, qui n'en a point de peur ne sauroit rien craindre, étant au dessus de tout ce qui est capable de donner de l'appréhension,

*Contemsit omnes ille qui mortem prius.* Sen. in Here. Oct.
Mais pourquoi craindre ce qui est inévitable? Ce qui rend apparemment nôtre condition meilleure, que ne fait la vie? Ce qui ne peut

être une peine, puisque par une loi commune tous les hommes y sont sujets?

— — — *Lex est; non pœna perire;*
Et après tout, ce qui nous met dans la voie du Ciel où nous aspirons? le mot Grec θάνατος, qui est celui de la Mort, signifiant selon toute vraisemblance, dit Themistius, tout Payen qu'il étoit, un élevement à Dieu, ἄνω εἰς θεόν, *sursum ad Deum*. En effet, je pense, que par raison on devroit plus apprehender les maux de la vie que ceux de la mort. Plus on vit, plus on a de sujets de souffrir, même selon le mot des Italiens, *chi più vive, più muore*. Cette véritable mort au contraire, que la seule imagination rend si redoutable, n'est pas sentie des vivans, puisqu'elle est une privation de sentiment, ni de ceux, qui ne sont plus, parce que n'étant plus, ils n'ont garde d'en être touchés: Il s'ensuivroit donc, selon les subtilités de la Logique, qu'elle seroit indifférente aux uns & aux autres, bien loin de nous devoir affliger. Ciceron néanmoins s'est servi de ce raisonnement après Epicure, *Mors nec ad vivos pertinet, nec ad mortuos, alteri non sunt, alteros non attingit*. Mais posons le cas, qu'elle soit telle, qu'on la fait, agissons de bonne foi, & sans trop subtiliser, ce qui s'appelle

l. 1. Tusc. qu.

# XXXI. PROBLEME.

au langage de Seneque, *Philosophiam in angustias ex sua majestate detrahere*, ne serons-nous pas toûjours contraints d'entrer en cette considération, & d'admirer, que dans une si grande incertitude de toutes les choses du Monde, n'y aiant rien de certain parmi les hommes, que d'être tous obligés à mourir sans exception; ce soit pourtant ce qui leur trouble le plus l'esprit, & qui les fait, quoi qu'inutilement, si refractaires contre les ordres du Ciel. Au lieu de lui rendre avec soûmission la vie, qu'il nous a simplement prêtée, & de lui dire courageusement, *paratum habes a volente quod non sentienti dedisti*, nous ne pouvons nous y resoudre, & nous sommes au desespoir quand nous sentons qu'il le faut faire. Cependant, le seul moien de nous bien comporter dans cette nécessité d'abandonner la vie, c'est de la quitter sans repugnance, *bene mori est libenter mori*. S'il y a quelque chose de rude en cela, ce n'est pas l'ordre de la Nature, qui le rend tel, c'est nôtre resistance, tout ce qui est involontaire étant toûjours déplaisant, *non qui jussus aliquid facit, miser est; sed qui inuitus facit*. Pourquoi n'aquiesçons-nous pas aux Decrets d'enhaut, que nous ne pouvons présupposer être autres que très justes. Il nous fâche

Sen. ep. 61.

fans doute, de quiter la vie, qui nous paroit douce, où nous avons mille attachemens, & où nous croions être encore néceffaires à beaucoup de perfonnes. Quant au dernier point, fouvenons-nous de ce qu'a prononcé Epictete à l'égard de Socrate, que s'il étoit utile de fon vivant, il l'a été bien davantage après fa mort. Et à l'égard des plaifirs de la vie, peut-on douter, que tôt ou tard ils ne degénerent en ce qui leur eft abfolument contraire. Les longues années, quand il n'y auroit autre chofe, ne manquent jamais à faire ce changement. Je fai bien qu'il y en a de plus fortunées les unes que les autres; & fans parler de l'heureufe vieilleffe du Muficien Xenophile, que Pline donnoit de fon tems pour un exemple qu'il nomme folitaire & miraculeux; nous pouvons jetter les yeux fur cet autre plus recent du Pere Gafpar Dragonette, qui de nos jours âgé de cent quinze ans & plus, étoit encore robufte en mil fix cens vint fix, aiant toutes fes dents, lifant fans lunettes, & faifant journellement fans difcontinuation fes leçons dans un College de Rome, comme *Pietro della Valle* nous en affure au quatriéme tome de fes Rélations. Mais outre que ces exemples font donnés pour des prodiges, encore n'en favons-nous

*Arria.l.4. c. I.*

pas toutes les circonstances, ni même la fin du dernier. Tant y a que plus nous avons joüi d'une vie souhaitable, plus nous sommes obligés de la rendre sans murmure, si nous ne voulons être ingrats envers Dieu, qui nous a fait une grace tellement extraordinaire. Or comme ce tranquille détachement de la vie, qui donne ensuite le mépris de sa fin, demande une assiette d'ame non vulgaire, je pense qu'on peut prendre l'affirmative de ce dernier Probleme, & soûtenir, qu'il faut beaucoup de grandeur ou de force d'esprit, pour ne point craindre la Mort, laissant à part les considérations de ce qui la suit, dont je ne parle point ici. Si est-ce que le sexe, que nous croions plus foible que le nôtre, en est quelque fois capable; Et pour nous convier à n'être pas moins généreux que des femmes, je rapporterai ici le m t gentil & spirituel que dit une Dame Espagnole à son Médecin, qui jugeoit sa maladie incurable, & la condamnoit à tomber avec les feüilles de l'Automne assez prochain. Elle avoit dans son jardin un bel Oranger qu'elle aimoit fort, & qu'on sait ne perdre point ses feüilles l'Hyver, ce qui lui fit proferer gaiement, *a las de mi Naranjo me attengo*, pourvû que je ne parte qu'avec les feüilles de mon Oranger, que je ne quiterois pas volontiers, je souscris à la determination de mon Médecin. En vérité, il faut avoir l'ame bien libre & bien enjoüée, pour se railler de la sorte d'une Ordonnance, qui prononçoit si nettement l'instante nécessité de mourir; & les histoires font passer pour fort notables des intrepidités de plusieurs hommes, qui n'ont pas été si formelles que celle de cette Espagnole.

# DOUTE
## SCEPTIQUE.

### SI L'ETUDE DES BELLES LETTRES EST PREFERABLE A TOUTE AUTRE OCCUPATION.

# AU
# LECTEUR.

J'Avois jugé à propos de ne rien mettre en forme de Préface au devant de ce petit Discours. Mais puisque le Libraire est d'un avis contraire, peut-être pour remplir quelques pages blanches, en jettant encore un peu d'ancre dessus; je vais lui complaire avec deux ou trois legeres considérations, qui me tombent dans l'esprit.

Premierement, si l'on trouve étrange que je communique au public mes petites rêveries, qui ne peuvent pas plaire à tout le monde; je réponds, qu'en prenant ce divertissement innocent, je n'oblige personne à les approuver, ni même à les lire; mais que j'ai pour moi le sens d'un ancien Apologue, qui condanne un silence opiniâ-

Y v

tre, quand on peut se faire écouter au grè de quelques-uns; ce que je pense me pouvoir promettre sans beaucoup de vanité. En effet, l'on a écrit, que les Hirondeles reprochèrent autrefois aux Cignes, qu'ils ne faisoient entendre leur harmonie qu'aux prés, aux rivieres, & aux Zephirs, ce qui la rendoit tout à fait méprisable; puisque selon le proverbe Grec, que j'ai rapporté ailleurs en sa langue, une Musique, qui ne s'entend pas, est absolument inutile. Je ne veux point d'autre excuse à cet égard. Chacun s'occupe comme il le juge à propos durant sa vie, & après tout,

eleg. in obit. Mæcen.
    Vivitur ingenio, cætera mortis erunt.
selon la pensée morale de Pedo Albinovanus.

Mais si en second lieu, la façon dont je m'explique, & même quelques mots que j'emploie, ne sont pas au gout de plusieurs personnes; je dis, qu'il leur est permis de n'en pas user, ne m'en étant servi, qu'à cause que je les ai trouvés plus propres à m'exprimer que d'autres, qu'ils approuveroient possible davantage. Personne ne met la main à la plume, qui n'ait encore son oreille, selon laquelle il regle son style & ses locutions. L'on m'a dit à ce propos, que quelques-uns n'ont pas approuvé le mot de Homilies, que j'ai mis à la tête de trois différens petits volumes, prétendant, que celui de Homelies étoit *meilleur*, comme plus ufité. C'eſt ce qui leur peut être juſtement contredit, & quand cela feroit, un mauvais uſage de cette nature doit être corrigé par la raiſon, ſur tout lors qu'il eſt douteux comme celui-ci. Pour moi, je ne vois nulle apparence de dire homelie, l'jota Grec de la feconde ſyllabe ne pouvant être raiſonnablement transformé en e. Surquoi il faut que je vous faſſe rire de celui qui pour bien autoriſer le terme d'homelie, m'allegua celui d'omelette, qui me fit fouſcrire doucement à une ſi gentille analogie. Raillerie à part, on devient quelquefois ridicule, ſi l'on s'opiniâtre à de mauvaiſes façons de parler, ſans vouloir écouter aucune raiſon. Ceux de cette humeur feront enfin contraints de prononcer & d'écrire les étuiles, & non pas les tuiles, & les édegrés, pour les degrés d'une maiſon, parce que ce font des dictions uſitées dans la province de Hurepois, aux endroits où elle s'étend juſqu' à la place Maubert. Un motif auſſi plaiſant, obligeoit, il n'y a guéres, un bon Pere, de proferer doucement **Medeme** *pour* **Madame**: *car ſans avoüer, qu'il tenoit cette prononciation des Mercieres du Palais, il aſſura, qu'il parloit ainſi par une devote humilité, le mot de* **Madame** *lui ſemblant trop empoulé & trop pompeux pour être prononcé par un homme de ſa profeſſion. Je ne puis m'empêcher de* rapporter encore, comme témoin auriculaire, qu'un des plus excellens Prédicateurs de son Siécle, je parle du Reverend Pere Coton, disoit toûjours une chouse, & un foussé, le mauvais usage de la Cour de son tems aiant introduit cette vicieuse façon de prononcer. Il le faisoit ut scenæ serviret, & pour parler à la mode du tems, quelque erronnée qu'elle fût; tant les plus grands hommes sont contraints souvent d'y déferer. Mais enfin il n'y a guéres de ces abus de langage, qui ne se corrigent à la longue, par le commun consentement de ceux, qui les reconnoissant, s'abstiennent d'employer de si mauvais termes.

Il me reste une troisiéme réponse à faire sur le sujet de la Philosophie Sceptique, aiant peutêtre trop déferé à son indifférence au gré de beaucoup de gens, qui auroient vraisemblablement souhaité, que j'eusse absolument refuté les sentimens de Lipse & de Scaliger, comme trop desavantageux à la reputation des Belles Lettres. Si l'on prend garde, que je n'en traite que par un Doute Sceptique, qui fait le Titre de ma composition, personne ne trouvera étrange mon procedé, puisque l'Aphasie Pyrrhonienne, ou son incomprehensibilité ne détermine rien, étant une vertu intellectuelle, située comme un milieu de raison entre l'affirmation & son contraire; de même que les vertus de la volonté font un autre

# PRÉFACE.

*milieu moral entre deux extrémités. Il est vrai, que le milieu de la Sceptique est plûtôt de Géometrie que d'Arithmetique, selon les termes de l'Ecole, ne se trouvant pas si éloigné de l'assertion dogmatique, que de l'ignorance des Idiots qui ne connoissent pas les causes qui la produisent, & qui la rendent presque indomtable,* contumacissima bellua ignorantia est. *Tant y a, que n'aiant voulu rien écrire, qu'avec retenuë & suspension, je l'ai plûtôt fait pour m'instruire moi-même, que pour persuader les autres, qui m'obligeront d'éclaircir mes doutes. Un savant Arabe interrogé par quel moien il avoit acquis tant de belles connoissances, qu'il possedoit, fit réponse, qu'il n'avoit jamais eu honte de demander ce qu'il ignoroit à ceux, qui l'en pouvoient informer,* quæ nescivi rogare me non puduit. *C'est à peu près mon procedé en tout ce que je communique au public. Mes paradoxes ne doivent offenser personne, puisque je fais profession de les abandonner aussi-tôt qu'on me montre, qu'ils sont* paralogues. *Il me semble, que leur diversité, & leur éloignement des sentimens ordinaires, ne doivent pas non plus déplaire, par la même raison, dont Quintilien recommande la varieté dans le style de son Orateur,* cum Virtutes etiam ipsæ tædium pariant, nisi gratia varietatis adjutæ, *les Vertus mêmes & les plus bel-*

Rosar. Sadi p. 509.

l. 9. Instit. c. 4.

les lumieres d'un Discours devenant enniueuses, si elles ne sont agréablement diversifiées. Mais il ne faut pas, que ce soit en abandonnant son théme principal par des excursions importunes, quoiqu'elles présentent de nouveaux objets à ceux qui les lisent. Nous voions assez d'Auteurs de qui l'on peut dire, à cause de leurs longues Episodes, & de leurs extravagantes digressions, qu'ils mettent plus de tems à peloter qu'à joüer la partie, quittant leur sujet & leur principale matiere, pour s'égaier sur d'autres pensées hors de propos. Cependant j'imiterois en quelque façon ceux, que je reprens, & je ferois la même faute qu'eux, si j'étois ici plus diffus; outre qu'il sembleroit, Lecteur, que j'aurois mauvaise opinion, ou de vôtre jugement, ou de vôtre justice, en ce qui me touche, si j'étendois davantage cet Avant-propos.

# DOUTE
## SCEPTIQUE.

### SI L'E´TUDE DES BELLES LETTRES EST PRE´FERABLE A TOUTE AUTRE OCCUPATION.

TANT de perſonnes ſe ſont occupées à examiner les infortunes, qui ont preſque toûjours traverſé la vie des hommes d'étude, que ce n'eſt nullement mon deſſein d'en faire ici une répétition ennuyeuſe. J'y veux ſeulement conſidérer, ſi l'étude des belles lettres, comme d'ordinaire on les nomme par excellence, a ce grand avantage, que ſouvent on lui attribuë, d'être tellement le partage des meilleurs eſprits, qu'on doive mépriſer toute autre occupation, pour ſuivre celle, où les Muſes ſeules ſont cultivées. Ce ne fera pas pour faire le Politique, en repréfentant, combien d'autres profeffions, telles que la Marchandife, l'Agriculture, & même la Militaire, font néceffaires à l'Etat, qui fouffre infiniment, fi on les méprife, & que les charmes d'une vie oifive, telle, qu'eft celle des hommes d'étude, l'emportent par deffus elles. Mais le fentiment de deux perfonnes du dernier fiécle, qui font de grand nom parmi les Savans, me porte à faire des réflexions fur le fujet, que je viens de propofer; par ce qu'ils ont l'un & l'autre prononcé fi nettement contre l'occupation literaire, dont ils faifoient profeffion avec tant d'éclat, que je ne puis trop admirer, qu'ils en aient parlé de la forte. Le premier eft Lipfe, cet homme, qui fe vante dans une épitre, qu'il écrivoit aux freres Richardots, d'avoir illuftré deux des plus grands auteurs, Tacite pour la prudence, & Seneque pour la fageffe. Cependant, dans une autre épitre addreffée à fon ami Lernutius, il ne peut s'empêcher, de lui confier ce fecret, que s'il avoit des enfans, il s'empêcheroit bien de les faire étudier, *filios fi habeam, literulas me authore non difcant.* Le fecond auteur qui a été du même fentiment, c'eft Jofeph Scaliger, qui s'en explique en ces termes dans les propos, qu'on a fait imprimer

*Centur. 2. ep. 52. ad Belgas.*

*Cent. 4. mifc. ep. 81.*

...ner de lui sous ce titre, SCALIGERIANA, *Si j'avois dix enfans, je n'en ferois étudier pas un, & les avancerois aux Cours des Princes.* Et en vérité nous voyons au même recueil, qu'autant de fois, qu'il se renfermoit pour vaquer à ses livres, il prononçoit ces mots, *je m'en vais becher à la vigne;* ce qui montre bien l'aversion qu'il en avoit, & combien son métier lui déplaisoit. A parler ingenument, ce n'est pas sans raison, que des personnes si consommées dans toute sorte de literature, & qui n'ignoroient pas, combien la Nature donne d'inclination à tous les Peres pour ce qui peut être avantageux à leurs Enfans; n'aient pas laissé de croire, que le travail de l'étude ne leur pouvoit produire que beaucoup de chagrin, & une infinité de travaux d'esprit, sans aucune véritable satisfaction d'ame, & sans en recueillir d'autres biens que ceux, qui dépendent d'une bonne fortune, très rare à l'égard de ceux, qui ne songent qu'à devenir savans, & à se distinguer par là du reste des hommes, qui d'ordinaire se rient de leur côté de leurs vaines recherches de savoir plus que les autres.

p. 313.

En effet l'on voit peu de gens, qui après avoir pénétré plus avant que le commun dans les sciences, ne conçoivent avec Salomon une indignation contre elles, & contre la foiblesse de l'esprit humain, qui reconnoit, que plus il s'instruit, plus il remarque son invincible ignorance, avec douleur inexprimable, d'être si peu capable d'arriver au but qu'il se proposoit, *qui addit scientiam, addit & dolorem*. Tous ces grands Palamedes, qui ont tant aimé les Lettres, qu'ils en ont augmenté le nombre, se trouvent reduits à la fin, comme le Grec, qui fait que je leur donne ce nom, à jetter des plaintes continuelles, d'avoir tant perdu de tems, pour acquerir une chose, qui fait leur malheur & qu'ils s'étoient imaginée toute autre, qu'ils ne l'éprouvent. C'est peut-être ce qui a porté quelques Empereurs, à persecuter les hommes de lettres par des Edits très rigoureux; & des Papes à maltraiter ceux, qu'ils nommoient *Terentianos*, comme trop attachés à la belle diction des auteurs classi-

<small>Merc. Fr. tom. 9. p. 70.</small> ques. Il est certain que par une Pragmatique de l'an mil six cent vint deux, pour user des termes usités au delà des Pyrénées, les études de Grammaire furent prohibées en Espagne, si non aux villes principales, où il y a des Magistrats qui s'appellent *Corregidores*; afin d'empêcher le trop grand nombre de ceux, qui cherchent dans la poussiere des écoles, *ubi etiam qui gratis docent, gratis no-*

# SCEPTIQUE.

*cent*, à couvrir une fainéantife préjudiciable à l'Etat, outre qu'elle eft la ruine de ceux, qui s'y accoutument. Quoi qu'il en foit, il y a grande apparence, que comme l'on a fort bien jugé, que très peu de gens, quelque bonne fortune qu'ils euffent éprouvée dans le cours de cette vie, la reprendroient après l'avoir perduë, encore que celui, qui en eft le difpenfateur remit à leur chois d'y rentrer, fi bon leur fembloit, aux mêmes conditions, qu'ils l'ont déja poffedée : L'on peut dire de même, qu'il fe trouveroit peu ou point de perfonnes favantes, qui, après avoir donné le plus heureufement dans toutes les fciences humaines, & les avoir le mieux reconnuës; voulût, felon la même hypotefe, recommencer cette carriere, à la charge d'y rencontrer les mêmes épines, qu'ils y ont reffenties, & de ne pouvoir acquerir au bout de leurs travaux, que des connoiffances auffi incertaines, que celles, dont ils ont profité, & qu'il eft difficile de diftinguer, fi l'on en parle franchement, d'une véritable ignorance.

Ce n'eft donc pas un reproche, qu'on puiffe faire raifonnablement à ce grand empire du Turc, de n'y avoir en toute fa vafte étenduë qu'une Univerfité dans la feule ville du Caire, où eft l'étude publique de dix ou douze mille Ecoliers, qui vont y apprendre la Philosophie, la Médecine, & l'Astrologie, & même leur Théologie Musulmane, avec permission aux plus doctes, si nous en croions les Itineraires recens, d'y disputer de la Réligion, à quoi l'on ne s'oseroit hasarder ailleurs. Mais il s'y observe une chose de très grande considération, & qu'il seroit à desirer qui se pratiquât par tout, où l'on a soin de l'instruction de la Jeunesse. C'est, qu'on ne souffre pas, que les Enfans y étudient selon la destination de leurs Peres, qui les envoient dans cette célébre Université. Les Docteurs & Professeurs publics les appliquent à l'étude, où ils jugent, qu'ils seront le plus propres, & où ils croient, qu'ils pourront le mieux profiter. Car c'est un grand abus de penser, que tous les esprits soient propres à réussir indifféremment aux choses, où on les oblige de se determiner. Il en est à peu près comme des Terres, qui ne se trouvent pas habiles à toute sorte de productions,

*Hic segetes, illic veniunt felicius uvæ,*
*Arborei fœtus alibi, atque injussa virescunt*
*Gramina.*

Les vœux des Parens ne sont pas toûjours à suivre, & le zéle souvent indiscret, dont ils sont portés à l'avancement de ces jeunes Plantés, leur est ordinairement préjudiciable. L'on ne doit pas même déférer aux inclinations, qu'ont de certaines provinces à quelque genre d'étude, si l'esprit des particuliers ne s'y accorde, & qu'on n'ait le génie propre pour cela. L'on a remarqué, qu'en Italie les Milanois s'adonoient volontiers à la Jurisprudence; les Calabrois à la langue Grecque, peut-être à cause qu'elle y étoit autrefois naturelle; les Mantoüans à l'Hebreu, leur Synagogue des Iuifs si célébre leur en donnant le moïen; les Veronois aux Lettres humaines; les Boulonnois aux Mathématiques; & les Padoüans à la Médecine. Ceux de Pavie se plaisent à devenir Sophistes; à Florence la Philosophie naturelle y est principalement cultivée; à Vincence la Morale; à Venise la Musique; à Siene la Dialectique; comme à Perouse le Droit Canon. Cette élection d'étude est aussi abusive, qu'elle est populaire; & il se trouvera toûjours, que si l'on n'a le temperament tel, qu'il est requis à réussir dans chacune de ses professions, l'on n'y excellera jamais, & l'on experimentera avec regret cette Minerve des anciens, contraire à toutes nos veilles, qui ne nous profiteront de rien.

Ceci présupposé de la sorte, il est aisé de juger, qu'on ne doit pas généralement ajuger la préference à l'étude des belles lettres sur toutes les autres occupations que peut prendre l'esprit humain, parce que tout dépend de son habilité naturelle à chacune, qui lui doit faire choisir quelquefois la moins estimée, si son Génie particulier y trouve son comte, & qu'apparamment il en doive faire mieux son profit. Mais puisque les belles lettres, dont nous parlons, & selon qu'elles sont ordinairement entenduës, ont une affinité avec toutes les sciences, & qu'elles se mêlent presque toûjours avec elles, ne fût-ce que pour leur servir d'ornement, que quelques-unes ne rejettent pas; considérons-les en gros, & dans cette *Encyclopedie* des Grecs, pour voir si apparamment les autres professions de la vie telles qu'est celle des Finances & des autres qui ouvrent le chemin à s'avancer dans la Cour des Souverains, doivent être negligées pour s'attâcher entierement à ces belles Lettres, qui ont tant de charmes propres à nous y retenir, & à nous faire méprifer toute autre étude.

Et parce que les livres, & les compositions des hommes savans, donnent les plus commodes moiens que nous aions, pour acquerir cette connoissance literaire, dont nous parlons, & qui rend si considérables ceux, qui la posfedent, voions, s'il y a lieu de s'en promettre tout l'avantage, que beaucoup de personnes y pensent trouver, soit pour le contentement qu'elles peuvent donner même en les acquerant, soit pour la gloire, qui semble inseparable de leur profession.

On ne doute point, que la Grammaire ne soit la porte par où il faut passer, pour avoir quelque commerce avec toutes les sciences; mais on peut dire qu'elle l'est particulierement des belles Lettres, que nous considérons ici, puisque le Grammairien des Grecs n'est rien que l'homme lettré des Latins, ni la Grammaire des premiers selon Quintilien, que la Literature des Romains, avec distinction, que [l. 2. Institut. c. 1.] comme il y avoit des *Grammatici* & des *Grammatistæ* l'on distinguoit de même *inter Literatos & Literatores, quod illi absolute, hi mediocriter docti essent*, dit Suetone au quatriéme chapitre des Illustres Grammairiens. Cependant, c'est si peu de chose qu'un pur Grammairien, que, pour bien parler, il ne faut pas discourir trop grammaticalement, d'où vient la maxime de Quintilien, *aliud Grammatice, aliud Latine loqui*. Et de fait on reconnoit tous les jours, & à toute heure, la vérité de cet ancien proverbe, *purus Grammaticus, purus asinus*. La plûpart des Grammairiens ressemblent à ces monnoies rognées, qui n'ont point de lettres, & ils font selon l'allufion que fait fur eux Sextus l'Empirique, *Grammatici, agrammati, feu illiterati.* Nous voions des Puriftes (puifqu'on leur a impofé ce nom) fi deftitués de bonnes penfées, que le langage de nos bifaieuls, comme ils l'affaifonnoient, feroit plus à eftimer que le leur. Marc Varron faifoit autrefois la même plainte dans une de fes Satyres en ces termes, *Avi & Atavi noftri cum allium & cæpe verba eorum olerent, tamen optime animati erant.* En effet, c'eft le cœur bien plus que la langue, qui nous rend diferts, & le mérite des chofes, que nous exprimons eft fans comparaifon plus important, que le choix des mots, ou même que leur arrangement, encore que cela ne fe doive pas abfolument negliger. Epicure foutenoit dans ce fentiment, que la Nature feule nous pouvoit rendre éloquens, & jamais l'Art foit des Grammairiens, foit des Rhéteurs, *folam effe Naturam quæ orationem recte inftituat, artem autem nullatenus.* Les Arabes ont un proverbe à qui je donne volontiers le même fens, quand ils prononcent, que le prix de l'homme eft fous fa langue, ce qui recommanderoit apparamment fon beau difcours; mais deffous: c'eft à dire dans fon interieur, & dans les bonnes pen-

*l.* 10. adv. Gram.

V. Gaff. l. 8. de vita Epic. c. 3.

fées dont il s'explique. Souvent nous voulons mieux parler que ceux, qui nous ont précedé, & il se trouve, que dans un sens moins à priser, nous ne différons que par la nouveauté d'un jargon autre que le leur, *dum volumus esse meliores veteribus sumus tantum dissimiles.* Je dirai encore ce mot en faveur de certains styles, qui paroissent négligés, mais qui sont pleins de nerfs, & qui couvrent des sens, qu'on ne sauroit trop estimer, qu'ils ressemblent aux terres remplies au dedans de riches métaux, & qui donnent de l'or abondamment, quand on les fait fouiller, encore qu'elles méprisent apparamment la production des fleurs, dont les autres terres font toute leur recommandation. Quoi qu'il en soit, la Grammaire ne nous donne rien d'avantageux, puisque les préceptes de ses Professeurs sont presque tous différens, & leurs plus belles regles sujettes à mille exceptions, qui composent en toutes langues leurs *Heteroclites*. Il y a plus, c'est que l'amusement qui s'y prend est si peu serieux, qu'il semble indigne d'un homme capable de s'occuper à quelque chose de mieux, n'étant de saison, il me semble, que dans nos premieres années; ce qui a fait dire à Seneque dans sa trente sixiéme épitre, *Turpis & ridicula res est Elementarius senex.*

Z v

Tibere ne l'étoit-il pas ridicule & inepte tout à fait, pour user du terme de Suetone parlant de lui, quand il s'informoit avec attention de quelques Grammairiens, qui étoit la mere d'Hecube, quel nom avoit pris Achille lors qu'il étoit mêlé parmi les filles de Lycomede, & avec quelles chansons les Sirenes charmoient les oreilles de ceux, qui les écoutoient. Peut-on avoir trop de mépris pour de certains Critiques, qui sont néanmoins des Héros parmi les Grammairiens, quand ils se vantent de voir dans des auteurs, ce que personne n'y trouve qu'eux, *putant que sub omni, quot aiunt, lapide Scorpium latere*. Le Grammairien Nicanor trouvoit tant de corrections à faire sur tous les livres, qu'il en fut surnommé *Stygmatias*, parce qu'ils étoient pleins de ses ratures, comme d'autant de stygmates, lors qu'ils sortoient de ses mains. La meilleure & la plus importante leçon, qu'on puisse tirer de toute la Grammaire, c'est peut-être celle, qu'on y fait prononcer aux Enfans avant toute chose, je veux dire cet adorable signe de nôtre salut, la Croix de par Dieu, qui précede leur Alphabet. Car comme ils ne peuvent rien apprendre, s'ils ne croient qu'un A est un A, & ainsi des autres lettres, sans s'opiniâtrer au contraire; tous les Arts ont be-

in ejus vita art. 70.

foin de la même foûmiffion, jufqu'à la plus haute Théologie. C'eft ce qui fait dire à Théodoret dans fon fermon de la Foi, qu'il y arrive la même chofe, qu'aux Mathématiques pures, où fi l'on ne tombe d'accord qu'un point eft impartible, & qu'une ligne eft une longueur fans largeur, jamais on ne peut devenir bon Géometre. Ainfi l'on peut conclure généralement, qu'après nos plus longues & nos plus profondes études, il en faut revenir à la Croix de par Dieu, qui en a fait le commencement. Sans cette docilité d'efprit nous ne faurions nous demêler de tant de difputes, qui naiffent de mille différentes opinions, n'y aiant prefque point de tête, qui n'ait la fienne particuliere, *quot capita, tot fenfus*. C'eft ce qui fait, que les plus ignorans fe plaifent fouvent dans leur opiniâtre ignorance, parce qu'ils y trouvent mieux leur comte, femblables aux Taupes, qui demeurent volontiers fous terre, où les ténebres les contentent plus que la lumiere d'enhaut.

L'art des Rhéteurs femble être celui, qui tire le plus de profit de tous les foins, que prennent les Grammairiens, & néanmoins c'eft fi peu de chofe, que le métier des premiers, qu'on n'en voit point qui foit rempli de si fréquentes & de surprenantes contradictions. Les plus renommés Orateurs qu'ils aient formé, ont été repris par d'autres, qui se sont moqués de leur Eloquence. Cela ne peut être mieux prouvé, que par ce que rapporte Aulu Gelle d'un Gallus Asinius, & d'un Largius Licinius, qui accusoient Ciceron de s'être très mal expliqué, ou pour reciter ses

l. 17. c. 1. propres termes, *Ciceronem parum integre, atque improprie, atque inconsiderate locutum.* Je sai bien qu'il les compare à ceux, qui ont eu de mauvaises opinions des Dieux Immortels, parce qu'ils ont attaqué celui, qu'on reconnoit pour le Dieu de l'Eloquence Romaine. Mais après tout, que peuvent faire les plus grands Rhéteurs, qu'apporter des couleurs pour persuader & pour vaincre ceux, à qui ils ont affaire; puisque ce sont là les deux fins qu'ils se proposent dans toutes leurs entreprises. Cependant ces couleurs, dont ils se servent, ont ordinairement cela de commun avec celles de l'Arc en Ciel, qu'elles ne trompent toutes deux, que les yeux ou les oreilles des ignorans. Cela est si véritable, qu'on donne souvent des éloges à un Avocat disert, bien qu'il ait perdu sa cause; & qu'au contraire l'on blâme quelquefois celui, qui l'a gagnée. J'avoüe, que les plus habiles d'entre ceux de cette profeſſion étant preſque toûjours recherchés & emploiés aux affaires douteuſes ou même deſeſperées, ce peut être la raiſon, qui les fait ainſi ſuccomber. De grands hommes néanmoins ont attribué leur malheur à l'art, dont ils ſe ſervent, qui met toute ſa force au langage ou aux paroles, ſans ſe ſoucier beaucoup des choſes, qui ſont ſans doute bien plus importantes. C'eſt en uſer contre le précepte de Pythagore, qui obligeoit à prendre plus de plaiſir avec les Muſes, qu'avec les Sirenes; c'eſt à dire, ſelon l'interprétation de Clement Alexandrin, lib. 1. Strom. d'eſtimer plus les bonnes choſes, que les belles & agréables ſimplement. Galien s'en eſt expliqué en ces termes, *tunc cœpere homines res ſuas contemnere, cum nimis curioſe ad nomina controverſias traduxerunt.* Il l'a fait après Platon, qui a ſouvent repeté cet axiome, *rebus ditiores eſſemus, ſi verba contemneremus.* Auſſi fait-on, que ceux de Crete chaſſèrent les Rhéteurs de leur Iſle, comme firent depuis les Romains de leur ville, dont nous avons l'Edict en forme dans le premier chapitre du Traité de Suetone des excellens Profeſſeurs de Rhétorique: Et le Philoſophe Sextus, que j'ai déja cité ajoûte, que les Ephores firent punir dans Sparte un jeune homme, qui avoit appris l'art Oratoire hors de leur cité, dans laquelle on n'eût ofé l'enfeigner. Et certainement s'il y a lieu où l'on doive apprehender ce métier de declamer, c'eft fur tout *in alea Iudiciorum*, qui eft le lieu, où, comme parle Quintilien, *quam facili momento caufæ facta vertuntur*. Cela fait nommer à Epicure dans Ammien Marcellin l'exercice des plaidoiries κακοτεχνίαν. Et je me fouviens d'avoir vû appliquer à un, qui y réuffiffoit au préjudice de beaucoup d'innocens, ces vers du Poëte Latin,

declam.1.

l. 30.

*Tu potes unanimes armare in prœlia fratres,*

*Atque odiis verfare domos, tu verbera tectis*

*Funereafque inferre faces; tibi nomina mille,*

*Mille nocendi artes.*

l. 7. Æneid.

Enfin, généralement parlant, on fait, que le Prince de l'Academie a mis la Rhétorique entre les Arts, qui fervent à la volupté, & qu'il l'a comparée au métier des Cuifiniers, qui favent rendre agréables à manger les alimens mêmes, qui font de mauvaife nourriture. C'eft felon cette comparaifon, qu'on difoit du tems des Antonins de ce Paufanias de Céfarée, qu'il étoit un fort mauvais cuifinier,

Voff. de hift. gr. l. 2. c. 14.

qui assaisonnoit mal d'excellentes viandes, parce qu'à la façon des Capadociens, il faisoit courtes les syllabes longues, & longues les courtes, encore qu'il s'expliquât d'assez bonnes choses. En vérité, autre doit être la façon de parler d'un Orateur, & autre celle d'un Philosophe, ce dernier ne se pouvant exprimer trop Laconiquement. Cela fait dire à Seneque, *non verbis sed sensibus serviamus*, & l'oblige à finir une de ses lettres par ce conseil qu'il donne à son ami, *summa ergo summarum hæc erit, tardiloquum te esse jubeo*. Il vouloit, que les paroles de son Sage se rapportassent à ses actions, & que toutes les deux fussent frappées à même coin, *omnia dicta factaque ejus una forma percussa sint*. Ainsi, comme l'austerité de sa vie devoit être exemplaire, ses discours ne devoient rien tenir de l'éloquence libre & diffuse des Orateurs. L'un deux qui parloit beaucoup, & avec une facilité merveilleuse, fut raillé en ces termes, qu'il faisoit voir la fausseté de cette étymologie, *labia à labore*, ses levres n'étant jamais lasses de discourir. Il n'en est pas ainsi des propos d'un Philosophe, qui a son éloquence à part, selon laquelle il ne laisse pas d'être Orateur aussi bien que Platon, quand même il se moque des Orateurs, comme lui dans son Gorgias. J'avouë, qu'il y en a d'autres, qui à l'exemple de Chrysippe affectent de parler par pointes & sechement, la frugalité leur plaisant en toutes choses, & en paroles autant qu'au reste de la vie. Un d'entre-eux protestoit, que s'il lui eût été possible, il n'eût parlé que par monosyllabes, tant il croioit un discours étendu & oratoire indigne de sa profession. Il eût souhaité, que toutes ses dictions eussent fait des sentences selon l'allusion Grecque τὰ ὀνόματα νοήματα. Telle fut autrefois l'éloquence des Gaulois, qui par le témoignage de Caton n'avoient en recommendation, que la guerre, & le parler aigu, mettant toute leur étude en ces deux choses, *pleraque Gallia duas res industriosissimè persequitur, rem militarem, & argutè loqui.* Tant y a, que la diversité des sentimens opposés les uns aux autres touchant l'éloquence, montre bien que l'art des Rhéteurs, non plus que celui des Grammairiens, qui composent la plus célèbre partie des belles lettres, ne sont pas si importans, qu'il faille mépriser le reste pour s'y adonner préferablement à toute autre occupation. J'ajoûterai pour preuve de cette diversité, qui se trouve dans l'art de bien dire, un seule remarque, prise de la rélation recente du Pere Marini touchant le Roiau-

*l. 2. Origin.*

# SCEPTIQUE. 369

Roiaume de Tunquin, que non seulement ceux du païs qui parlent en public ne remuënt jamais les mains, mais qu'à leur imitation les Peres mêmes de la Mission, quand ils prêchent, tiennent leur main dans la manche sur la poitrine, se contentans de parler pour être favorablement écoutés. Souvenons-nous là-dessus de ce que nous apprend Demosthene dans une de ses Oraisons pour recommander la modestie des Orateurs, que la statuë de Solon qui étoit dans Athenes, avoit sa main envelopée sous sa robe. Cela est bien contraire aux regles que donnent les Rhéteurs sur le sujet de l'action oratoire, & de l'éloquence de toute la personne. Orat. de falsa legat.

Au lieu de nous porter à un pareil examen des autres sciences, renvoions au livre, qu'a fait Agrippa de leur vanité, ceux qui en voudront être plus particulierement informés, & contentons-nous de remarquer après Aristote, que comme il y a des Arts nommés sordides, parce qu'ils sont nuisibles au corps, dont ils corrompent les forces & la beauté; beaucoup de sciences, telles, que la Logique, pleines d'entraves & de tortures d'esprit, doivent être reputées illiberales, parce qu'elles l'embarassent, & lui font tant de peine, qu'il perd ce qu'il avoit de plus généreux & de plus 8. Politic. c. 2.

élevé. En effet, comme l'on a dit, que le Jeu des Echets n'étoit pas assez jeu, parce qu'il faisoit trop de peine à l'esprit, on peut soutenir aussi, que la Dialectique mérite d'être blâmée, ou même fuïe *navigatione quam velocissima*, avec toutes ses Modales, & ses argumens Indiens, ou cornus, *argumenta Chrysippea ne ab ipso quidem dissoluta*. Certes on peut bien s'écrier à leur sujet, comme l.7. c. 40. Pline sur celui de la félicité humaine, *vana mortalitas, & ad circumscribendum seipsam ingeniosa!* Nous ne sommes jamais plus spirituels, qu'à nous tromper par ces sophisteries Logicales, dont l'on ne sauroit trop se moquer, ni les rejetter avec trop de mépris. Cependant il se trouve des personnes si infatuées des artifices, dont nous parlons, qu'ils osent dire, que la Nature n'a fait que commencer l'homme, & que la Logique seule l'acheve de perfectionner, en lui donnant les moiens de se servir de sa raison. Pour moi, je pense, que c'est un grand avantage de renoncer à de telles bagatelles, & je souscris volontiers à l'opinion de celui, qui a écrit, *vt quædam amisisse lucrum, sic quædam nescire scientia est*; il y a des pertes, qui tournent à profit, & des ignorances de quelques choses, qui sont plus à priser que toute la connoissance, qu'on en peut prendre. Ce n'eſt pas, que je condanne abſolument ce qui s'enſeigne dans les Colleges, ni que je veüille injurier du mot de pédanterie tout le jargon de l'Ecole. Ce qui s'appelle Pédanterie dans ſa ſignification abuſive quoi qu'ordinaire, eſt un vice d'eſprit plûtôt que de profeſſion, puis qu'il y a des Pédans de toute robe, & de toutes conditions, depuis la Pourpre juſqu'à la Bure & au Droguet, ou depuis le Cordon bleu incluſivement, juſqu'au moindre chaperon doctoral; dequoi nous nous ſommes expliqués aſſez amplement ailleurs. Mail il faut avoüer, qu'il y a bien des choſes à retrancher dans les études les mieux conduites; & il faut tomber d'accord, que nous y faiſons ſouvent état de pluſieurs choſes, que nous commettons avec grand ſoin à nôtre mémoire, dont l'oubli nous ſeroit fort avantageux. Les ſavans doivent auſſi reconnoitre ingenument, que cinq ou ſix auteurs Grecs ou Latins, & ſur tout les premiers, ſont les maitres de ce qu'ils poſſedent de connoiſſance, les ſciences dont ils ſe glorifient ſi extraordinairement dépendant d'eux abſolument, & des decrets qu'ils leur ont laiſſés, dont ils ſont preſque toûjours conſcience de ſe départir. Le Chancelier Baccon leur dit plai- nat. phil. 322.

famment là deſſus, que le petit cerveau d'une demie douzaine de perſonnes, renferme toutes leurs richeſſes, & tout ce qu'ils croient les devoir tant faire eſtimer ; *itaque videtis divitias veſtras eſſe paucorum cenſus, atque in ſex fortaſſe hominum cerebellis ſpes & fortunas omnium ſitas eſſe.* O la grande ſimplicité, de croire, que les Belles Lettres ſoient à la France, ce qu'étoit le Nil à l'Egypte, qui tenoit de lui, & tient encore aujourd'hui toute ſa fertilité. Et l'inſupportable arrogance des hérétiques, qu'on nommoit Gnoſtiques, qui ſe vantoient, que leur Intelligence égaloit celle de Dieu dans la pénétration de toutes les cauſes premieres & naturelles. On leur pouvoit dire à juſte titre, & le répéter encore aujourd'hui à leurs ſemblables, s'il s'en trouve, ce que Feſtus reprochoit iniquement à l'Apôtre en préſence du Roi Agrippa, *multæ vos literæ ad inſaniam adducunt*, les trop grandes lumieres, que vous penſés avoir acquiſes dans les livres, vous aveuglent, & portent vôtre eſprit juſques dans la démence. Paſſons outre.

act. ch. 26.

La Phyſique, qui ſe ſert ſi agréablement de tout ce que les Belles Lettres ont de plus précieux, mérite dans nôtre deſſein, qu'on la conſidére un peu, après la Rhétorique, dont elle ne méprife pas fouvent les ornemens, non plus que la Métaphyfique, qui ne différe guéres de la Phyfique, fi l'on donne à celle-ci toute l'étenduë, qu'elle peut recevoir. Mais encore que nôtre ame ne puiffe prendre un plus digne objet, après celui de fon Dieu, que celui de la Nature, dont la contemplation donne à l'efprit le plus grand repos & la plus grande fatisfaction, qu'il foit capable de recevoir, quand il l'envifage toute entiere, & telle, qu'on fe la repréfente fouvent, confonduë avec fon auteur, par cette feule & barbare diftinction de l'Ecole, *inter Naturam naturantem, & Naturam naturatam*. Si eft-ce qu'on y trouve tant d'épines parmi fes rofes, & tant d'impoffibilités à concilier les différentes opinions, dont eft remplie la Phyfiologie, que toute parée qu'elle eft d'élegantes défcriptions, pour ne rien dire de fes prétenduës definitions, nous fommes toûjours contraints d'avouer, ou nôtre peu de pénétration & de connoiffance, ou d'accufer d'erreur la nature même dans fes operations, *dum rerum naturam*, dit Ciceron au cinquiéme livre de fes Tufculanes, *quam errorem noftrum damnare malumus*. Il eft certain, que pour fauver l'axiome générale d'Ariftote, que cette excellente Nature ne fait rien en vain, rien de superflu, ni d'extravagant, ὄ τε παρίεργον οὐδὲν, ὄτε μάτην ἡ Φύσις ποιεῖ, nous nous embaraſſons ordinairement dans des difficultés inſurmontables, qui font confeſſer aux plus ingenus la même choſe de toute la Nature, qu'a prononcée Saint Auguſtin de la matiere ſeule, qu'on ne la connoit qu'en l'ignorant, & que plus on penſe la connoitre, plus on l'ignore, *ignorando cognoſci, cognoſcendo ignorari*. En effet, quelqu'un ne s'eſt peut-être pas mal imaginé, qu'à cauſe que nôtre entendement eſt d'une ſubſtance égale & uniforme, il préſuppoſe dans les ouvrages de la Nature plus d'égalité & plus d'uniformité, qu'il n'y en a. C'eſt ſur ce fondement qu'on a inventé des figures certaines, tantôt ſphériques, tantôt pyramidales, ou coniques dans les Elemens, qui n'y ont peut être nul rapport. La même choſe ſe doit dire de preſque toutes les certitudes des Mathematiques, qu'on a voulu introduire dans la Phyſique, contre le ſentiment d'Ariſtote, qui a condanné ce procedé ſi expreſſement au chapitre dernier du ſecond livre de ſa Métaphyſique en ces termes, *certitudinem Mathematicam non oportet in cunctis quærere, ſed in iis, quæ non habent materiam, quare non eſt naturalis modus, tota enim Natura*

l. 4. de part. ani. c. 13.

l. 12. Confeſſ. c. 5.

dont elle ne méprise pas souvent les ornemens, non plus que la Métaphysique, qui ne diffère guéres de la Physique, si l'on donne à celle-ci toute l'étendüe, qu'elle peut recevoir. Mais encore que nôtre ame ne puisse prendre un plus digne objet, après celui de son Dieu, que celui de la Nature, dont la contemplation donne à l'esprit le plus grand repos & la plus grande satisfaction, qu'il soit capable de recevoir, quand il l'envisage toute entiere, & telle, qu'on se la représente souvent, confondüe avec son auteur, par cette seule & barbare distinction de l'Ecole, *inter Naturam naturantem, & Naturam naturatam*. Si est-ce qu'on y trouve tant d'épines parmi ses roses, & tant d'impossibilités à concilier les différentes opinions, dont est remplie la Physiologie, que toute parée qu'elle est d'élegantes déscriptions, pour ne rien dire de ses prétendües definitions, nous sommes toûjours contraints d'avouer, ou nôtre peu de pénétration & de connoissance, ou d'accuser d'erreur la nature même dans ses operations, *dum rerum naturam*, dit Ciceron au cinquiéme livre de ses Tusculanes, *quam errorem nostrum damnare malumus*. Il est certain, que pour sauver l'axiome générale d'Aristote, que cette excellente Nature ne fait rien en vain, rien de superflu, ni d'extravagant, ὅ τε παρίεργον οὐδὲν, ὅτε μάτην ἡ Φύσις ποιεῖ, nous nous embarassons ordinairement dans des difficultés insurmontables, qui font confesser aux plus ingenus la même chose de toute la Nature, qu'a prononcée Saint Augustin de la matiere seule, qu'on ne la connoit qu'en l'ignorant, & que plus on pense la connoitre, plus on l'ignore, *ignorando cognosci, cognoscendo ignorari*. En effet, quelqu'un ne s'est peut-être pas mal imaginé, qu'à cause que nôtre entendement est d'une substance égale & uniforme, il présuppose dans les ouvrages de la Nature plus d'égalité & plus d'uniformité, qu'il n'y en a. C'est sur ce fondement qu'on a inventé des figures certaines, tantôt sphériques, tantôt pyramidales, ou coniques dans les Elemens, qui n'y ont peut être nul rapport. La même chose se doit dire de presque toutes les certitudes des Mathematiques, qu'on a voulu introduire dans la Physique, contre le sentiment d'Aristote, qui a condanné ce procedé si expressement au chapitre dernier du second livre de sa Métaphysique en ces termes, *certitudinem Mathematicam non oportet in cunctis quærere, sed in iis, quæ non habent materiam, quare non est naturalis modus, tota enim Natura*

l. 4. de part. ani. c. 13.

l. 12. Confess. c. 5.

*forte habet materiam*. N'étoit-ce pas plaifamment rencontré à Platon de vouloir expliquer, quelle étoit la nature de l'Ame, par cette definition qu'elle eft un nombre, qui fe meut de lui-même, *numerum feipfum movens*, comme fi toute l'Arithmetique & toute la Géometrie nous pouvoient, phyfiquement parlant, contenter là deffus. Certes la plûpart des Philofophes modernes fe font vraifemblablement fort mécomtés en ceci, quand ils ont voulu rendre toute la Phyfique affervie à des Demonftrations évidentes, comme tirées des Mathematiques, qui ont des regles comme l'on peut croire bien différentes des fiennes. Une bonne partie des Anciens ne nous ont fouvent guéres mieux inftruits, dans leurs Phyfiques même les plus renommées, & qui ont eu le plus de cours. Car qui peut fe vanter fidelement de comprendre leur jargon, lors qu'il porte, que la matiere premiere n'eft rien actuellement, mais feulement par puiffance; que la forme fe tire de cette puiffance de la matiere; & que la Privation eft un principe phyfique de toutes chofes, à peu près comme fi l'on difoit, que la lumiere eft produite des ténebres, & le fens de la vuë, de l'aveuglement. Encore fi les uns & les autres avoient pû s'accorder ensemble; mais il n'y a rien de plus opposé que le sont leurs sentimens. Ceux qui ont fait la Terre la plus basse des Elemens, l'ont encore considérée comme la plus pesante. D'autres, qui lui ont donné une différente assiette, soutiennent sa légereté être telle, que plus un corps contient en soi de terre, plus il est léger, faisant une grande distinction entre la Terre pure ou Elementaire, & celle que nous foulons aux pieds, qui est mêlée avec des corps étrangers, d'où vient, qu'elle paroit selon eux toute autre qu'elle n'est. On pourroit même montrer par induction, en examinant séparément le systeme de chaque Philosophe, qui a fait secte & bande à part, qu'ils étoient fort souvent contraires à eux mêmes. Les Atomes qu'Epicure ramassa dans les jardins de Democrite, ont été admirés par une infinité de grands esprits; cependant le seul nom d'Atome, qui veut dire un corps insectile, ou qui ne peut être partagé, renversoit le fondement de cette philosophie, puisqu'il ne peut y avoir de corps naturel sans quantité, & que toute quantité est partageable. Palingenius s'en est expliqué ainsi dans sons Zodiaque;

*Quid si Atomi, quas nonnulli finxere so-* in Libra.
*phorum,*
*Sunt animæ potius quam corpora, corpora*
*namque*
*Omnia sunt quanta.*

Mais comme de semblables examens feroient longs à faire, outre qu'assez de personnes s'y sont amusées avant moi; disons seulement, qu'encore que la Physiologie se vante d'être la science de la Nature; elle est néanmoins si peu compréhensible, & par consequent si peu utile, qu'encore qu'Hippocrate, un des plus attentifs à la considérer, l'ait nommée au sixiéme livre des maladies Epidemiques, savante d'elle-même & sans précepteur, *sine doctore magistram;* si est-ce que le même Hippocrate, & son grand disciple Galien ont souvent varié là-dessus, l'appellant tantôt savante, & tantôt ignorante. Lorsque Lucrece lui donne le titre de Dédale,

- - *Naturaque Dædala rerum,*

il la recommande plûtôt pour sa diversité, & pour ses admirables artifices, que pour son infaillibilité. Et Pline son excellent historien avouë au quatriéme chapitre de son dernier livre, qu'il ne faut pas toûjours chercher la raison de ce que fait la Nature, & qu'il faut se contenter de reconnoitre ce qu'elle a voulu

Aa v

faire *non quærenda in omni parte Naturæ ratio, sed voluntas.* C'est pourquoi dans la Préface de son septiéme livre, il avouë ingénument, qu'encore qu'on se soit imaginé, qu'il n'y a rien dans le Monde, qu'elle n'ait produit en faveur de l'homme, il y éprouve néanmoins tant de choses contraires, qu'il seroit difficile de décider, si cette Nature doit être contemplée pour sa bonne Mere plûtôt, que pour sa Marâtre, *ut non sit æstimare parensne homini, an tristior noverca fuerit.* En vérité elle a sa conduite bien différente de celle, que nous lui voudrions prescrire, & ses fins apparamment sont toutes autres que nous ne nous les figurons; *sui juris rerum natura est, nec ad leges humanas componitur,* dit très-bien Seneque dans une de ses Controverses. Selon cela Aristote observe, que jusques dans la production des Plantes l'on y a remarqué des defauts, comme autant de péchés de la Nature. Et l'on a écrit, que cet Alphonse Roi de Castille, qui étoit si excellent Mathématicien, blasphemoit contre Dieu, trouvant, qu'il n'avoit pas fait le Monde assez accompli, & blâmant sur tout la fabrique de l'homme. Il ne faut point douter, que ce ne soit porter criminellement l'impieté trop avant. Mais il y a grande apparence, que si nous donnions à nôtre

l. 2. Physic. c. 8.

esprit des mouvemens concentriques à l'Univers, pour parler avec Baccon, & que nous lui fissions faire des révolutions entieres autour du Monde, sans nous arrêter aux moindres de ses parties, nous penserions de la Nature bien autrement, que nous ne faisons. Et peut être donnerions-nous dans le sentiment de Campanella, que la seule découverte du nouveau Monde nous devroit obliger à une nouvelle philosophie, *novi Orbis inventioni novam deberi philosophiam.* Si l'Amerique nous y fournissoit le sujet de philosopher autrement, que nous n'avons fait jusqu'ici; les découvertes vers le Levant, & du côté des Poles ne nous partageroient pas moins le raisonnement. Nous verrions un lieu à la Chine où tous les roseaux qui naissent ici ronds, sont produits de forme carrée. Nous y verrions un Oiseau, qui volant l'Eté sur les montagnes, se jette à la fin de l'Automne dans la Mer, & devient poisson. Nous y admirerions encore une montagne, dont toutes les pierres grosses & petites sont sans exception quadrangulaires. Et nous ne serions pas moins étonnés d'y voir en quelques provinces semer des huitres sur des chams couverts d'eau, après en avoir rompu & cassé les écailles par morceaux, qu'on jette comme l'on fait ici le bled sur nos guérets. Or pour ne rendre pas ce chapitre plus étendu, & fans aller voiager fi loin, confidérons feulement les divers vifages de la Phyfiologie. Aven Pace, Alpharabius, & Averroës, ont foutenu que le centre du Monde étoit au plus haut des Cieux. Selon un Fofcarin, le Soleil par fon éloignement du Ciel empirée eft le vrai lieu de l'Enfer. Par le Telefcope de Galilée l'on s'affure entre autres chofes, qu'il ne pleut point dans la Lune; ce qui doit être ajoûté à la Selenographie qu'on nous a donnée depuis peu. Je ne fai par quel moïen le métallique Paracelfe a pû découvrir dans les Cieux ces hommes, qu'il nomme Tortoleos & Pennates, dont perfonne n'a parlé que lui. Mais fi cela eft difficile à comprendre, la Phyfique ordinaire ne publie-t-elle pas des effets naturels prefque auffi étonnans? L'on a écrit, qu'on n'a jamais vû d'Araignée aux hales de la ville d'Ypre, ni jamais de Mouche dans le Palais de Venife; non plus que dans le Refectoir de l'Abbaie de Maillezais; une feule fe laiffant voir toutes les années dans la grande Boucherie de Tolede en Efpagne.

- - - *Credat Iudæus Apella,*
*Non ego.*

J'aime mieux au lieu de m'alambiquer le cerveau sur la recherche des causes, qui peuvent produire de tels effets, me renfermer dans cette pensée, que Dieu & la Nature dont il est le Créateur, se plaisent quelquefois à se cacher, afin qu'on les cherche, *gloria Dei est celare verbum*. Cela est si vrai, que Nôtre Seigneur, étant en terre, n'expliquoit pas toûjours ses pensées de telle sorte, que tous l'entendissent bien. Ainsi sur le sujet du Mariage, aiant parlé de trois sortes d'Eunuques dans St. Mathieu chapitre dix neuviéme, il ajoûte, m'entende qui pourra, *qui potest capere, capiat*. Et ce jeu, dont je viens de dire un mot, & qui paroit être semblable à celui des Enfans, ou des jeunes mariées, ne laisse pas de convenir encore de quelque façon aux Physiciens, qui veulent trouver les causes de tout ce qu'opere la Nature, & à qui je laisse le soin de cela, parce qu'il est la plûpart du tems inutile.

Après la Physique l'ordre des études place immediatement la Médecine, *ubi definit Physicus, incipit Medicus*. Cela m'oblige d'y faire quelque petite réflexion d'autant plus volontiers, qu'à dire la vérité il n'y a point aujourd'hui de profession, où les Belles Lettres paroissent avec plus d'éclat, que dans celle

Arist. l. de sensili cap. 1.

qui reconnoît Hippocrate pour son Génitutelaire. Je parle ainsi, parce qu'encore qu'Apollon fût tenu par les anciens pour l'inventeur de la Médecine, & son fils Esculape pour l'avoir amplifiée, ils ne laissoient pas de croire qu'Hippocrate l'avoit portée à sa perfection. Aussi ont-ils écrit, qu'un Essein d'Abeilles s'étant placées sur son sepulcre, elles y faisoient du miel, dont guerissoit les ulceres & les apostumes. Il étoit si jaloux de l'honneur de sa profession, qu'aiant un frere, qui portoit le beau nom de Sosandre, qui veut dire, sauvant les hommes, bien qu'il ne se mêlât que de guerir les chevaux *arte veterinaria*, Hippocrate lui dit, *vel nomen muta, vel artem dedisce*, qu'il changeât de nom, ou qu'il fit un autre métier. Cela me fait souvenir de la plainte, dont use quelqu'un de ce que lui même, qui choisit ordinairement pour son cheval le meilleur marechal, se contente quelquefois d'un charlatan pour remedier à ses propres infirmités. L'on conte de même, pour se railler de l'Ecole de Galien, qu'un marechal refusa l'argent qu'un Médecin lui vouloit donner pour avoir traité son cheval malade, par cette raison, que ceux d'un même métier ne doivent rien prendre les uns des autres. Cardan a fort bien sçû réléver la Médecine contre ceux, qui la vouloient ainsi déprimer, quand il répond à Scaliger, qu'en Italie les gages d'un Dialectitien ou d'un Métaphysicien, n'étoit que de vint écus, mais que ceux d'un Médecin alloient pour le moins à six cens écus, & passoient souvent les mille. En vérité il peut y avoir de l'excès à trop priser cet art, témoin ce Ménecrates Médecin de Syracuse, dont Agesilaus se moqua si bien, & qui prit le nom de Jupiter s'égalant à lui, parce qu'il faisoit de belles cures, & ne prenoit point d'argent. Mais l'on ne peut dénier à cette profession, que des Rois mêmes ne l'aient exercée, y aiant eu dans les premieres dynasties des Egyptiens plusieurs Rois Médecins. Alexandre, dit Plutarque, l'aprit d'Aristote, & l'exerça même à l'avantage de ses amis. Mithridate Roi du Pont, & un Evax Roi d'Arabie du tems de Neron, ont excellé en cette science. Et l'on a interpreté la fable d'Hercule, quand il guerit & resuscita Alceste en faveur de son mari Admet, qu'il affectionnoit, de ce que cet Héros la tira du peril d'une maladie mortelle, par la grande connoissance qu'il avoit de la Médecine. Ceux, qui prennent plaisir à invectiver contre elle, se servent sur tout des jugemens non seulement différens, mais de plus opposés les uns

act. in Scalig.

Suidas tom. 2. p. 132.

Muret. var. lect. l. 8. c. 23.

aux autres, qu'on remarque tous les jours, entre fes plus habiles Profeſſeurs. Hippocrate même a reconnu pour bon le fondement de cette inſtance, quand il a dit, *Diſſenſiones Medicorum inter ſe, dubiam & incertam inſtar Haruſpicinæ reddunt Medicinam* Un ſeul entre une infinité d'exemples, ſuffira. Fracaſtor a ſoutenu dans ſa Siphilis, qu'il n'y avoit que l'homme entre tous les animaux, qui fût ſujet au mal de la Verole. Scaliger au contraire tient cela ſi faux, qu'il dit au ſixiéme livre de ſa Poëtique avoir vû un Chien, qui prit cette maladie, pour avoir léché les emplâtres de ſon maitre qu'on traitoit alors de cette miſerable & honteuſe infirmité. Et ſi ce qu'a écrit Ariſtote au chapitre vintquatriéme du huitiéme livre de ſon hiſtoire des Animaux eſt vrai, que le Cheval, & le Pourceau reſſentent quelquefois toutes les maladies qui travaillent les hommes, il s'en ſuit infailliblement, qu'il n'y en a aucune, qu'on doive maintenir nous être particuliere, quoi que celle dont nous parlons ne fût pas encore connuë du tems de ce Philoſophe. Tous les Médecins ſe railleroient, ſi on leur parloit de mettre un pauvre febricitant pour le guerir dans de l'eau froide: Une Rélation recente m'apprend, que les Mengreliens, & les Abcaſſes leurs voiſins,

l. de Diæt. acut.

fins, vers la partie Orientale du Pont Euxin, tiennent ce remede excellent, de mettre ceux, qui ont la Fiévre dans de l'eau la plus froide qu'on trouve, où deux hommes les tiennent plongés. C'étoit l'opinion de ce grand Hippocrate au rapport de Seneque, *fœminis nec capillos defluere, nec pedes laborare*, que les femmes n'étoient travaillées ni de la pelade, ni de la podagre. Le contraire s'eſt vû depuis lui en Fauſtine, que Dion Caſſius, fait perir du mal de la Goutte, & il ſe remarque encore en nos jours. Le Philoſophe Latin excuſe le Grec autant qu'il peut, attribuant ce changement aux mœurs corrompuës des Dames Romaines, comme un autre que moi pourroit faire à celles d'ici: *Quid ergo mirandum eſt*, dit-il, *maximum Medicorum, ac Naturæ peritiſſimum, in mendacio prehendi, cum tot fœminæ podagricæ, calvæque ſint? beneficium ſexus ſuis vitiis perdiderunt, & quia fœminam exuerunt, damnatæ ſunt morbis virilibus.* Si eſt ce que Famianus Strada nous fait voir au premier livre de ſon hiſtoire, Marguerite fille de l'Empereur de Charles Quint, travaillée des Gouttes comme un homme, qui n'a pourtant jamais été diffamée des diſſolutions, dont Seneque s'eſt plaint. De ſemblables contradictions pourroient s'étendre

ep. 95.

presque à l'infini, si l'on vouloit en faire l'énumeration.

Contentons-nous de considérer en suite le procedé différent, dont usent les Galenistes. Petrarque remontroit à un Médecin de ses amis, qu'il avoit tort de faire parade de son Eloquence dans l'exercice de sa charge, *herbis enim non verbis opus est*, ou comme parloit un autre, *gramine, non carmine*. Et cela est conforme à cette sentence Grecque écrite il y a si long tems,

Ἰατρὸς ἀδόλεσχος νοσοῦντι πάλιν νόσος,
*Medicus garrulus laboranti rursus morbus est.*

Cependant les plus grands causeurs, & ceux qui savent le mieux babiller au chevet du lit des malades, sur tout à celui des Dames, sont presque toûjours les plus emploiés, les autres demeurant la plûpart du tems sans pratique. La premiere finesse de ces importuns parleurs est, comme le leur reprochoit autrefois le Poëte Grec Mimnermus, de faire en toute occasion les maladies plus dangereuses, qu'elles ne sont, afin d'acquerir de la reputation, soit que le patient succombe, soit qu'il guerisse, au premier cas de bon jugement, au second d'habilité dans la cure. Et véritablement quand on a feint qu'Esculape étoit fils d'Apollon, ç'a été fans doute pour fignifier, qu'un Médecin doit être fort clairvoiant, de même que fon Dragon, & le Coq qu'on lui immoloit, marquoient fa vigilance néceffaire. C'eft fur cela qu'eft fondé l'Epithéte, qu'Efchile dans fes Eumenides donne au même Apollon de ἰατρόμαντις *medico-vates*, n'y aiant rien qui faffe plus valoir la Médecine, que quand elle ufe bien de fes conjectures ou prognoftiques. Il faut mettre au même rang fon addreffe à bien choifir le tems de fes operations, puifque le Lycée la definie ἐπιστήμην καιροῦ ἐν νόσῳ, une fcience de l'occafion aux maladies. Mais après tout il fe trouvera toûjours, que fes aphorifmes, & fes axiomes les plus prifés, font pleins d'incertitude, & varient felon les fujets, qui ne font prefque jamais femblables, parce que le dedans des hommes, pour qui ils font leurs ordonnances, eft encore plus différent, que leurs vifages, qui ont fi peu de rapport les uns aux autres. Ainfi le Poëte a eu raifon de prononcer,

*Eripit interdum, modo dat Medicina falutem,* l. 2. Trift.

après avoir dit,

*Nil prodeft, quod non lædere poffit idem.*

Cela vient, felon la doctrine de Philoponus, de ce que l'accord & le temperament des humeurs faisant la santé, il la faut considérer separément & diversement selon les sujets, ce qui cause la santé du Lion dans ce mélange, produisant la maladie d'un Homme, *quia compositio qualitatum & humorum, quæ in leone est sanitas, in homine morbus est.*

A propos du Lion, qui croiroit, qu'un animal pût passer tout son âge dans une fiévre continuë; On l'a dit pourtant du Lion ou du moins selon Pline & Aristote, qu'il ressentoit toûjours un dégout analogue à la fiévre; comme si la Nature avoit voulu par là rendre moindre sa trop grande & trop violente ferocité, qui a donné lieu à ce mot ordinaire des Italiens, *ben sta la quartana al Leone;* car la fiévre quarte fut autrefois nommée par les Phythagoriciens, *filia Saturni, ob tarditatem & malignam contumaciam.* Quoi qu'il en soit, Varron a donné aux Chevres la même fiévre continuë; l'on a écrit la même chose de Mécenas, & Petrarque assure, qu'un Médecin de ses amis avoit un fils, jeune homme ou *adolescens* comme il l'appelle, que la fiévre n'abandonna jamais ni jour ni nuit, son pere lui tatant le poux en tout tems exprès pour s'en assurer. Cependant ce grand mal de la fiévre, sans lequel on a crû, que personne ne mouroit, s'excite par art en quelques maladies

ep. 1. l. 2.
rerum
senil.

froides & humides, & la Nature l'envoie quelquefois comme un remede. Il y a plus, les maximes sont si peu certaines là dessus, qu'on a vû mourir de maladie des personnes sans fiévre; & le Garde des Sceaux Molé s'étonnoit peu de tems avant son trépas, de se sentir passer sans l'avoir, de cette vie en l'autre. Que se peut-on promettre d'une profession, qui fait sa gloire de combattre & de surmonter toute sorte de maux, si la santé s'acquiert souvent par eux, selon l'observation de Sextus l'Empirique au chapitre second du troisiéme livre de ses Hypoteses Pyrrhoniennes, ὑγίειαν περιποιοῦσιν αἱ ἀλγηδόνες, *sanitatem efficiunt dolores ac ægritudines;* surquoi il établit un des puissans moiens de sa Sceptique. Le chaud est ici apprehendé en tems de peste, en Syrie les premieres grandes chaleurs la font cesser, un feu éteignant l'autre, & ce qui entretient le mal aux regions temperées, le faisant là finir. {Besson 2. Part. de sa Syrie sainte.}

Tout ce que dessus n'empêche pas, qu'on ne doive avoir toûjours devant les yeux le précepte de l'Ecclesiastique, d'honorer le Médecin, non seulement à cause qu'il est souvent nécessaire, mais encore parce qu'il tient son Art de Dieu, qui le lui a enseigné, & qui lui fournit tous les médicamens, qu'il emploie, *Altissimus creavit de terra medicamenta, & vir* cap. 38.

*prudens non abhorrebit illa.* Je prétens feulement qu'on peut trop deferer à la Médecine fi l'on s'y attâche avec excès; & qu'encore que fes Profeffeurs foient fort habiles & très confidérables par les Belles Lettres qu'ils cultivent avec autant de foin que pas un de ceux, qui paffent pour gens d'étude, ils ne laiffent pas d'être fouvent charlatans, & de fe trouver eux-mêmes trompés dans leurs propres infirmités, s'ils tiennent leur fcience exemte d'une infinité de mécontes, & autre que conjecturale. Cardan le favoit bien, qui n'a pas laiffé de mettre Galien de Pergame entre les douze perfonnages, qui ont fait paroitre le plus de fubtilité & de pointe d'efprit dans le Monde. Et quoi qu'il ne lui ait attribué que l'onziéme lieu entre eux à cet égard, il ne laiffe pas d'être des plus recommandables en folidité de raifonnement. Si eft-ce qu'on affure, qu'un Empirique de fon tems, contre lequel il a fait beaucoup d'invectives, réuffiffoit mieux que lui dans fes cures, & guerisfoit fans comparaifon plus de malades, que ce docte antagonifte. Cela montre clairement quel cas on doit faire de la plus favante Médecine.

<small>Huarte. exam. de ing.</small>

Comme l'on dit, que Galien fait avoir les richeffes à fes fectateurs, l'on veut auffi que

Justinien, qui a si bien mérité de la Jurisprudence, soit le distributeur des honneurs, par la multitude des grandes charges, qu'occupent seuls les gens de cette profession. Les Espagnols les nomment par antonomasie, ou par excellence *Letrados*, parce qu'encore que ce mot s'entende quelquefois de tout homme de lettres, si est-ce, dit Huarte, que quand on dit seulement *fulano es letrado*, un tel est lettré, cela s'entend de celui, qui est Jurisconsulte. Il n'y auroit donc point d'apparence, qu'un discours fait sur les Belles Lettres, ne dit mot de ceux, qui en font une particuliere profession. Nous venons de considérer la Medecine, pourquoi nous tairions nous de la science des Loix, qui a cet avantage sur la premiere, que la santé de l'Ame, qui vient de la Justice, est préferable de beaucoup à la santé du corps, que l'autre se vante de donner. Avec tout cela, sans parler de ceux, qui ont nommé après Simonides cette Justice *furatoriam quandam facultatem*, & qui n'ont rien reconnu de juste, *nisi quod esset potentioribus commodum aut utile*, il faut avoüer, que la Jurisprudence, qui enseigne toutes ses Ordonnances, est si peu de chose, qu'un Empereur Romain menaça ses Professeurs, que quand l'humeur lui en prendroit, avec un Edit il ren-

exam. de ingen.

Caligula.

verseroit toute leur science, voulant dire, que par de nouvelles loix il faudroit qu'ils prissent des maximes bien différentes de celles, qu'ils enseignoient. Ciceron a exercé sa raillerie, où il excelloit, contre les Jurisconsultes dans son oraison pour le Consul Muræna, d'une façon, qui ne peut être trop estimée. Non content d'appeller tout leur art *verbosam simulationem prudentiæ*, de faire voir qu'ils n'étoient du commencement que des faiseurs d'Almanacs & de Fastes, dont le plus grand savoir alloit à donner avis des jours qu'on pouvoit plaider, & faire des poursuites judiciaires, *a quibus etiam dies tanquam a Chaldæis petebantur*; il leur déclare, que nonobstant ses grandes occupations, il ne veut que trois jours pour devenir excellent Jurisconsulte, *si mihi homini vehementer occupato stomachum moveritis, triduo me Iurisconsultum esse profitebor*. Et parce qu'il avoit affaire à un Servius Sulpicius, le plus estimé de ce tems là dans le Droit Romain, il prend plaisir pour servir à sa cause, de le ravaler infiniment au dessous des Orateurs, puisqu'il n'y avoit que ceux, qui ne pouvoient parvenir à l'être, qui s'amusassent à cette science du Droit; usant de cette jolie comparaison, *ut ajunt in græcis artificibus, eos aulædos esse qui citharædi fieri non po-*

*tuerint ; sic nonnullos videmus , qui oratores evadere non potuerunt, eos ad juris studium devenire.* Remarquons à ce propos le mot de Sextus le Sceptique, qu'il n'y a rien de plus contraire aux loix, que la Rhétorique, qui perdoit celles des Athéniens, au lieu que parmi les barbares les loix se voioient presque immuables & bien mieux observées que chez les Athéniens, qui avoient les meilleurs Orateurs de la Grece. Il rapporte même, comme un autre Orateur de la ville de Bisance répondit hardiment à ceux, qui lui demandoient, si les loix de sa ville étoient bien entretenues, qu'elles l'étoient comme bon lui sembloit, parce qu'il les faisoit ploïer par son éloquence où il vouloit. Ce n'est pas que Sextus prétende qu'on doive abolir toutes les loix, puisqu'il rapporte au même lieu, qu'après la mort d'un Roi de Perse, l'on étoit cinq jours sans les observer, afin que ses sujets apprissent pendant ce petit espace de tems, les malheurs qui arrivent à ceux, qui negligent ces mêmes loix, & qu'ils se rendissent par cette considération plus affectionnés à leurs Monarques, qui en sont comme par tout ailleurs les gardiens. Car ils sont nommés les loix vivantes, non pas seulement pource qu'ils ont la puissance de les faire, mais encore parce qu'en

l. 2. adv. Math.

les obſervant volontairement eux-mêmes, ils les font ſubſiſter beaucoup mieux par leur exemple, que par toutes les voies de rigueur & de contrainte. Ceux qui en uſent autrement à l'imitation de Sylla, qui faiſoit de très-belles loix ſomptuaires ſans s'y ſoûmettre, dit Plutarque dans la vie de ce Dictateur, & ſans en garder pas une ; ceux-là, dis-je, ſe trouveront toûjours fort loin de leur comte, & ne feront jamais ſi bien obeïs que les premiers. Bias ſelon cela prononce dans le banquet des ſept Sages, qu'Amaſis ſera parfaitement heureux, s'il défere le premier de tous aux loix qu'il établira. Tant y a qu'il eſt certain que la Juſtice étant l'ame d'un Etat, il faut, comme Platon l'a très bien ſoutenu, que l'Etat periſſe, ſi cette Juſtice s'en ſepare, qui n'y peut arrêter ſans ceux qui la maintiennent, & qui ſont, après le Souverain, ſes Magiſtrats, interpretes des loix, & ſavans en Juriſprudence. Et néanmoins, ſi le Magiſtrat, & l'homme de robe longue, comme nous parlons, ne protege que mercenairement la cauſe & le droit de ceux, qui ont recours à eux, l'on ſoutient aſſez probablement, que le Soldat, & le Gentilhomme, qui défendent au prix de leur ſang le pupille & la veuve, la Patrie & la Réligion, méritent beaucoup mieux du public que les premiers, & leur sont préferables en plusieurs façons si la chose est bien examinée. Ce qui se fait par interêt, & en se considérant soi même, dit Aristote, n'est pas proprement Justice, qui a cela de particulier entre toutes les Vertus, qu'elle est un bien étranger ἀλλότριον ἀγαθόν, d'où il tire encore cette maxime, que le point le plus important d'un Etat, c'est que personne n'y puisse profiter dans les charges & magistratures, qui s'y exercent. C'étoit la pensée du Legislateur des Juifs quand il écrivit, *Non accipies munera, quæ etiam excœcant prudentes, & subvertunt corda Iustorum*; & ailleurs, *Xenia, & dona excœcant oculos Iudicum*. Et selon ce sentiment Suidas nous apprend, que Pericles conseilla aux Athéniens d'emploïer à la Marine l'argent, qui se donnoit inutilement aux Juges & aux Orateurs. Quand les Avocats n'ont des plumes, que pour voler, que les Etudes des Procureurs & des Notaires se peuvent mieux appeller des boutiques, où se vendent tous les jours mille parties, & que les Sergens, qu'on emploïe dans le cours des instances, se montrent pires que des Chiens, puisque ceux-ci se contentent de lécher les plats & le reste de la vaisselle, là où ceux-là l'emportent tout avec ce qu'ils peuvent attraper sans remission; n'y a-

l. 5. Eth. ad Nico. c. 1. & c. 8.

Exod. c. 23.

Eccles. c. 2. tom. 2, p. 496.

t-il pas raison de dire qu'il n'y a point de Goujats d'armée, qui les passent en méchanceté?

Mais laissons ce qu'il y a de plus odieux en cette matiere, & considérons seulement ce qui partage souvent les esprits dans l'ordre judiciaire. Les uns veulent, qu'on se tienne précisément aux termes de la loi: les autres qu'on s'en départe quelquefois, & qu'on régarde plûtôt l'intention du Legislateur que ses paroles, parce qu'il arrive des cas, qu'il n'a pû prévoir, ni mettre dans sa constitution. Cela est cause qu'on a préféré l'Arbitre, qui juge selon l'équité, au Juge, qui s'attache à la lettre du Droit écrit. Et sans mentir, toutes les loix étant faites pour le bien public & de l'Etat, ce seroit quelquefois une pure folie de les suivre si exactement, que cela tournât au desavantage de ce même Etat, &, comme parle Ciceron, *quod scriptum esse Reipublicæ salutis causâ, id non ex Reipublicæ salute interpretari.* Les uns sont pour l'égalité des punitions quant aux personnes, parce que les peines doivent sans distinction être proportionnées aux crimes. D'autres veulent, qu'on traite plus favorablement le patriote que l'étranger, d'où vient, qu'on battoit avec du sarment le soldat Romain, & celui qui ne l'étoit pas avec d'autre bois; de sorte que la Vigne,

*Arist. l. 1. Rhet. c. 13.*

*l. 1. de Invent.*

au rapport de Pline, *etiam in delictis pœnam* l. 14. c. 1. *ipsam honorabat.* Galba fit élever & blanchir le gibet à un bourgeois Romain, *quasi solatio, & honore aliquo pœnam levaturus*, selon la pensée du Suetone, ou peut-être par la même raillerie, qu'un Roi de Danemarc, aiant appris, que dans une troupe de voleurs il y en avoit un de sang Roial, ordonna que par privilège on lui donnât le plus haut gibet. Platon par un autre principe veut, que le citoïen soit plus puni que l'esclave, à cause que celui-ci n'est pas vraisemblablement si bien informé que l'autre; qui est une raison propre à rendre infirmes toutes les précedentes. La loi Grecque châtie plus le dol, que la force; la Romaine au contraire vange plus severement la force que le dol. Si vous soûtenés, que la punition doit toûjours être proportionnée à la faute; l'on vous opposera celle de Promethée, qui pour avoir présenté à Jupiter, comme en se joüant, des os frottés de graisse au lieu de bonne viande, se vit attâché sur le Caucase, & exposé à la faim perpetuelle d'un Vautour impitoiable. Le Berger roial Pâris ne méritoit-il pas un grand & promt châtiment, & la cause de Menelaus n'étoit-elle pas la plus juste de monde? Les Dieux néanmoins se trouvèrent partagés là dessus, & Ju-

*Suet. in Galba, c. 9.*

piter même n'y determina rien, laissant faire aux Destinées ce qu'elles avoient arrêté dans un différent, où le parti d'Hector le mieux fondé en apparence, succomba aussi bien que sa personne sous celui du victorieux Achille. Voilà comme il semble que le Ciel même ait une autre Jurisprudence, que celle de la Terre, si non au point de la différence des opinions, qui ne s'accorde nulle part. Pourrions-nous approuver ici la formalité judiciaire, qui se garde en Moscovie, de donner la question ou torture premierement à l'accusateur, pour voir, s'il persistera en son accusation, & puis à l'accusé, si la chose, dont il est question, est demeurée douteuse. Combien y a-t-il de personnes, qui sont persuadées, que pour faire réussir une chose juste, il n'y a point de moiens, qui soient injustes. Cependant cela est absolument opposé au précepte de ne faire jamais un mal sur le prétexte d'en vouloir faire réussir un bien. La sentence du Pape Innocent, *quod a multis peccatur inultum est*, citée pour bonne par Pierre Damien dans Baronius, est improuvée par diverses personnes comme très inique, dautant que les crimes de plusieurs s'étendant bien plus loin que ceux des particuliers, méritent comme plus grands & plus importans d'être le mieux & le plus prom-

*Olearius l. 3.*

*l. 9. Annal. p. 186.*

ptement reprimés. Concluons, qu'une si grande diverſité de ſentimens, qui regnent par toute la Juriſprudence, ſont plus propres à faire trouver bonne la penſée du vieil Caton, qu'on devroit paver de chauſſetrapes tous les Tribunaux où s'exerce le métier de la Juſtice diſtributive, qu'à faire eſtimer un Art, où nonobſtant les Belles Lettres, qui s'y mêlent, & qui l'embelliſſent, il ſe trouve tant d'incertitude, & tant de contrarietés, que je ne veux pas en pourſuivre le diſcours davantage.

Que ſi toutes ces occupations ſtudieuſes, d'où les Belles Lettres tirent leur plus grande recommandation, comme de leur côté celles-ci ſont le principal ornement des premieres; ſi dis-je elles ne ſont pas capables de donner un ſolide & aſſuré contentement à l'eſprit, ne doit-il pas chercher ſes avantages ailleurs? & le ſentiment de Lipſe & de Scaliger n'eſt-il pas ſoutenable, quand ils préferoient les autres emplois utiles à la vie, à tout ce que l'Etude & les Muſes ont de plus charmant? Certes il n'en revient ordinairement que des infirmités corporelles, cauſées par une trop aſſiduë application ſur les livres, & des chagrins, qui ne manquent jamais d'affliger l'ame, quand elle ſe voit fruſtrée de la fin qu'elle s'étoit propoſée de ſavoir, au lieu dequoi elle n'acquiert des lumieres trompeuses, & qui ne sont bonnes qu'à lui faire remarquer son ignorance. En effet je ne vois que deux choses, qui puissent aucunement flatter la peine, que prennent les hommes vraiement studieux; l'une, qu'ils contractent une habitude à s'entretenir avec leurs livres, & quelquefois avec eux-mêmes, qui les delivrent des inquietudes, dont tant d'autres personnes sont agitées, quand elles ne savent que faire, ni à quoi, selon leur jargon ordinaire, passer ou couler le tems. *Turbam rerum hominumque* *desiderant, qui se pati nesciunt.* Les gens qui suivent la Cour, de quelque condition qu'ils soient, ceux de la plus haute assiette autant que les autres, ne manquent guéres d'éprouver ces dégouts, qui les jettent dans des inégalités d'esprit les plus ridicules du monde, pour le moins m'ont-elles souvent fait rire, & avoir pitié d'eux tout ensemble. L'autre chose, qui est en quelque façon la recompense des longues & laborieuses études, c'est qu'après les avoir faites, elles donnent le moien de mériter de la posterité, en lui faisant part de ce qu'on y a reconnu de plus remarquable, qui aboutit presque toûjours à un aveu plein d'ingenuité; que plus on y pénetre, plus on s'apperçoit de la vanité de toutes les sciences humai-

*Sen. praef. l. 4. natur. qu.*

humaines, dont il n'y a guéres, que les plus ignorans, qui faffent beaucoup de parade. Sans mentir, il revient une joie bien grande, bien pure, & bien innocente, de fe voir en quelque forte dans la fonction de Précepteur du genre humain, en communiquant à ceux, qui nous fuivront les inftructions, qui peuvent leur être utiles, dans une carriere où tant de perfonnes s'égarent, & où elles perdent inutilement, faute d'une fidelle conduite, les plus belles journées de leur vie. Ceux, qui la courent le moins malheureufement, feront toûjours obligés de confeffer, qu'ils font infiniment redevables aux bonnes leçons, qu'ils ont reçuës de leurs dévanciers, quand ils ont pris la peine de les leur laiffer par écrit. N'eft-on pas obligé d'ufer, quand on le peut, du même bienfait envers ceux, qui viendront après nous, & qui fans doute le reconnoitront avec un reffentiment obligeant, s'ils ne font les plus ingrats du monde? Comme cette reconnoiffance ne peut être refufée que par de prefomtueux Plagiaires, auffi eft-elle, à la bien confidérer, la plus digne recompenfe, & la plus glorieufe, qu'on puiffe efperer. Le premier des fept Sages Thales Milefien la crut bien telle, car il ne demanda point d'autre paiement à celui, qu'il avoit inſtruit des choſes du Ciel, ſinon qu'il avouât librement tenir ſa ſcience de lui, & qu'il ne s'en dit point l'auteur. Apulée s'eſt tenu obligé de prononcer là deſſus. *Pulchra merces prorſum, ac tali viro digna, & perpetua.*

in Florid.

Et puiſque cela s'exécute par le moien des compoſitions, qui ſe donnent au public, arrêtons-nous un peu à conſidérer l'uſage de tant de livres à qui l'on fait ſi ſouvent voir le jour. Déja l'on ne ſauroit nier, qu'on ne reſſente quelquefois de certaines antipathies à l'égard de quelques-uns, comme il y a des averſions naturelles pour des alimens, ou pour des perſonnes, dont on ne peut preſque ſupporter la vuë.

Martialis.

*Non amo te Sabidi, nec poſſum dicere quare:*

*Hoc tantum poſſum dicere, non amo te.*

Au contraire de cela il y a des livres, dont le ſeul titre charme d'abord. Aulu Gelle parle de l'inſcription d'un, miſe par ce Grammairien Ælius Meliſſus, qui étoit en quelque eſtime parmi ceux de ſa profeſſion, bien qu'il fût en effet de petit talent, & comme il dit, *majore in literis jactantia & σοφιςείᾳ quam opera.* Tant y a que ce livre donnoit d'abord une extrême envie de le voir, parce que *titu-*

l. 18. c. 6.

# SCEPTIQUE. 403

*lus erat ingentis cujufdam illecebræ ad legendum.* Cependant Aulu Gelle nous assure, qu'il ne contenoit rien, qui meritât ni l'écriture d'un Auteur de nom, ni le souvenir d'un Lecteur. Il faut éviter autant qu'on le peut d'être pris pour duppe de la sorte, par une infinité de titres trompeurs, que nous voions tous les jours, & qui promettent beaucoup plus qu'ils ne donnent. Ils sont semblables à ces hôtes d'Italie, qui pour faire entrer chez eux assurent d'abord, qu'ils sont pourvûs de tout, quoi qu'après qu'on y est descendu l'on n'y trouve presque rien, sinon assez souvent des ordures, qu'on seroit très aise de n'y avoir pas rencontrées.

Ce n'est pas sans sujet, que le Grammairien Callimachus assure dans Athénée, qu'un grand livre n'est pas un petit mal. On en voit de très gros, qu'on peut dire fort semblables à cet Oiseau aquatique, que les Latins après les Grecs ont nommé *Larus*; qui a si peu de corps, que lui aiant ôté les plumes il n'en reste quasi plus rien. Si vous retranchés aux livres dont je parle, après les choses inutiles à leur sujet, ou méprisables d'elles mêmes, celles, qu'ils ont volées par un crime de plagiaire, vous les reduirés, aussi bien qu'autrefois ceux de Chrysippe, presque à la carte blanche. Saint Basile compare joliment leurs auteurs aux femmes adulteres, qui donnent à leurs maris des enfans, qui ne sont pas venus d'eux, de même que ceux-ci débitent impudemment les travaux d'autrui pour être de leur cru, imposant aux Lecteurs, & leur faisant voir des ouvrages presque tout dérobés, comme s'ils en étoient les véritables peres. Je tombe d'accord qu'on peut se servir des pensées, & même des textes de ceux, qui ont écrit avant nous, cela s'est pratiqué dans tous les siécles, & ne peut être justement repris en celui-ci, pourvû que ce soit avec reconnoissance, & en les citant, ou que le larcin soit fait industrieusement à la Spartiate sans qu'il y paroisse, de façon qu'on n'en puisse être convaincu. Car on doit se moquer de certaines personnes, qu'on voit se vanter d'avoir un esprit, qui engendre, & qui fait ses productions de lui-même sans l'aide d'autrui, ne pouvant souffrir les moindres citations des Anciens. Que de telles gens sachent, qu'on tient la génération être une chose trop facile & trop commune pour en tirer tant de vanité, principalement quand elle est malheureuse, & qu'elle ne fait voir que des monstres. Mais que de resusciter aucunement les morts, en citant leurs écrits de bon-

*epist. ad Greg. Theol.*

ne grace, & en contribuant du sien pour les illustrer & faire valoir; c'est une espece de miracle, qui ne peut être trop estimé, & qui peut faire soutenir que dans un discours il arrive quelquefois par le moien des citations bien emploiées, ce qui se voit dans la Réligion, où l'on a dit de tout tems que les ossemens faisoient plus de merveilles que les corps animés.

Il se trouve des écrivains si scrupuleux, pour ne pas dire si ridicules, qu'ils s'abstiennent de tous les mots, quoi qu'expressifs & nécessaires, quand ils font la moindre allusion à d'autres, qui offensent leurs delicates oreilles. Le Sabath des Sorciers ne leur permettra jamais de dire, qu'un cheval s'abat, ni en Latin *cum nos* en deux syllabes, à cause que dans la prononciation il semble qu'on n'en fasse qu'une, ou selon eux que l'on profere *cunnos*. Je me suis raillé après Ciceron de ces badines observations dans le Traité de l'Eloquence Françoise. A la vérité vous diriés que le même Orateur Romain reconnoi-troit quelque pudeur en ces termes de *fente* ou *division, vocemque intercapedinis & divisoris formidare ut Ithyphallicam*. Mais c'est en se raillant avec son ami Papirius Pætus, car par tout où l'occasion s'est présentée il n'a

l. 9. ep. 22.

point feint de nommer aussi bien que les Stoïciens chaque chose par son nom. En effet, il y a des héréfies dans les sciences, & particulierement dans la Rhétorique, de même que dans la Théologie. Quelle bizarerie, qu'il ne faille pas dire en Latin *coævus*, dont Ciceron n'a pas fait difficulté de se servir, & qu'on doive lui substituer celui de *æqualis*, parce que le premier mot, qui répond au σύγχρονος des Grecs, paroit être derivé *à coeundo*, bien que cette étymologie soit très fausse. J'avouë pourtant que l'honnêteté requiert, qu'on s'abstienne de certaines dictions, qui portent nécessairement à des pensées sales & impures. Scaliger se fût bien passé de prononcer au mépris de Lipse, *quam multum est habere famam? Lipsius crepitum edit, admirantur omnes*. Car encore qu'il me souvienne bien, que Seneque attribuë à quelque élegance le mot de son Demetrius, *eodem loco sibi esse voces imperitorum, quo ventre redditos crepitus:* Et quoi que l'observation d'Origene me revienne aussi à la mémoire, *quosdam fuisse Ægyptios qui venerarentur ventris crepitus*, ce Pere n'aiant pas hésité à faire cette belle remarque dans un livre aussi serieux comme l'est son cinquiéme contre Celsus. Je crois pourtant que le mieux est,

[marginalia: Schottus. / cp. 92.]

quand rien n'y oblige, de ne point parler de ces vents sales & honteux, qui témoignent l'impureté de nôtre nature. Une statuë Egy- Casalius. ptienne d'Harpocrate le représentoit aiant la figure des parties genitales sur la tête, & le doit sur sa bouche, pour signifier qu'on ne peut trop réligieusement garder le silence à l'égard des choses lascives, ni trop éloigner son discours ni ses paroles de tout ce qui a du rapport aux voluptés. Que si Macrobe l. 1. Saa eu raison d'attribuer de la saintété à ce pré- turn. c. 7. cepte, qu'il nomme philosophique, de parler aux hommes comme si les Dieux nous écoutoient, & à ces derniers, comme si tous les hommes nous entendoient; qui ne croira pas être de son devoir, d'éloigner tous ses propos de ce qui peut porter l'imagination sur des objets, que l'honnêteté veut être tenus cachés, & de tout ce que la civilité condanne comme indécent?

Beaucoup de personnes prennent la licence dans leurs livres, sur le prétexte d'invectiver contre les vices, de les faire voir presque à nud, les décrivant trop patetiquement, & avec des circonstances qui enseignent bien plus le mal qu'elles n'en détournent. En effet, il arrive souvent ce que dit Pline, qu'une narration est une leçon, *qui narrat docet.*

Certes il en faut dire la même chose, que Galien a prononcée au second livre des Antitodes, qu'il peut y avoir de la malignité lors qu'on décrit des poisons, & qu'on rapporte tous les mauvais effets des venins; *pravi esse hominis de venenis scribere, quia magis instruuntur mali, quorum infinitus est numerus quam juventur probi.* Un Ecrivain qui se plait dans une narration odieuse, témoigne en quelque façon qu'il ne la condanne pas assez. Mais quoi, il est difficile à la plûpart de ceux, qui mettent la main à la plume, de se garantir d'un certain chatoüillement d'écrire, qu'Horace diffame de ce vilain mot *cacoëthes*. Et comme parloit Caton, il leur est aussi impossible de se commander là dessus, qu'à un galeux de se frotter, à un yvrogne de boire, où à un homme que la léthargie attaque de dormir; *nunquam tacet quem morbus tenet loquendi, tanquam veternosum bibendi atque dormiendi.* L'Italien donne une bonne regle sur cela, quoi qu'il se dispense assez souvent de la pratiquer, *in materia di lussuria si puo creder tuto, ma dirne nulla.* Nôtre humanité est capable par son infirmité, de tomber dans toute sorte de desordres; mais au moins devons-nous observer cette maxime, de n'en dire jamais rien, quand nous ne le saurions faire sans pè-

In fragm.

cher contre la civilité par des difcours deshonnêtes.

Il fe trouve encore affez de gens, qui ne confidérent guéres dans les livres que l'élegance ou la beauté du ftile. Et véritablement comme l'efprit eft l'ornement de l'homme, l'éloquence auffi eft la lumiere & la beauté de l'efprit. Mais parce que cette éloquence n'eft pas uniforme, celle d'Athenes étant bien plus étenduë, que celle de Sparte, & la façon de s'exprimer dont ufe Ciceron plus diffufe que celle de Tacite ou de Sallufte, les génies font partagés là-deffus, & quelques-uns fe plaifent à l'abondance du langage, les autres lui préferant celui, qui eft plus concis, qu'ils comparent à de la monnoie d'or, à caufe qu'elle contient en peu d'efpace un prix beaucoup plus confidérable, que n'eft celui des autres metaux. Tant y a que dans une même excellence Demofthene fe voit beaucoup plus preffé, que l'Orateur Romain ; & l'on a dit du premier, qu'on ne pouvoit rien ôter à fon difcours fans lui faire tort, ni rien ajoûter à celui de Ciceron, qu'on ne lui préjudiciât infiniment: Les ouvrages du premier paroiffent avoir plus d'étude, ceux du fecond davantage de naturel: *Demofthenes denfior, Cicero copiofior; illi nihil detrahi poteft, huic nihil addi; curæ plus in illo, in hoc naturæ.* Ce feroit l'emporter fur ces deux grands hommes, fi l'on pouvoit dire de quelque autre, qu'il feroit impoffible d'alonger fes periodes, ni de les abreger, fans rendre fon ouvrage moins agréable, & moins accompli.

La maniere de s'expliquer librement, avec étenduë, & facilité, eft accufée de n'être pas ordinairement fi correcte, & fi l'on peut ufer de ce mot, fi châtiée, que l'autre, qui dans fon abbreviation eft toûjours fur fes gardes, & qui dans un examen rigoureux congédie & les penfées qu'elle trouve fuperfluës, & les termes, quelque élegans qu'ils foient, fi elle croit s'en pouvoir paffer. Les Hébreux ont eu un proverbe qui lui étoit fort contraire, quand ils ont dit, qu'où il y avoit beaucoup de paroles, fouvent il s'y trouvoit peu de fens ou de jugement, *ubi verba funt plurima, ibi frequenter egeftas.* L'on veut auffi, que ceux, qui parlent beaucoup & fort à l'aife, contractent une habitude à parler improprement, & moins jufte, ou correct, que les autres, *dicendi facilitas, bene dicendi affert difficultatem,* Enfin, quoi que l'impertinence fe trouve quelquefois dans tous les ftiles, l'on foutient qu'étant bien plus frequente dans le grand ba-

Prov. c. 14.

bil, il vaudroit mieux se taire, que de s'y abandonner, par la regle, *melius est imperitum silentium, loquaci imperitia.* Ceux parmi les Anciens, qui faisoient profession de cette éloquence subite & non prévuë qu'ils nommèrent *extemporalem eloquentiam,* étoient sujets à ce defaut de dire bien des choses peu à propos, & qu'une censure legitime pouvoit corriger. Aussi a-t-on comparé, ce qui venoit d'eux, à ces fleurs, qui s'ouvrent & se flétrissent en un même jour; ou à ces petits animaux, qui naissent sur le fleuve Hypanis, & qui ne voient jamais deux Soleils consecutifs, tant ils sont de courte vie. C'est ce qui obligea le Rhéteur Aristide de faire cette ré- Philostr. ponse hardie à l'Empereur Marc Antonin, qui in vitis. le pressoit de haranguer sur le champ, *non sum è numero vomentium,* je ne suis pas du nombre de ceux qui rendent gorge plûtôt qu'ils ne parlent, quand bon leur semble.

Quant aux autres, qui dans une opposition contraire à ceux-ci, pensent ne pouvoir jamais être trop courts, ils n'échapent guéres à l'inconvenient qu'on leur reproche d'être si obscurs, que leur éloquence, si elle peut être ainsi nommée, rebute tout le monde. Car quelle peine est égale à celle de se voir reduit à rêver au bout de chaque periode, pour trouver quel doit être le sens de celui, qui ne s'explique qu'à demi, & en termes souvent si peu intelligibles, qu'on est contraint d'abandonner une lecture, qui donne trop de travail à l'ésprit, comme l'on dit que fit Saint Augustin, ne pouvant comprendre quelque Satyre de Perse,

Οὐδὲ γὰρ ῥᾷςον ἀῤῥήτων ἐπέον πύλας
ἐξευρεῖν:
*Haud enim facile occultorum verborum portas invenire.*

in Pæanibus. comme s'en expliquoit autrefois Bacchilides au rapport de Théodoret dans son discours sur la Foi. Quelques-uns de ces ténébreux Ecrivains n'ont pas difficulté de m'avoüer, qu'ils n'étoient pas fâchés d'être tels, parce qu'on étoit contraint de lire leurs compositions avec plus d'attention; ce qui fait, qu'on les retient mieux, outre qu'assez de personnes estiment davantage ce qu'ils n'entendent pas si aisément, se figurant d'importans mysteres où l'auteur, qui les occupe n'a pas pensé, comme il arrive presque toûjours, que les choses paroissent dans l'obscurité plus grandes & souvent toutes autres, qu'elles ne sont. Ces gens-là doivent être persuadés, qu'il est de leurs ouvrages comme de ces perles, dont parle Pierre Martyr Milanois, au chapitre dixiéme de sa troisiéme Decade du nouveau Monde. Il assure, que les plus grosses & les plus estimées se trouvent au fond de la Mer, les mediocres un peu au dessus, & les moindres de toutes quasi sur le haut de l'eau; *majores margaritas jacere profundius, mediocres altius, minimas in supercilio.* Seneque a dit à peu près la même chose des méteaux, *levium metallorum fructus in summo est, illa opulentissima sunt, quorum in alto latet vena, assidue plenius responsura fodienti.* Cependant il n'en est pas de même des productions de l'esprit, qui ne sauroient plaire si elles ne sont d'une facile intelligence, & dont la briéveté, avec sa compagne ordinaire l'obscurité, sont presque insupportables. En effet la Nature ne nous aiant donné la langue & la parole, ni l'art d'écriture fourni la plume qui leur sert de truchement, que pour nous faire entendre; il semble que ce soit faire la guerre à cette même Nature, & s'opposer à ses loüables desseins, de nous mal expliquer, quand nous discourons soit d'une vive voix, soit par écrit de telle sorte, que nous ne pouvons être bien entendus. Je sai bien que ceux, qui en usent ainsi, cherchent leur excuse dans le langage des Dieux qui étoit presque toûjours incomprehenſible. Mais outre que le Ciel a ſes raiſons bien différentes des nôtres, & que les Oracles ne devoient être compris, ni les Propheties être entenduës que par peu de perſonnes; il n'y a point d'apparence de ſe ſervir de ce prétexte, vû que les plus grands faiſeurs de galimatias, & les plus inſupportables écrivains dans leur jargon racourci & ténébreux, ne laiſſent pas de ſoutenir, qu'ils s'entendent fort bien, & même, qu'ils doivent être entendus de tous ceux, qui ont, diſent-ils, de bonnes oreilles. Et néanmoins; ou ils ont *cognobiliorem cognitionem*, comme parloit Caton au ſixiéme livre de ſes Origines, ou ils ſe font accroire ce qui n'eſt pas, à la façon de ceux, qui penſent voir ce qui n'a d'exiſtence, que dans leur imagination. Cela n'empêche pas, que ſi la penſée de Solon eſt véritable, & que nos diſcours ſoient l'image de nôtre ame, ou des actions, qu'elle eſt capable de produire, *ſermonem eſſe imaginem factorum*, εἴδωλον τῶν ἔργων, ce qui répond au mot de Democrite, que nous aprenons de Plutarque, λόγος ἔργου σκιὴ, *ſermo eſt actionis umbra:* Cela n'empêche pas, dis-je, qu'on ne puiſſe aſſez raiſonnablement préſuppoſer une mauvaiſe & defectueuſe conformation de cervelle, en ceux, qui s'expli-

tract. de educ. lib.

quent si malheureusement, qu'ils ne peuvent être entendus.

Je n'ai nul dessein de parler de quelques-uns qui dans des matieres chatoüilleuses, ou qui sont d'elles-mêmes difficiles à comprendre, ne sont pas entendus de tout le monde. Quand un excellent homme se sent obligé de parler autrement que le vulgaire, il ne sauroit plaire au vulgaire, quoi qu'il ne laisse pas d'avoir beaucoup de mérite. Il ne faut pas non plus condanner les auteurs sur de petites bévuës, qu'on est obligé de donner à l'humanité; outre qu'il y a de ces petites méprises, qui ne sont pas absolument desagréables, pouvant plaire comme faisoit cette tache au pied du jeune garçon qu'aimoit le Poëte Alcée, qui devenoit plus amoureux de lui autant de fois qu'il la consideroit. Il y a bien davantage, parce qu'il se rencontre de bonnes choses, qui néanmoins ne sont pas bonnes à dire en tous lieux, j'ai vû reprendre comme une faute dans des livres, d'avoir omis à y mettre ce qui pouvoit plaire aux plus savans, que leur auteur meritât plûtôt loüange que blâme d'en avoir usé ainsi; & cela par la maxime qu'établit Cassiodore dans la Préface des livres qu'il intitule *Variarum*, où il soutient *interdum genus esse peritiæ vitare* l. 2. ad Theod.

*quod doctis placeat*. L'on se doit toûjours souvenir de ce qu'a prononcé Aristote, que l'Orateur, qui se veut fonder en demonstration est aussi impertinent, que le Mathematicien, qui veut user d'argumens probables. Tant il est certain, qu'on ne doit pas exiger indifféremment par tout, ce qui est bon à debiter en un lieu, & qu'on supprime prudemment en un autre.

Lorsque le sujet qu'on s'est proposé mérite d'être traité avec étenduë & ornement, les paroles & les pensées se présentent d'elles-mêmes, *ipsæ res verba rapiunt*; mais il y a des matieres qui ne souffrent pas d'être maniées de la sorte, parce qu'il se remarque quelque chose de puerile, du sentiment même du Pere de l'Eloquence Romaine, à les vouloir trop parer & enrichir, *quandoque ornate dicere velle puerile est*. Il faut donc mésurer son stile au sujet où l'on veut l'employer; & comme le Smilax dont parle Belon, ne croit qu'à proportion de l'arbre sur lequel il s'appuie, l'on doit regler la faculté de s'exprimer sur la matiere qui la doit soutenir. Quoiqu'après tout, l'excellence aussi bien que le jugement d'un bon ouvrier paroisse en tous ses ouvrages, où il fait mêler, selon le

l. 3. hist. précepte d'Agathias, les Graces avec les Muses. Virgile & Homere n'ont pas réussi moins grands hommes dans leur métier, lorsqu'ils ont parlé de l'importunité des mouches, ou du travail assidu des fourmis, que quand ils se sont appliqués à décrire les grandes actions d'Achille & d'Enée.

La chose iroit presque à l'infini, si je m'arrêtois davantage à faire voir par le divers génie des livres, & par la contrarieté des jugemens, qui s'en font, le peu de profit qu'on en peut tirer, quelque recommendation que leur puissent donner les Belles Lettres, qui en font le principal ornement. Car ces Belles Lettres n'ont rien de plus fixe, de plus certain, ni de plus arrêté, que la matiere douteuse, qu'elles entreprennent d'illustrer. En effet, elles ont été nommées fort à propos par les Latins, *humaniores literæ*, étant aussi infirmes & caduques que nôtre humanité, que nous éprouvons à toute heure n'avoir rien de constant que son inconstance & sa foiblesse. Non seulement les pensées, qui plaisent en un tems, déplaisent en un autre, & ne sont plus de mise, le langage même varie tous les jours, & les mots, qui ont eu le plus de vogue, perdent leur crédit & leur agrément; comme la plus belle santé & la plus confirmée, degénere assez souvent en quelque maladie, qui ne peut être soufferte. Aussi tombe-t-on d'accord, que le peuple, cette bête à tant de têtes différentes, est le maitre de nos façons de parler, & de tout ce qui compose nôtre plus haute Eloquence. Ce puissant Tyran fait l'erreur commune, qui rend les choses bonnes & valables, même lors qu'elles tiennent le plus de l'iniquité, & qu'elles ont le moins de raison, *error communis facit jus:* de sorte que le Préteur Romain, qui étoit le Chef de ce peuple, *jus dicebat etiam cum inique decerneret.* Tant y a qu'un peuple, quelque évaporé qu'il soit quelquefois, est le maitre & le Dictateur perpetuel des opinions, qui ne sont suivies qu'autant qu'il les juge recevables, non seulement dans la Grammaire & dans la Rhétorique, mais encore le plus souvent dans toute la Morale, si vous exceptés celle, qui nous est venuë du Ciel. Y a-t-il quelque Vertu, qui n'ait été méprisée ou persecuté, ne se trouvant rien de plus conjoint de tout tems, que d'être homme de bien, & envié aussi bien que haï tout ensemble, *conjuncta sunt* τὸ ἀριϛεύειν καὶ τὸ φθονεῖσθαι. Et peut-on dire que quelque vice soit demeuré sans son approbateur? *Cui enim tandem vitio advocatus defuit?* dit très bien Seneque au sujet de la colere. C'est de-

l. 2. de Ira c. 13.

quoi l'on ne doit pas s'étonner, puisque la Prudence, qui est la regle de toutes les Vertus qu'elle fait estimer; aussi bien que de tous les Vices, dont elle découvre la difformité; est aujourd'hui reputée trop ancienne, & contraire à la Mode, qu'on suit & qu'on embrasse, quelque folle qu'elle soit dans toutes ses nouveautés. En effet la Fête des Fous, qui ne se célébroit autrefois que le premier jour de l'an, avant que l'Eglise l'eût très sagement abolie, est encore à présent fêté, nonobstant ses defenses, presque toute l'année.

Petrus Blesensis.

Quel avantage pourrons-nous donc recueillir dans la lecture des Livres, & de toutes les Belles Lettres, qui font passer très inutilement la meilleure partie de la vie à ceux qui s'y appliquent. Je sai bien, qu'on peut contredire tout ce que j'ai dit, n'y aiant point de proposition dans toute l'étendüe des Disciplines, qui n'en ait une opposée qu'on peut soutenir opiniâtrement. Mais aussi suis-je assuré, que ceux, qui ont le plus consommé de tems à feüilleter ces mêmes livres, & qui témoignent d'abord le plus d'ardeur à s'opposer verbalement aux sentimens, dont je viens de m'expliquer, s'ils veulent mettre la main à la conscience, & quittant la vanité des disputes scholastiques, avoüer de bonne foi ce

D d ij

qu'ils en penfent intérieurement, ne feront pas difficulté d'entrer dans mon parti, & de reconnoitre ingenument avec moi, que Salomon a eu raifon de confidérer la plûpart de nos occupations ftudieufes comme les plus mauvaifes où nous puiffions nous arrêter, *hanc occupationem peffimam dedit Deus filiis hominum.* Car il y a bien de la différence entre les conteftations, qui s'excitent par le point d'honneur, & pour montrer, que l'on fait tous les tours de l'efcrime fpirituelle qu'on apprend dans les Colleges; & ce qui fe paffe intérieurement dans l'ame, quand pour bien juger des chofes, elle les examine fans paffion, elle s'interroge & fe répond elle-même ingenument fans vanité & fans vouloir tromper perfonne. Ariftote tout Dogmatique qu'il étoit, a reconnu cette vérité au chapitre douziéme des Analytiques pofterieures où il confeffe, que la vraie Demonftration, ni le Syllogifme non plus, ne regardent pas tant le difcours exterieur, que celui du dedans où l'Ame préfide toute feule. *Non ad externum fermonem Demonftratio pertinet, fed ad eum qui eft in Anima, quia nec Syllogifmus ad illum, fed ad hunc pertinet: Semper enim licet objicere adverfus fermonem externum, fed adverfus internum fermonem non semper licet.* Dirons-nous donc, cela présupposé, que toutes nos veilles, nôtre Philosophie & nos Belles Lettres sont abusives & ridicules? Non certes, ce n'est pas mon dessein de tirer une telle conclusion. Mais comme cet Aristote, dont je viens de parler, disoit, qu'il avoit au moins recueilli ce fruit de sa Philosophie, qu'il faisoit par ses leçons de son bon grè, ce que les autres n'executoient que par la contrainte des loix. Et comme Aristippe assuroit, que la sienne lui donnoit cet avantage de parler hardiment & sans crainte à qui que ce fût, *se posse omnibus fidenter loqui.* J'avancerai librement à la recommandation de la Philosophie Sceptique, que par la connoissance qu'elle prend de toutes les sciences, dont nous avons touché un mot, elle acquiert à ceux, qui la cultivent de bonne sorte, une opinion de la vanité de ces mêmes sciences, & une persuasion si forte de nos ténebres spirituelles, que l'ignorance, dont elle fait profession, vaut beaucoup mieux, que toutes les affirmations des Dogmatiques, & donne plus de satisfaction, que ne sauroient faire ces belles lumieres, qu'ils se vantent de posseder. Je dirai bien plus, c'est que par le moien de cette philosophie Sceptique & Chrétienne tout ensemble, l'on renverse cette fâcheuse maxime de Tertullien, que le Christianisme ne se pouvoit accorder avec la Philosophie. *Quid Athenis,* disoit-il, *cum Hierosolymis? quid scholæ philosophorum cum Ecclesia Christianorum?* Car quand il parloit de la sorte, & quand Saint Paul repétoit si souvent presque dans toutes ses épitres, qu'on se prit garde des Philosophes, qui seduisoient le monde avec leurs principes, & leurs Elemens, dont ils faisoient dépendre toutes choses; l'Apôtre & ce Pere avoient tous deux en vuë les Dogmatiques de leur tems, qui faisoient profession d'un savoir, exemt de tout méconte. Mais le Sceptique Chrétien, qui respecte les lumieres du Ciel & les vérités, qu'il nous a révélées, avec une parfaite soûmission à ses loix & à celles de l'Eglise, bien qu'humainement parlant il se moque de toutes les prétenduës certitudes de tant de Sectes différentes de Philosophes affirmatifs, il ne laisse pas de s'accorder fort bien avec tous les articles de nôtre Foi, croiant, qu'on n'y peut former le moindre doute sans une extrème ingratitude, de laquelle il se sent préservé par la grace d'enhaut. Du surplus il s'humilie dans son ignorance loüable, & qu'il pense que tout homme vraiement savant doit estimer, après avoir

[marginal note: l. de præscript. hæret.]

fait réflexion sur ces paroles expresses du Fils de Dieu, *ego in hunc mundum veni, ut qui non* Iohann. *vident videant, & qui vident cæci fiant.* Ce c. 9. art. grand maitre en toutes façons a fait voir clair 39. les aveugles nés, qui étoient les Philosophes Payens, & les a obligés de changer leurs lumieres trompeuses, en un aveuglement réligieux, & salutaire tout ensemble. Le Sceptique se trouve donc placé entre les lumieres du Ciel, & les ténebres de nôtre humanité; ressemblant aucunement à ces animaux amphibies, & pouvant proferer ces mots, que nous lisons dans les restes d'une des Satyres du plus savant des Romains, *Factus sum vespertilio, neque in muribus plane, neque in volucribus sum.* Il voit & respecte les vérités revelées, au même tems qu'il s'apperçoit des profondes obscurités de nôtre ignorance humaine. Ne disons donc plus avec ce Declamateur: *O nomen philosophiæ diu venerabile, nunc vanitati & inscitiæ prostitutum!* puisque la Sceptique, pleine de modestie, l'exemte du premier reproche, & qu'à l'égard du second, ses doutes sont incomparablement plus à priser, que la science de ceux, qui croient ne rien ignorer.

Certainement, quand Parmenide & Zenon n'auroient pas été de grands Docteurs, & très habiles à refuter ceux, qui se croioient irrepréhensibles, ils méritent toute sorte de louanges pour avoir été les plus grands Sceptiques de leur siécle. Et j'ai toûjours beaucoup prisé la pensée d'un Clitomaque, lors qu'il comparoit Carneade Chef de la nouvelle Academie, au plus grand des héros Hercule domteur de tant de monstres, parce que ce Philosophe Cyrénéen avoit purgé les esprits présomtueux des Dogmatiques, de mille téméraires opinions, dont ils étoient remplis; *Herculis quemdam laborem exantlatum a Carneade, quod ut feram & immanem belluam, si ex animis nostris assensionem, id est opinationem, & temeritatem extraxisset.* Car après tout si la science n'est que des choses certaines & immuables, comme cela se soutient ordinairement, & si l'opinion d'Héraclite est bonne, qu'il n'y a rien dans le Monde sensible qui ne fluë & ne varie à toute heure & perpetuellement; toute la science humaine se reduit aux choses imaginaires, qui n'ont rien de réel, & qui ne sont que de pures idées, que se forme la fantaisie. Que si nous voulons en faveur de la Physique, & des choses materielles, abandonner de tels argumens, philosophant terre à terre, pour parler ainsi, & non pas en l'air, nous trouverons

*Cic. l. 4. qu. Acad.*

d'abord tous les Principes contestés. Xenophane Colophonien avec Parmenide établissoient la Terre pour le premier principe de toutes choses. Thales Milesien prétendoit qu'on devoit déferer cet avantage de la primauté à l'Eau. Anaximene & Diogene Apolloniate étoient pour le donner à l'Air : & Héraclite préferoit le Feu aux autres Elemens, l'établissant pour le premier Principe. Il y a bien encore d'autres contestations sur ce sujet, dont Théodoret se sert dans son second discours du Principe, s'en prévalant pour rendre ridicule la Philosophie des Payens. Mais aujourd'hui même avons-nous dans la nôtre quelque chose de plus arrêté ? Peut-être, dit un Auteur moderne, que la lumiere, la chaleur, & les sons, seroient aussi bien appellés privations de ténebres, du froid, & du silence, que comme on les considére vulgairement dans l'Ecole. Ne passons pas plus avant, nous avons dès le commencement assez parlé de la Physiologie, où il faut avoüer, que les hommes réussissent d'autant moins philosophes, qu'ils sont tous philodoxes, ou amateurs de leurs opinions, dont ils paroissent presque toûjours idolâtres.

Voilà tout ce que je suis resolu d'écrire sur la fantaisie de ces deux hommes, que j'ai nommés, & qui après leurs longues études où ils s'étoient rendus très confidérables, ne laiſſoient pas de proteſter nonobſtant qu'ils fuſſent tous deux ſtipendiés du public en vuë de leur profonde erudition, que s'ils euſſent eu des enfans, ils les auroient portés à quelque autre profeſſion plus utile à la vie que n'étoit la leur. C'étoit ſans mentir témoigner, qu'ils en faiſoient un grand mépris; ce qui m'a porté à rechercher la cauſe, qui pouvoit leur avoir donné un ſentiment ſi peu favorable aux Belles Lettres. Je m'y ſuis engagé preſque inſenſiblement, & l'ai fait, quoi qu'à diverſes repriſes, preſque tout d'une haleine, d'autant plus volontiers, que rien ne m'y obligeoit, que ma propre inclination. Il me ſouvient que Pacatus eût autrefois un même motif, quand il écrivoit, *quin & illud me impulit ad dicendum, quod ut dicerem nullus adigebat.* Ce tems Martial m'a fait rouler mon tonneau, comme à Diogene, lorſque Corinthe fut émûë par le ſon des trompettes. Je ne ſai ſi j'ai été trop long ou trop court, mais je ſai bien, que nos compoſitions ne ſont pas comme la monnoie, qui ſe regle par le poids & par la groſſeur, il ſuffit, qu'elles ſoient de bon aloi, encore que leur volume ne pèſe pas beaucoup. L'on ne doit pas trouver étrange, que j'aie tourné tout mon petit travail à l'avantage de la Sceptique Chrétienne, pour laquelle j'ai toûjours fait paroitre beaucoup d'inclination. Je laisse aux Dogmatiques la profession de savoir toutes choses avec certitude, cependant qu'au rebours de Socrate, qui disoit que toute sa science alloit à reconnoitre, qu'il ne savoit rien, ils ignorent ce seul point, qu'ils sont la plûpart du tems très ignorans aux choses, où ils croient voir plus clair que les autres. Parce qu'il n'y a que la connoissance des choses, telle que nous pouvons l'avoir, qui nous les fasse estimer, l'Ane d'Heraclite prisant plus du foin que de l'Or, & le Coq d'Esope un grain d'orge qu'un diamant; ce n'est pas merveille, qu'ils fassent peu de cas d'une Sceptique Chrétienne, sur laquelle la plûpart d'entre eux n'ont jamais fait la moindre réflexion. Ils prennent ses sectateurs pour des *miscelliones*, que Festus dit avoir été ainsi nommés, *quod non essent certæ sententiæ*. Cependant ils ne considérent pas, que selon nôtre Réligion la science du Ciel n'a rien de plus contraire, que celle de la plûpart des autres Philosophes, dont l'Apôtre nous a tant de fois avertis de nous méfier. C'est à eux, que l'Ecclesiaste dit au septiéme de ses chapitres, *ne plus sapias quam necesse est*, *ne obstupescas;* & l'Ecclesiastique dans son dix-neuviéme chapitre, d'une voix tout à fait Sceptique, *qui cito credit, levis est corde, & minorabitur.* Qu'ils me pardonnent donc, si je leur dis après Varron, sur une infinité de choses dont ils paroissent très persuadés, *Cras credam, hodie nihil,* que sans une incrédulité, qui les doive offenser, je tiens mon esprit en suspens & dans l'Epoque, jusqu'à ce qu'ils m'aient fait mieux comprendre ce qu'ils veulent dire, & qu'ils se soient accordés entre eux.

Je les prie de faire encore avec moi cette petite considération, que si la raison est universelle, & commune à tous les hommes, ils en trouveront dans toutes les parties du Monde, qui l'ont si opposée à la leur, qu'on ne sauroit moins faire que d'examiner un peu cette diversité, avant que de prendre parti. Servons-nous de quelques petits exemples, qui pourront être joints à tant d'autres que nous avons déja produits à même fin en d'autres ouvrages. Personne n'ignore, que les Indiens n'écrivent au rebours de nous, soit en tirant leurs lignes de la main droite à la gauche, ou du bas en haut, & même quelquefois circulairement; outre que leurs caracteres sont entierement différens des nôtres. Mais leurs façons de parler, & leurs pensées font encore plus étranges & plus surprenantes, si on les compare à celles qui sont trouvées bonnes dans l'Europe. Leurs hyperboles & leurs allegories ou metaphores continuées nous blessent les oreilles, & leurs raisonnemens nous choquent presque toûjours l'esprit, au lieu de nous persuader: Le langage des Hébreux en tenoit un peu, témoin la comparaison d'un nez bien fait à la Tour du mont Liban, qui regardoit du côté de Damas, outre une infinité d'expressions semblables. Cependant les Chinois, qui sont des plus Orientaux, nous appellent borgnes, soutenant, qu'il n'y a qu'eux sur la Terre, qui voient bien clair des yeux de l'entendement. Ils mettent le côté droit de leur robe, qui est ouverte pardevant, sur le côté gauche; au lieu que les Tunquinois, qui sont néanmoins leurs voisins, font au contraire passer le côté gauche sur le droit, comme s'ils étoient naturellement gauchers. Les Rélations recentes de ce Roiaume de Tunquin portent, qu'il ne faut avoir ni chausses ni souliers, quand on s'y présente devant le Roi, qui seul se sert de pantoufles, & que ceux, qui entrent au lieu où il est, le doivent faire fort gravement, quoi qu'au sortir la civilité porte de hâter la retraite en courant. On n'y coupe la tête qu'au peuple, quand on fait justice, au lieu qu'on y assomme les Princes du sang, & qu'on y pend au gibet les autres qui sont du corps de la Noblesse. C'est à peu près la même chose chez les Turcs, où les grands Seigneurs sont tous les jours étranglés, & le peuple décapité. Les autres païs ne sont pas moins différens de nous en leurs façons d'agir, dont je donnerai ce seul témoignage, pour n'étendre pas trop cette induction, qu'on pourroit méner bien plus loin, que les Cavaliers du Roiaume de Beni dans l'ancienne Guinée, sont assis à cheval comme ici nos femmes, aiant les deux jambes d'un seul côté.

Il me reste à faire une petite declaration, touchant quelques mots dont j'ai pris la liberté de me servir, quoi qu'ils soient plus de l'Ecole que de l'usage ordinaire. Ce n'est pas pour les autoriser que je les ai emploiés, c'est seulement parce qu'ils se sont présentés à moi dans l'impetuosité de ma plume, & que j'ai jugé, qu'ils étoient assez propres, ou mêmes nécessaires à mon expression, eu égard sur tout au sujet qui m'occupoit. En tout cas je n'oblige personne à les approuver, l'emploi en sera libre; mais j'en ai vû naitre depuis vint ou trente ans une infinité, qui ne valent pas mieux ce me semble, & qui courent aujourd'hui, parce qu'ils ont plû, le peuple lettré n'en aiant pas moins rebuté, quand sa fantaisie a été de ne les pas recevoir. Qu'on ne m'impute rien touchant l'orthographe, les Imprimeurs en sont les maitres, je les laisse faire pour me delivrer de la peine, qu'ils donnent quelquefois, & je prens plaisir à voir une même parole écrite diversement, afin que le Lecteur choisisse celle, qui lui plaira le plus, comme une chose, qui est le plus souvent assez indifférente, & peut-être indigne d'une attention serieuse. Mais je n'en dois pas dire autant de plusieurs pensées, où peut être l'on jugera que j'ai parlé trop desavantageusement de quelques sciences, qui ont toutes leurs devoués protecteurs. Qu'ils considérent s'il leur plait, que toute cette petite composition passe sous le titre d'un *Doute Sceptique*, qu'ils la prennent pour un jeu s'ils veulent me rendre justice, & sur tout, qu'ils ne me croient pas immuable aux opinions, que je puis ou avoir, ou faire mine d'avoir, sur des choses de cette nature. Quant à de certains Dogmatiques fieffés, qui ne se départent jamais des maximes, dont ils se sont une fois entêtés, je ne prétens pas les desabuser, ni combatre leur opiniâtreté, *eos morus essem si morarer*, pour parler comme quelqu'un a fait devant moi. En effet, il n'y a guéres de plus grande folie, que de s'imaginer qu'on puisse corriger & rendre plus raisonnables des personnes de cette humeur, qui visent en toute rencontre à disputer au Docteur Alexandre Ales la qualité d'*Irrefragable*. Je m'empêcherai bien, s'ils m'en savent trop de mauvais grè, de contrevenir au précepte de celui, que toutes les Sectes qu'a euës la Médecine ont reconnu pour leur Maitre, de n'appliquer jamais des médicamens aux maladies desesperées, *quippe desperatis morbis fieri medicinam vetat Hippocrates*.

<small>in Demett.</small> Il vaut bien mieux, selon le conseil de Saint Cyprien, se taire en méprisant l'impertinence & la fierté incorrigibles de telles gens, que d'irriter davantage leur peu de cervelle en leur répondant: *verecundius ac melius existimo*, dit ce grand Evêque, *errantis imperitiam silentio spernere, quam loquendo dementis insaniam provocare*. Je fais d'ailleurs profession, aussi bien qu'Esope, de ne rien savoir, & je les reconnois pour des gens qui savent tout comme le compagnon de ce beau conteur de fables.

*Quin veniam pro laude peto, laudatus abunde,*
*Non fastiditus si tibi Lector ero.*

# DU PEU
### DE
# CERTITUDE
## QU'IL Y A
## DANS L'HISTOIRE.

# PREFACE.

S'IL ne faloit jamais écrire, qu'on ne pût le faire avec la perfection, qui se remarque dans les plus grands Auteurs, j'avouë que beaucoup de personnes, qui mettent la main à la plume, s'en pourroient abstenir, & moi le premier, qui me reconnois ingenument fort éloigné d'un mérite, qu'il est beaucoup plus aisé d'estimer, que d'imiter. Où trouverons-nous des Ecrivains, qui approchent aujourd'hui de cette admirable façon d'exposer leurs pensées, qu'avoient les Stoïciens, qui le faisoient de sorte, que la fin de leurs ouvrages avoit toûjours son rapport juste avec le commencement, sans que le milieu fût en rien discordant, ou que la moindre chose y pût être accusée d'en contredire une autre. Ciceron nous en assure, qu'on ne sauroit prendre, ce me semble, pour un mauvais Juge de semblables matieres. C'est dans son cinquiéme livre de Finibus, où parlant d'eux *il emploie ces propres termes:* Mirabilis eſt apud illos contextus rerum, reſpondent extrema primis, media utriſque, omnia omnibus. *Or quoi que je tombe d'accord, que tous ceux, qui jettent à préſent de l'ancre ſur du papier, ne le font pas avec tant de circonſpection, que le pouvoient faire les piliers du portique de Zenon, dont parle l'Orateur Romain; Je ne laiſſerai pas d'avancer hardiment cette propoſition, qu'on rejette & condanne aſſez ſouvent beaucoup de livres au ſortir de ſous la preſſe, par le pur defaut d'un Lecteur ignorant. En effet il n'y a que les entendus en chaque Art, qui puiſſent bien prononcer ſur les ouvrages qui en dépendent. Ceux, qui ſe connoiſſent en Tableaux, ſavent ſeuls priſer, comme il faut, ce qui ſort de la main des plus excellens Peintres, dont ils reconnoiſſent auſſi-tôt la maniere. Et ſans parcourir toutes les profeſſions, où la même choſe ſe trouve véritable; on ne ſauroit nier, qu'un livre, que l'érudition & quelque teinture de ſcience peut recommander, ne ſoit fort infortuné s'il tombe entre les mains de ceux, qui n'ont nulle connoiſſance des belles Lettres. Les œuvres même du Tout-Puiſſant, bien que pleines de merveilles, ſont mieux reconnuës & adorées par un Philoſophe, qui les contemple du même œil, dont il enviſage toute la Nature, que par* un peuple grossier, qui n'en voit que l'exterieur, & n'en pénetre pas toute l'excellence. Mais les livres, dont nous parlons, n'ont assez souvent pas moins à souffrir du jugement des demi-savans, que de celui des moins entendus. Et il leur arrive quelquefois encore pis de ceux, qu'Horace appelle feros studiorum, & que les Grecs ont nommés ὀψιμαθεῖς pour s'être mis tard à l'étude, parce que ressemblant aux hommes, qui sortent fraichement de la pauvreté, & qui ne savent pas assez l'usage de leurs nouvelles richesses, ils sont sujets à mal-juger de ce qu'ils n'entendent pas bien, carpunt quæ non capiunt, & prononcent presque toûjours temerairement contre les travaux studieux des autres. Cependant il n'y a point de gens qui jugent plus dogmatiquement qu'eux, stylo decretorio, donnant sur toute matiere des Arrêts irrévocables ce leur semble. Et néanmoins il n'en est pas ainsi. Les goûts sont en ceci différens, comme en ce qui regarde les alimens; & ce seroit être mauvais cuisinier, de s'assujettir pour un festin public à quelques appetits singuliers. D'ailleurs, on peut dire, qu'il est à peu près des livres comme des jardins, où tous les arbres ne sont pas fruitiers; l'on en plante pour le seul plaisir de la vuë, ou pour donner de l'ombre. Il y a des compositions, qui se font pour la recréation seulement, & où il y auroit de l'injustice de requerir toute l'érudition, qui se trouve en d'autres, où les sciences tiennent le premier lieu. L'on ne doit pas mettre au dernier rang les ouvrages qui mêlent l'utile avec l'agréable:

Horat. de arte Poët. Omne tulit punctum qui miscuit utile dulci.

C'est temperer comme l'on fait en Italie un vin trop austere, avec la douceur du muscat.

Mais pour moi, je n'ai consulté jusqu'ici que mon propre genie, dans tout ce que j'ai donné au public; & je suis trop avancé dans l'arriere-saison, pour changer de méthode. Je tâche seulement à faire, pour les moins difficiles à contenter, ce que d'autres, qui m'ont devancé ont fait pour moi, croiant, que je serois ingrat, si je ne rendois la pareille, autant que mon petit pouvoir se peut étendre. Du reste j'y procède toûjours d'une même façon.

Persius Satyr. 5. Non equidem hoc studeo bullatis ut mihi nugis
Pagina turgescat, dare pondus idonea fumo.

Comme je m'abstiens de chercher la quadrature du Cercle, je ne vise à rien moins, qu'à trouver l'approbation universelle. Je vois que ce qui plait en un lieu, déplait en un autre. Si nôtre diction Vous est odieuse

# PREFACE.

*aux Italiens & aux Espagnols, celle de* je, *ou* ego, *ne sonne pas moins mal aux oreilles des Chinois; de sorte, qu'au lieu de leur dire J'ai fait cela, il faut en paraphrasant user de ces termes, vôtre serviteur, ou, celui, qui vous parle, a fait cela. Tant il est vrai, qu'en toutes choses les goûts sont si différens, qu'en vain l'on s'étudieroit à les contenter. Prendrions-nous à civilité qu'après avoir touché nôtre main l'on fit sonner ses doigts le plus haut qu'on pourroit, comme il se pratique pour faire honneur en quelques lieux d'Afrique; ou qu'on vous presentât le doigt après l'avoir moüillé & essuié à l'estomac, ce qui passe encore à grand respect dans la même province. Quand le Roi de Benamotapa y tousse, non seulement ceux, qui sont présens jettent de grans cris d'allegresse, mais encore les plus éloignés qui les entendent, si bien qu'on sait dans toute la ville toutes les fois qu'il tousse. Une des principales beautés des femmes Persiennes, est d'avoir le visage rond & bouffi, se serrant pour cela extraordinairement la tête avec des bandelettes, de sorte, qu'au jugement de Figueroa, beaucoup d'entre-elles passeroient pour fort laides dans nôtre Europe. Je donne tous ces petits exemples en faveur de la Philo-*

Alvaro Semedo.

Marmol. l. 9. c. 12. & 32.

*Sophie Sceptique, après tant d'autres, qu'elle m'a deja fait écrire, & pour conclure ensuite qu'avec un bon deſſein, comme eſt le mien, on peut employer & conduire ſa plume de la façon qu'on croit la meilleure, ou qui agrée le plus, parce qu'il n'y en a point, qui n'ait ſes approbateurs qui lui applaudiſſent, auſſi bien, que ſes cenſeurs, qui la mépriſent.*

# DU PEU
DE
# CERTITUDE
QU'IL Y A
# DANS L'HISTOIRE.

CE que j'ai écrit de l'Histoire, non seulement dans un discours imprimé & fait exprès à sa recommandation, mais encore dans une Préface; me doit garentir du soupçon qu'on pourroit avoir d'abord, que je prisse la plume pour rendre en quelque façon moins considérable cette excellente partie de nos occupations studieuses, qui reconnoit entre toutes les Muses, Clio, pour sa protectrice. On ne peut rien dire à l'avantage de l'Histoire, que je ne tâche toûjours d'y mettre l'enchere, parce que je ne la tiens pas moins profitable à ceux, qui s'y appliquent & qui en font une ferieufe étude, qu'elle eft honorable à ceux, qui ne font plus, dont elle nous repréfente les belles actions, & qu'elle me paroit abfolument néceffaire à tous les autres, qui viendront après nous, pour contenter la curiofité qu'ils auront vraifemblablement d'apprendre ce qui aura été repréfenté fur le théatre du Monde avant qu'ils y foient venus. Cela ne m'empêchera pas néanmoins de fuivre mon génie, qui me porte à prononcer hardiment, que toute excellente & toute prifable qu'elle eft, il la faut lire avec cette précaution, de ne prendre pas pour des vérités une bonne partie de ce qu'elle debite, étant néceffairement accompagnée des defauts de nôtre humanité, qui ne produit rien d'abfolument parfait. Je fai bien qu'un Roi Alphonfe faifoit plus de cas de Quinte-Curce, dont la lecture l'avoit gueri d'une facheufe maladie, que d'Hippocrate & d'Avicenne, & qu'on n'en a pas moins écrit de Ferdinand auffi Roi d'Efpagne, à l'égard de Tite-Live, qu'il crût lui avoir fait recouvrir fa fanté, par le tranfport du plaifir, que lui avoit donné fon excellente Hiftoire Romaine. Je tombe d'accord même, qu'elle a mérité le beau titre que lui donne Diodore Sicilien, de Métropolitaine de toute la Philosophie, parceque comme Diogene le Cynique nommoit l'Avarice la Métropolitaine de tous les vices, à cause, qu'il n'y en a guéres, qu'elle ne fomente & qu'elle n'accompagne; l'Histoire a tant de beaux préceptes, tant d'exemples instructifs, & tant de choses notables pour toutes les parties de la Philosophie, qu'il n'y en a point, qui ne puisse tirer beaucoup d'avantage de la lecture des Histoires.

Mais nonobstant tous ces éloges, si la maxime de Polybe étoit recevable, que la Vérité fût de l'essence de l'Histoire, de même, selon sa comparaison, que la rectitude est de l'essence de la Regle; il faut avoüer qu'un Historien ne seroit pas moins rare, ni moins difficile à trouver, que l'Orateur de Ciceron, accompagné de tous les attributs qu'il lui donne, ou que l'Architecte de Vitruve revêtu de toutes les connoissances, qu'il requiert en lui. Certes il ne faut pas prendre les choses tant à la rigueur, & je pense que, comme un mauvais Juge ne laisse pas d'être Juge, quoi que ses Jugemens soient quelquefois accompagnés d'injustice; un Historien peut de même être menteur sans perdre sa qualité d'Historien, qui ne pourroit pas lui demeurer si la comparaison de Polybe étoit reçûë pour bonne, parce qu'une regle, qui n'est pas droite ne regle ni ne conduit plus, & perd le nom avec les fonctions, qu'elle avoit & qui étoient de son essence. L'on peut donc soutenir fort probablement qu'ainsi que la Zizanie ou l'Yvroie qui se coupe & se moissonne avec le bon bled, ne pouvant que difficilement en être separée, passe & est mesurée avec le meilleur froment ; il en est de même de certaines faussetés, qui se glissent presque dans toutes les Histoires humaines, sans excepter celles d'entre elles qui sont les plus accréditées. Jusques-là je pourrois me promettre, de ne trouver pas beaucoup de contradicteurs : mais je prétens pousser bien plus outre mon raisonnement, & faire reconnoitre manifestement, qu'il n'y a presque nulle certitude en tout ce que débitent les plus fameux Historiens, que nous aions eûs jusqu'ici, & que vraisemblablement ceux, qui prendront la même occupation à l'avenir, ne reüssiront guéres mieux en toutes leurs entreprises.

Cela ne sauroit être rendu plus manifeste, que par l'induction, qui se peut faire en examinant un peu l'Histoire ancienne & la moderne, aux choses même, qui passent pour les plus constantes, afin de voir, si elles sont telles, qu'on n'en doive pas douter. Car il n'y a point de loix, lorsque la vraie Réligion n'y est nullement interessée, qui obligent à recevoir pour véritable tout ce qui est couché dans l'Histoire, s'il y a quelque apparence d'en douter. D'ailleurs tout le monde n'est pas également crédule, & plusieurs personnes ne sont pas si faciles à être persuadées que l'a été Plutarque, quand il a déclaré, qu'il s'empêcheroit bien de ne pas croire ce que tant de bons Auteurs avoient écrit avant lui de Crœsus & de Solon, quoi que des Chronologues assûrassent, qu'ils étoient de tems différens. Je tombe d'accord avec lui que les Chronologues ne doivent pas toûjours être suivis, parce qu'ils ne s'accordent presque jamais ensemble. Mais je prétens, qu'il y a bien d'autres raisons que celles de la Chronologie, qui rendent souvent suspectes des narrations historiques, outre que les raisons même qui se tirent de la supputation des tems, ne sont pas toûjours à rejetter, quelque créance commune & inveterée qu'on puisse apporter pour y déferer. N'étoit-ce pas une opinion autrefois généralement reçûë, que le Temple de la Paix, qui se voioit dans Rome, étoit tombé à la naissance de Jesus Christ? Cependant Baronius dans ses Annales, aussi bien que beaucoup d'autres, se sont moqués *ad ann.* 853.

de cela fur un fondement raifonnable, puifque ce Temple n'étoit pas encore bâti au tems de la Nativité de Nôtre Seigneur. Ce Cardinal, que je ne voudrois pas néanmoins donner pour infaillible dans toute fon Hiftoire Ecclefiaftique, n'a-t-il pas eu raifon de contredire encore à la créance commune, qu'un Pape appellé Cyriac accompagna Sainte Urfule de Rome à Cologne, vû qu'il n'y a jamais eu de Pape de ce nom là? En vérité l'on doit mettre, comme il fait, de femblables contes, nonobftant l'appui, qu'ils ont eu durant quelques Siécles, avec les fables de l'Archevêque Turpin, qu'un moins refpectueux que moi nommeroit, après d'autres, qui ont pris cette liberté, les fables du Chriftianifme.

Or parce que nous n'avons point de plus ancienne Hiftoire, que celle de la guerre & de la deftruction de Troie, qui contefte de l'antiquité avec ce que les Poëtes ont dit qui fe paffa entre Eteocle & Polinice devant Thebes: Et puifqu'on fe fert même de cet argument, pour prouver que le Monde n'eft pas éternel, vû que l'on n'a rien vû d'anterieur à ces deux évenemens, felon que Lucrece l'a foutenu en ces vers,

*Cur supra bellum Thebanum, & funera Trojæ,*
*Non alias alii quoque res cecinere Poëtæ?*
faisons quelque réflexion sur cette expedition des Grecs devant Troie. D'abord nous serons obligés de croire, qu'ils embrasèrent la célebre forteresse d'Ilium, non pas à cause de ce qu'en ont écrit ces Auteurs supposés, Dares Phrygien, & Dictis de Crete ou Candie : mais à cause que nous voions presque tous les Historiens des peuples les plus renommés, qui ont recherché leur origine dans les restes de cette capitale d'Asie, soit par la posterité du Roi Priam, soit par la fuite d'Antenor, d'Ænée, ou de quelque autre illustre Troien. Cependant Dion Chrysostome, pour montrer dans une de ses Oraisons, qu'on ne sait presque jamais le vrai des choses, soutient, que la ville de Troie ne fut jamais prise par les Grecs ; & ce que le pere de l'Histoire Grecque Herodote en dit, fait voir, qu'il n'y a guères de vérité dans toute la narration de ce siége fabuleux. Il veut que le ravisseur d'Helene Paris, ait été jetté avec sa proie, de la mer Egée sur la côte d'Egypte, à l'embouchure du Nil, qui porte le nom de Canope, ou à present de Rosette. Il ajoûte, que le Roi de cette contrée, qui se nommoit Protée,

orat. 11. p. 191.

retint cette belle Grecque, banniſſant de tous ſes Etats, ſur peine d'être traité comme ennemi, ce fils de Priam, qui l'avoit enlevée. Ce fut pourquoi quand les Grecs firent leur inſtance pour la ravoir, les Troiens répondirent, qu'elle n'étoit pas dans leur ville; mais parce qu'on ne les en crût pas, les Princes de l'Europe formèrent ce long ſiege de dix ans, qui ſe termina par l'incendie de la place & de ſa renommée citadelle. En vérité, il n'y a guères d'apparence, qu'un Monarque de l'âge, dont étoit Priam, ſi ſenſé de lui-même, & ſi bien conſeillé par tant de Seigneurs conſidérables, dont il prenoit l'avis, n'euſſent pas d'une commune voix rendu une femme perfidement enlevée, pour éviter la deſolation, qu'ils pouvoient prévoir, au moins après la mort d'Hector & de la plûpart de ſes freres. De dire que cette belle Helene, quand elle eût été dans la ville, s'étoit renduë ſi puiſſante par les charmes de ſa beauté, que juſqu' aux barbes blanches, & aux plus vieux de la ville, ſelon les termes de l'Iliade, ils concluoient unanimement, qu'il valoit mieux ſouffrir toutes choſes, que de la rendre. Cela véritablement appuie l'opiniâtreté de ces deux peuples acharnés pour cette Dame les uns contre les autres. Mais qui ne voit

voit pas, que c'est le génie poëtique d'Homere, qui lui a fait inventer toutes ces galanteries, pour rendre son Roman plus agréable. Il n'y a point de ces compositions, qui se puissent passer de la Fable qui en est le fondement, & pour faire exécuter de beaux exploits aux Héros, qu'on y représente, il faut qu'un amour extraordinaire les anime, qui ne peut être tel, que la cause, qui le produit ne soit aussi merveilleuse, & ne passe, si faire se peut, tout ce qui est commun dans la politique vulgaire, ou même dans le cours reglé de la Nature. Hérodote, qui fait ces réflexions dans son Euterpe, qui est sa seconde Muse, ajoûte pour les confirmer, que Menelaus, n'aiant point trouvé sa femme dans Troie après sa prise, les Grecs envoièrent ce pauvre mari la chercher en Egypte, où le Roi Protée le reçût fort bien, & lui rendit Helene avec beaucoup de richesses, dont Paris son ravisseur avoit chargé son vaisseau, quand il fit ce funeste enlevement.

Mais outre que le témoignage d'un Philosophe, tel que Dion Chrysostome, semble être de toute autre autorité que celui d'un Poëte aussi Romancier qu'Homere, qui doit à la Mythologie les plus grands agrémens de ses ouvrages; n'est-il pas tout apparent, que

Virgile, & les autres qui ont voulu en l'imitant tirer de son antiquité quelque avantage pour leur païs, ont encore falsifié ce qu'il a dit de ses principaux Héros. Le Poëte Latin, par exemple, fait insolemment, & contre l'ordre du tems, ravir à son Enée l'honneur de la fondatrice de Carthage, & ce que les Turcs content d'un Turcus ou Turcot de la race de Priam; les Venitiens de leur Antenor; & nôtre Ronsard d'un Francion; n'est pas moins absurde, si l'on veut examiner historiquement, & avec quelque pudeur, leurs narrations ridicules. Denis d'Halicarnasse nous apprend dans le premier livre de ses Antiquités Romaines, qu'en supposant même la prise de Troie par les Grecs, un Ménécrates Xantius écrivoit, que ce malheur ne lui étoit arrivé, que par la trahison d'Enée, que causa la mesintelligence, qui étoit entre lui & Alexandre, autrement dit Paris. Sur la même autorité Enée ne fut jamais plus loin que la Thrace, de façon, qu'il n'aborda nullement ni l'Afrique, ni la Sicile, ni l'Italie. Divers Sepulchres de ce Prince Troien, qu'on voioit en beaucoup d'endroits, rendoient de grands témoignages de la vanité des Romains, qui faisoient venir de lui les premiers Rois, qui les ont dominés. Pour ce qui regarde leur ville de Rome, le même Denis d'Halicarnasse rapporte une étrange diversité d'opinions sur le sujet de sa fondation; outre que selon un Antiochus Syracusain elle étoit plus ancienne que Troie. Puisque j'ai tant parlé de cette derniere, je ferai encore cette observation, qu'au rapport d'Appien Alexandrin, quoi que cet embrasement & cette fameuse ἅλωσις de la forteresse d'Ilium, aient été fort exagerés par ceux, qui en ont parlé, Troie fut néanmoins pirement traitée mil cinquante ans après, du tems de Sylla & de Marius, par le cruel Fimbria, qui la détruisit & desola avec beaucoup plus de rigueur, que n'avoit fait Agamemnon. Cela montre de plus en plus, que le vrai des choses ne parvient pas toûjours jusqu'à nous.

1. de bell. Mithr.

Passons à quelques Histoires moins anciennes, & comme telles apparemment moins douteuses; outre que leurs Auteurs, parlant de ce qui s'est fait de leur tems, semblent devoir être tenus pour beaucoup plus croiables. Un Aristobule voulut être l'historien des conquêtes d'Alexandre le Grand, qu'il avoit suivi jusques dans l'Inde, & l'on peut croire, qu'il possedoit du talent pour cela, puisque ce Monarque prenoit la peine de lire ses écrits en voiageant sur le fleuve Hydaspes. Il ne pût s'empêcher pourtant de jetter son livre dans l'eau, voiant, que contre toute vérité, & contre toute apparence, il lui faisoit tuer d'un coup de fléche des Elephans dans un combat contre le Roi Porus; ajoûtant, qu'un tel Historien méritoit, qu'on le précipitât lui-même dans une riviere, pour avoir debité des choses si notoirement fausses. L'action d'Alexandre mérite, qu'on la considére, non seulement pour une marque de son aversion contre le mensonge, mais encore pour un témoignage de la modération de son ame, qui ne vouloit point, qu'on le représentât autrement, qu'il n'étoit. Il fit voir cette même trempe d'esprit, lors qu'il se moqua d'un architecte, qui lui offroit de tailler le mont Athos, en sorte, qu'il représenteroit sa figure. Sans mentir, ceux de sa condition ne sauroient faire paroitre plus de grandeur de génie, que par de semblables mépris. Heureux nôtre Souverain, de qui l'on peut proferer sans flaterie, que pour le bien loüer, il ne faut que rapporter fidellement ce qu'il execute. C'est le propre d'un Tyran, & d'un cœur venu de bas lieu, tel, que l'avoit Agathocles, de corrompre par présens un Historien, comme il fit un Callias Syracusain, si nous en croions Suidas, pour donner au public une Histoire qui fût absolument à son avantage, & où il ne laissa pas d'élever sa pieté & son humanité, encore qu'il fût impie & tyran. Nous pouvons dire la même chose du plus jeune des Denis, qui ont tant fait souffrir la Sicile; il eût la plume d'un Philistus assez venale, dit encore Suidas, pour dissimuler tous ses vices. Ce Philistus fut l'Antagoniste de Platon, & celui, que Ciceron nomme, à l'égard de son style concis, le petit Thucidide. Je veux remarquer encore une incertitude ou une contrarieté historique sur son sujet. Ephore & après lui Diodore Sicilien, ont écrit, que le même Philistus, qui devoit être homme d'épée, aussi bien que de plume, étant venu secourir par mer ce jeune Denis, dont nous venons de parler, contre Dion, qui le tenoit assiegé dans sa fortresse, Philistus eût la fortune si contraire, qu'étant vaincu, il se tua de déplaisir: Et un Timonides qui s'étoit trouvé en cette défaite, a laissé par écrit, que Philistus, aiant été pris vif par ses ennemis, il fut par eux cruellement mis à mort. Je ne rapporte pas là un exemple solitaire, il y en a mille semblables dans l'Histoire, qui font voir, que tout y est fort douteux. Polybe, tout grand Auteur qu'il est en ce genre de literature, & qui a si

*l. 2. ep. 12. ad Qu. fr.*

bien remarqué les partialités de Fabius pour les Carthaginois, qu'il juſtifioit en tout; ce Polybe n'a pas laiſſé de favoriſer ſon ami Scipion, au ſujet d'une belle captive Eſpagnole, qu'il lui fait renvoier ſans la toucher, & preſque ſans la regarder, à l'exemple d'Alexandre, *ut eam ne oculis ſuis quidem contingeret,* pour uſer des termes d'Aulu Gelle, au Chapitre huitiéme de ſes Nuits Attiques, où l'on peut voir un Valerius Antias ſoutenant, que Scipion avoit retenu cette fille, & en avoit uſé comme Achille de Briſeis, ou comme un Amant plein d'intemperance, de ſa maitreſſe. Enfin les neuf Muſes d'Hérodote ne l'ont pas empêché de maltraiter les Corinthiens, les faiſant fuir à la bataille de Salamine; ni la Philoſophie retenu Xenophon, de témoigner ſon animoſité contre Menon ami de Platon; non plus que Thucydide, de ſe venger de Cléon ſon ennemi, le repréſentant comme un fou parfait. Timée au contraire eſt noté d'avoir tourné à l'avantage de Timoleon tout ce qui le touchoit, parce qu'il lui étoit fort obligé. Et dautant, que les fautes d'omiſſion dans l'Hiſtoire, ſont quelquefois auſſi repréhenſibles, que celles de commiſſion, Thucydide eſt encore repris de s'être tû du mauvais traitement, que firent les Atheniens au corps mort de son précepteur Antiphon. Et Polybe impute à Timée, comme une grande faute, d'avoir nommé Agathocles Tyran, sans ajoûter, qu'il étoit d'ailleurs un grand personnage. Si l'Histoire Sainte fait voir l'Idolatrie de Salomon, elle publie aussi sa Sagesse.

Ce que je viens de parler de Salamine, me fera ajoûter à ce que j'ai déja dit des parachronismes si frequens dans l'Histoire, & qui lui sont si préjudiciables, que Dion Chrysostome donne pour exemple de cela la diversité des Auteurs Grecs, qui ont fait mention de la victoire, qu'obtinrent ceux de leur nation contre les Perses, auprès de l'île de Salamine ; quelques-uns voulant, qu'elle eût précedé celle des Platées de Bœotie où Mardonius fut défait, & les autres la rendant posterieure. Cela me fait encore souvenir de ce que Ciceron dit autrefois, que Salamine periroit plûtôt que la mémoire de ce que les Grecs y avoient si glorieusement executé. Car véritablement Salamine s'est perduë selon sa prophetie ; mais il n'avoit pas prévû, qu'on douteroit un jour quand & comment la chose se feroit passée. Que si nous n'avions perdu l'ouvrage de cet excellent chroniqueur Castor, allié du Roi Deiotarus, où il remarquoit les grandes & ordinaires fautes, que fait commettre la mauvaife datte des tems, nous aurions bien d'autres exemples anciens à donner; & fon titre de χρονικὰ ἀγνοήματα, *errores ex infcitia temporum orti*, feroit facilement illuftré, en rapportant ici tout ce que l'Hiftoire moderne peut fournir là-deffus. C'eft une chofe étrange, que la prife de Conftantinople par le Turc, fi recente, n'y aiant guères que deux cens ans, que Mahomet fecond la conquit fur l'Empereur de Grece Conftantin fecond, foit fi différemment rapportée par ceux, qui l'ont couché par écrit. Beaucoup mettent cet évenement fi notable en l'an de falut mil quatre cens cinquante-trois; affez d'autres veulent, que ç'ait été en mil quatre cens cinquante-deux; ce qui fait dire à Sethus Calvifius, le plus habile des Chronologues recens, au jugement de Jofeph Scaliger, parce qu'il avoit fuivi les principes de fon Emendation, *de Conftantinopolitanæ cladis tempore, lites inter Chronologos ortæ funt*. Le changement du premier jour des années peut avoir contribué à cette diverfe fupputation; mais tant y a, qu'un Lecteur demeure incertain du tems précis d'un changement d'Empire fi confidérable, & arrivé prefque de la mémoire de nos Peres.

Bon Dieu, que les Epoques différentes des Nations, ont bien caufé d'autres erreurs, dont nous ne ferons jamais éclaircis, encore que ceux, qui s'y croient les plus entendus, & qui fe mêlent de les interpréter ou corriger, fe donnent bien de la peine pour cela. On eft contraint d'avoir recours aux années Lunaires, ou à d'autres expediens auſſi incertains, pour fauver ce grand nombre de Siécles, dont Hérodote & Diodore Sicilien ont parlé, quand ils font tombés fur l'Hiftoire des Egyptiens. Depuis peu nous avons appris que celle de la Chine n'eft pas moins contraire à ce que nous fommes obligés de croire de la création du Monde. Et je lifois il n'y a pas longtems, que les Payens de l'Inde leurs voifins, qui s'appellent les Indous, ne comptent pas moins de fix-vints mille ans, depuis que la Loi de Ram, qui eft Dieu felon eux, leur eft venuë de pere en fils, par une fupputation, qu'ils tiennent indubitable. Mais c'eft trop s'arrêter fur les erreurs hiftoriques, que caufent les divers Chronologues; les bevuës, qu'elles font faire font infinies, mais il y en a d'autres, qui procedent d'ailleurs, & qui ne font guères moins nombreufes, fi nous ne pouvons dire, qu'elles font encore plus importantes. Si eft-ce que l'ordre des tems a toûjours été comparé au fil d'Ariadne, sans lequel on s'égare lourdement dans le Labyrinte de l'Histoire. Je remets le surplus au Chapitre huitiéme de Bodin sur la Méthode de l'Histoire.

Retournons à ce qui touche plus précisément quelques Historiens, en ce qu'ils ont failli presque tous aux choses qui étoient de leur entreprise, après ces protestations ordinaires, que la narration, qu'ils feront sera pure, & sans que l'affection, ni la haine, leur fasse rien avancer, qui ne soit fort véritable. C'est ainsi que pour debiter de la fausse monnoie, ceux, qui la font, couchent des feüilles d'or ou d'argent, pour en faciliter l'exposition. Seneque dans son jeu sur la mort de l'Empereur Claudius n'a pas oublié cette formule, *nihil offensæ vel gratiæ dabitur*; ajoûtant, pour continuer sa raillerie, la maxime, qui est l'asyle où ont recours tous les Historiens, qu'ils sont en tout cas exemts de cautionner par bons témoins tout ce qu'ils veulent dire, *quis unquam ab historico juratores exegit?* Je vous confesse, que de telles Préfaces, dont fort peu d'entre-eux s'abstiennent, m'ont souvent fait rire, de ce ris qu'eût Anacharsis entendant proferer dans Athenes, *in foro veritas;* & que comme le Cardinal Bessarion disoit, que les apotheoses modernes lui rendoient suspectes les anciennes, les Historiens des derniers tems m'ont quelquefois merveilleusement dégouté de ceux de l'antiquité, m'imaginant, que comme ils ont tous participé d'une même humanité, elle leur a vraisemblablement inspiré à tous les mêmes sentimens d'amour ou d'aversion, aux matieres qu'ils ont traitées, & où ils ont le plus souhaité d'être crûs. Mais avant que d'en venir aux Historiens du dernier Siécle, pour ne pas dire du nôtre, parlons un peu de quelques uns des principaux, qui ont suivi ceux, dont nous avons déja dit quelque chose. Tite Live est accusé d'avoir favorisé le parti de Pompée; & Dion au contraire celui des Césariens. Denis d'Halicarnasse soutient dans le second livre des Antiquités Romaines, que cette Tarpeia fille du Gouverneur du Capitole, laquelle tant d'Historiens faisoient passer pour une personne, qui avoit voulu trahir son païs, étoit malheureusement calomniée, puisqu'elle reçût des honneurs divins des Romains; & qu'en effet son intention étoit de leur livrer les Sabins, après les avoir fait entrer. Aussi n'eût-elle d'eux que la mort pour recompense de cette prétenduë trahison. Quelle apparence, qu'une fille Vestale, comme la repréſente Varron, eût commis, quand elle l'auroit pû, une ſi grande perfidie? Le même Denis d'Halicarnaſſe declare encore au neuviéme Livre, que c'eſt une pure fauſſeté, qui paſſoit néanmoins pour une vérité conſtante, que trois cens ſix Fabiens aiant été tués en la bataille d'Allia, il n'étoit reſté de toute leur race, qu'un jeune enfant; ce qui a fait écrire licentieuſement au Poëte Latin longtems depuis ſuivant l'eerreur commune,

<small>Lib. 2. Faſt.</small>   *Vna dies Fabios ad bellum miſerat omnes,*
  *Ad bellum miſſos abſtulit una dies.*

Il faut avoüer, que ſi Procope eſt le véritable Auteur des Anecdotes, qui paſſe ſous ſon nom, comme il y a aſſez de perſonnes, qui n'en doutent nullement, on le doit tenir pour un des plus grands impoſteurs, qui aient jamais pris la plume pour communiquer les choſes avenuës de leur tems à la poſterité. Il proteſte comme les autres au commencement de ſon premier livre de la guerre Perſique, de n'avoir rien écrit par faveur, ni épargné aucun de ſes amis au préjudice de la vérité; reconnoiſſant, que comme l'éloquence eſt l'objet de la Rhétorique, & la fable celui de la Poëſie, la vérité eſt celui de l'Hiſtoire. Et cependant après avoir repréſenté

Juſtinien dans ſes livres hiſtoriques comme un très grand Prince, & l'Imperatrice Theodora ſa femme, comme fort digne du rang qu'elle tenoit, il les fait voir dans ſes Anecdotes, l'un pour le plus vicieux des hommes, & l'autre pour une perſonne ſi infame, eu égard à ſa naiſſance & à ſes mœurs, qu'on ne ſauroit lire ce qu'il en écrit ſans abomination, & ſans que la pudeur d'un honnête Lecteur ne s'en trouve offenſée. Que s'il a été trop porté d'animoſité contre ceux-là, on lui reproche d'un autre côté une partialité viſible pour tous les interêts de Beliſaire ſon intime ami. Ainſi Velleius Paterculus élevoit Sejan juſqu'au Ciel; Euſebe écrivoit les vertus de Conſtantin, ſans dire ſes crimes; & Eginard celles de Charles Magne, ſe taiſant de ſes defauts que d'autres nous ont appris. Mais que ne profere point Plutarque contre Hérodote; Polybe contre Philarque ſon antagoniſte; & généralement tous ceux du métier, ſe déchirant les uns les autres, & donnant à connoitre manifeſtement, qu'il n'y en a eu aucun, qui n'ait eu ſes taches, & qui n'ait été dominé par ſes paſſions, dont une hiſtoire legitime devroit être exemte. Céſar même, qui n'a écrit que des Commentaires, mais des Commentaires, qui valent bien une des meilleures Histoires, s'est-il pû empêcher de tomber dans des erreurs telles, que Asinius Pollio assuroit qu'il eût corrigé en beaucoup d'endroits ces mêmes Commentaires, s'il eût vécu plus longtems : Certes il est bien difficile de dépoüiller tout à fait nôtre humanité, *hominem penitus exuere*, pour ne donner rien aux interêts, & aux passions, dont elle est presque toûjours agitée. Quoi qu'il en soit, je tiens pour certain, ce que je crois avoir déja écrit ailleurs, que si nous avions des Commentaires d'Ambiorix, ou d'Induciomarus, de Vercingentorix, ou de Divitiacus, comme nous avons ceux dont nous venons de parler, il s'y trouveroit des recits bien différens de ceux de César ; & que ces vieux Gaulois & Allemans donneroient à leurs guerres contre les Romains des jours bien contraires à ceux, où les a fait voir ce premier des Empereurs, quelque avantage que le sort des armes lui ait donné sur eux. Un Lion répondit assez ingenieusement à l'homme, qui lui vouloit prouver sa superiorité par un tableau, où il le tenoit captif à ses pieds ; Si je me mélois de peindre, vous seriés en la place de ce Lion, & je vous aurois représenté en Esclave, me demandant misericorde. On dit, qu'Attila réalisa cet Apo-

Probl.
sect. 18.
q. 10.

logue à la prise de Milan, car y voiant des Empereurs Romains, qui avoient des Scythes à leurs pieds, il se fit représenter aiant aux siens ces mêmes Empereurs esclaves & enchainés, avec des sacs dans leurs mains, dont ils lui versoient quantité d'or pour obtenir leur pardon. Le grand bonheur des Grecs, & des Romains, est d'avoir eu une infinité d'Ecrivains de leurs actions, qui les ont enluminées avec les plus belles couleurs, qu'ils ont pû; ce qui a manqué aux autres Nations, ou bien elles ont été assez malheureuses, pour voir supprimer ce qui faisoit à leur gloire, selon le malheur ordinaire des vaincus, *væ victis*. Quand je lis dans Plutarque, que trois cent Historiens avoient décrit à l'envi ce beau fait d'armes de Miltiades, lors qu'il mit en déroute auprès de Marathon, lieu distant d'Athenes de trois à quatre lieuës seulement, l'armée de Darius, qui étoit de trois cent mille soldats pour le moins, lui n'en aiant qu'onze mille au plus: Et quand je considére le nombre d'excellens Historiens, qu'ont eu les Romains, qui nommèrent à propos Saturne le Pere de l'Histoire, parce que le tems seul conserve la mémoire des actions héroïques, quand elles sont décrites: Je tombe dans le sentiment d'Alexandre, qui

*ex Suida Bar. tom. 6. p. 134.*

trouvoit Achille très heureux d'avoir eu Homere pour trompette de ſes geſtes glorieux; & je juge ces deux Nations, la Grecque, & la Romaine, les plus fortunées de toutes, d'avoir produit tant d'Auteurs propres à célébrer ce qu'elles ont executé de conſidérable dans le Monde. Car enfin il faut que la plume faſſe valoir ce que l'épée peut operer; & ſi les Muſes ne s'en mêlent, toutes les conquêtes de Mars, & tous les ſuccés, que la plus haute Vertu, ou la plus raffinée Politique peuvent faire obtenir, ſont bientôt mis en oubli. Mais toutes les neufs Sœurs, avec leur Apollon, ne me perſuaderont jamais, ce que Appien Alexandrin nous a voulu faire croire, qu'en dix ans, que Céſar demeura dans les Gaules, il y deffit quatre millions d'hommes, & reduiſit ſous ſon obeïſſance quatre cent Nations, avec plus de huit cent villes. J'ajoûte ceci pour corollaire à la vaillance de Céſar, dont nous avons tant de marques, & qui me fait ſouſcrire à l'axiome d'Ariſtote, qu'on ne doit être dans les Hiſtoires ni trop crédule, ni auſſi incrédule tout à fait; *ſapienter enim ab Ariſtotele pronunciatum, in Hiſtoria neque nimis credulum, neque plane incredulum eſſe oportere.* Héſiode l'avoit déja généralement prononcé, que les cré-

crédulités & les défiances, avoient également perdu les hommes,

Πίςεις δ' ἄρα ὁμῶς καὶ ἀπιςίαι ὤλεσαν ἄνδρας.    l. 1. op. & dies.

*Credulitas pariter ac diffidentia perdiderunt homines.*

Le même chef de la Philosophie Péripatétique établit une autre maxime, qui m'avertit de considérer ensuite, si les Historiens modernes nous peuvent donner plus de certitude des choses qu'ils nous debitent, que ne font les autres. Car il me souvient qu'il assure, qu'autant que la trop grande antiquité d'une Histoire la peut rendre suspecte, & par là moins agréable; sa nouveauté cause le même effet sur nos esprits, qui la prennent souvent pour fabuleuse, & en font par cette considération beaucoup moins de cas, *Historias non minus vetustate nimia, quam novitate fabulosas esse & injucundas.* Il seroit aisé de rendre cela visible, en examinant un peu nos Histoires recentes, de la même façon, que j'ai fait autrefois celle de Sandoval. Mais parce que ma coûtume est de passer legerement sur les choses odieuses, si quelque puissante considération ne m'oblige d'en user

tr. de la fid. Rom.

autrement, je me contenterai de dire un mot de quelques Historiens de ces derniers tems, & de toucher comme du bout du doigt une matiere, qui me meneroit plus loin, que je n'ai dessein d'aller, si je voulois l'amplifier. Déja généralement parlant la maxime de Bodin peut être soutenuë, qu'il ne faut guères croire les Payens, quand ils ont parlé des Juifs, ni les Juifs en ce qu'ils ont écrit des Chrétiens, ni les Chrétiens même lors qu'ils maltraitent les Maures & Mahometans, portés d'un zèle qui ne s'accommode pas avec la fidelité de l'Histoire. D'ailleurs un style affecté, & qu'on voit ne se porter qu'aux choses qu'il peut debiter agréablement, soit par la matiere qu'il choisit exprès, soit par la maniere de l'expliquer éloquemment, une telle affection, dis-je, peut rendre suspecte une narration historique, qui doit être simple, & traiter ingenument son sujet dans toute son étenduë, faisant paroitre, que son Auteur vise plus à instruire qu'à plaire. Car c'est principalement à l'égard de l'Histoire, qu'on doit faire valoir ce beau mot de S. Jerôme, *Melius est vera dicere rustice, quam falsa diserte proferre.* Combien pourrions-nous donner d'exemples de ceci,

[margin: in Meth. Hist.]

si nous voulions nommer ceux du Siécle où nous vivons, qui n'ont point eu d'autre but, que celui, que prit le Poëte Comique des Latins,

*Populo ut placerent quas fecisset Fabulas.*

Mais contentons-nous de remarquer, puisque nous ne parlons encore qu'en général, qu'il est très difficile, pour ne pas dire impossible, de trouver un Historien, qui pût être bon garand de ce qu'il fait profession d'enseigner aux autres. S'il écrit sur le rapport & sur la foi d'autrui, n'a-t-il pas été sujet à être trompé, par mille fausses rélations que la malice ou l'ignorance des hommes fait passer pour véritables. Et s'il n'expose, que les choses, qu'il peut soutenir avoir vûës, & y être intervenu comme Acteur, & par des emplois considérables; qui s'assurera que l'amour, ou la haine, l'interêt, ou la crainte, & tant d'autres Passions, dont personne n'a droit de se dire exemt, n'aient jamais corrompu sa probité & son jugement, quelquefois même sans qu'il s'en soit apperçû. Les grandes batailles, qui decident les interêts de tous les Souverains, peuvent-elles être bien circonſtanciées par les Généraux mêmes, qui les ont données? Ils n'ont pas pû ſe trouver par tout, & par conſequent, ils n'en ſauroient parler, ni en écrire, que ſur le recit de leurs Capitaines, & des autres Officiers ſubalternes, qui ne donnent que trop à leurs ſentimens particuliers, aux inclinations, dont ils ſont prévenus, & ſur tout à leur ambition, pour ne pas dire ſouvent des choſes, qui ne furent jamais. De là viennent les diverſités ordinaires, & ſi étran-

l. 7. ges à cet égard, qu'Arnaud Ferron continuateur de Paul Emile, fait cette obſervation au ſujet de la bataille de Pavie, qu'elle a été diverſement écrite par les François, par les Eſpagnols, par les Italiens, & par les Allemans, chacune de ces Nations en aiant fait une deſcription, qui dément celle des autres. Il en eſt, & a été preſque toûjours ainſi; de ſorte, qu'outre l'émulation des Nations, qui peut produire cette varieté, l'ignorance ſeule de la Tactique, qui eſt l'Art de ranger en bon ordre les batailles, ſelon le terrain où elles ſe donnent, fit condanner d'abſurdité ce que Caliſthene avoit écrit d'un des combats d'Alexandre contre Darius. Ce n'eſt pas que Caliſthene ne fût un grand perfonnage, & dont l'autorité pouvoit faire valoir une rélation. Mais tant y a, que le paffage étroit des portes de Cilicie où fut donné ce célébre combat, rendoit impoffible la defcription qu'il en faifoit, comme nous l'apprenons de Polybe.    l. 12.

Il ne faut donc pas beaucoup s'étonner, fi les Turcs fe font de tout tems raillés des Hiftoires, comme de celles, qui contenoient fi peu de vérité, qu'on les pouvoit mettre au rang des Fables & des Amadis. Je fai bien, qu'on a écrit, que Selim, l'un des plus renommés de leurs Grands Seigneurs, puifque c'eft le nom que prennent leurs Souverains, fit traduire en fa Langue les Commentaires de Céfar; & qu'une bonne partie des plus fignalés exploits, qu'il fit en Afie, & en Afrique, doit être attribuée à cette lecture. Mais, quand il auroit eu la curiofité d'être particulierement informé par le moien de cette traduction des belles actions de Céfar, dont la reputation alloit plus loin dans le monde, que l'Empire Romain n'avoit de fon tems d'étenduë; les fucceffeurs de Selim ont bien fait voir depuis, qu'ils ne déferoient pas davantage aux Hiftoires, que leurs devanciers, & ils nous donnent encore aujourd'hui grand sujet de douter de la vérité de ce conte. Quoi qu'il en soit, pour dire encore quelque chose des Histoires de nos jours, que je nomme ainsi pour les distinguer de celles, dont j'ai déja parlé, je ne sai pas, quelle certitude on s'en peut promettre; mais je crois qu'à les examiner par le ménu, & comme j'ai fait autrefois celle de l'Empereur Charles Quint, elles seroient plus propres à faire valoir le titre de ce petit Discours qu'à lui porter préjudice. Gonçale de Ménefes nous a voulu donner la vie du Roi d'Espagne Philippe IV. l'on pourra juger de la piéce entiere par cet échantillon, qu'en décrivant la bataille de Prague, il fait prononcer une belle harangue à l'Electeur Palatin, pour animer ses soldats: & néanmoins ce prétendant à la Couronne de Boheme, n'étoit pas où la bataille se donna; lui & sa femme s'étoient arrétés dans la ville de Prague fort voisine, lorsque le Prince d'Anhalt hazarda le combat, & fut défait. Les Chroniques d'Espagne nomment ordinairement Cava la fille du Comte Julien, qui pour se venger du Roi Dom Rodrigue, qui l'avoit deshonorée, fit passer le Détroit aux Mores:

Avogadro l'appelle Florinde, fait qu'elle se l. 3. c. 2. précipite d'une Tour, que son pere se poignarde furieux, & que sa mere mourût aussi peu après miserablement. Charles Quint se faisant lire l'Histoire de Sleidan, que les Protestans d'Allemagne nomment leur Tite Live, s'écrioit souvent, à ce que dit Surius, *mentitur nebulo*. L'on a donné pour regle de ne croire ni Philippe de Comines, comme trop grand Partisan de la France, ni Meier, comme son adversaire trop déclaré. Paul Emile Veronois, que Bodin choisit pour mediateur entre eux, semble avoir son reproche, aiant été mandé exprès d'Italie, pour nous favoriser. Qui est-ce qui peut souffrir Paul Jove, quand il se met sur les loüanges de son Cosme de Medicis; ou quand il diffame ceux, qui lui refusoient des pensions, qu'il prenoit de tous côtés? Les Venitiens mêmes avoient honte de se voir comparer aux anciens Romains par Sabellicus, & ils le jugeoient insupportable, lorsqu'il les paranymphoit. Ce que Maffée a écrit des Indes Orientales est de la plus haute élegance; mais peut-on souffrir patiemment de lui voir représenter un Portugais, l. 11. qui au siége de Diu n'aiant plus de bale ni de plomb, s'arrache les groſſes dents pour en charger ſon arquebuſe. Le Pere Cretophle Borri, afin d'écrire dans ſa relation de la Cochinchine quelque choſe de plus conſidérable que les autres, a été contraint d'avoüer, qu'il avoit impoſé mille choſes aux crédules, ſur tout à l'égard des Elephans, n'aiant rien vû de ce qu'il leur fait executer d'admirable, bien qu'il s'en dit le témoin oculaire. Nous nous ſommes moqués des Généalogies tirées de pere en fils depuis Adam, juſqu'à Charles Quint, & depuis ce premier Pere, juſqu'au Duc de Lerme. Mathieu Paris, parlant du Roi d'Angleterre Alfredus, emploie ces propres termes: *Hujus genealogia in Anglorum Hiſtoriis perducitur uſque ad Adam primum parentem.* Cela fait voir, qu'en tout tems l'on s'eſt repû de viandes bien creuſes, & entretenu de grandes bagatelles; n'y aiant à la vérité perſonne, qui n'ait droit de ſe prévaloir de cette origine, qu'on ne ſauroit conteſter entre nous; mais perſonne auſſi qui ſe puiſſe vanter ſans être ridicule, d'avoir d'aſſez bons titres pour juſtifier ſa deſcendance ſuivie, & généalogiquement prouvée, depuis les enfans de Noé juſqu'à ſoi.

Ajoû-

Ajoûtons un mot de ceux, qui ont écrit plus folidement, & reconnoiffant que le Préfident de Thou a beaucoup mérité à cet égard, avoüons pourtant, qu'on lui a voulu reprocher, que la premiere impreffion de fon Hiftoire ne s'accorde pas toûjours avec celles, qui ont fuivi, principalement depuis fon fecond mariage, qui le mit en quelque alliance avec la Maifon de Guife, par celle de Nançai, dont étoit fa derniere femme. Je ne dis rien des invectives contre lui d'un Baptifta Gallus, parce que je les vois juridiquement condannées par le Magiftrat. Mais j'ai de la peine à fouffrir, que l'Hiftoriographe Mathieu fe mêle de le reprendre tant de fois, & même avec invective, comme il fait au fujet du Legat Caraffe, lui Mathieu, qui a donné de fi belles prifes à ceux, qui l'ont voulu contredire. J'en donnerai ce feul exemple. Il veut que Philippe II. aiant époufé Marie Reine d'Angleterre, n'ait protegé Elizabeth, qui lui fucceda, que parce qu'il aimoit fon fexe, qu'il avoit pitié de fon bas âge, & fur tout à caufe qu'il refpectoit les rares qualités de cette Princeffe. Cependant l'on fait, qu'il ne la favorifa qu'en haine de la Reine d'Ecoffe, Marie Stuart, qu'il vouloit reculer par maxime d'Etat de la Couronne d'Angleterre. Voiés, je vous fupplie, qu'un Lecteur eft bien inftruit des caufes & du motif des actions par de femblables jugemens. Baptifte le Grain fe fût bien paffé de faire defcendre d'Hercule les Rois de Navarre; de nommer chaftes & vertueufes des Dames, qui n'ont jamais été tenuës pour telles, & de faire prononcer ridiculement, pour ne rien dire de plus à fon defavantage, quâtre vers à une ftatuë de cire, interrogée par le Maréchal de Biron. Je ne daignerois examiner l'Hiftoire d'Aubigné (*), qui eft veritablement la fienne, tant il y fait parade de fes propres actions. Mais fon animofité contre le Sur-intendant D'O, & contre le Maréchal de Lavardin, ne peut être fupportée. Pour ce qui touche Scipion Du Pleix, perfonne n'ignore de quelle forte il a traité le Maréchal de Baffompierre, qui lui donne le démenti fur une infinité de chofes recentes, & qui étoient de fa particuliere connoiffance. Il fe moque des miracles, que Du Pleix & Bernard font faire au feu Roi, avec ces rudes termes con-

―――――――
(*) Imprimée en 1616. & brulée à Paris pas la main du Bourreau le 4. Janv. 1617.

tre-eux, qu'un Ane gratte l'autre: *Mutuo muli fcabunt*. Certes de femblables contradictions font capables de rendre les vérités mêmes fort fufpectes. Il eft d'ailleurs conftant entre les plus entendus dans la premiere Hiftoire de nôtre Monarchie, qu'en tous les points où il s'y trouve quelque diverfité d'opinions, Du Pleix a prefque toûjours pris le parti le moins foutenable.

Conclurons-nous donc fur tant d'exemples du peu de certitude, qui fe trouve, généralement parlant, dans toutes les Hiftoires, qu'on les doive abfolument negliger? En vérité je fuis fort éloigné de ce fentiment, & je tiens l'Hiftoire, après ceux, qui en ont le mieux parlé avant moi, pour une très fage maitreffe de la vie humaine. Or parce qu'il y en a de trois fortes, d'humaines, comme celles dont nous nous fommes entretenus jufqu'-ici; de naturelles, telles que font celles de Pline, de Gefner, d'Acofta, ou autres femblables; & de Divines, qui ont leur fondement à nôtre égard fur le vieil & fur le nouveau Teftament: Je penfe avoir affez fait voir dans tout ce Difcours, que mon intention n'eft pas d'enveloper dans l'incertitude dont j'accufe les premieres, celles du dernier ordre, sur lesquelles on ne sauroit sans impieté former le moindre doute, puisque nous les tenons du Ciel, & que le S. Esprit les a revelées & dictées, pour servir à nôtre salut. Esdras a prononcé, *omnis incredulus in incredulitate sua morietur;* & selon le Concile de Nicée, *dubius in fide infidelis est.* Les deux autres especes ne sont pas de même, quoi que je ne me sois étendu, & que je n'aie formé mon induction que sur les premieres, pour desabuser ceux, qui en tiennent quelques-unes d'entre-elles pour incontestables. La suspension de créance néanmoins, que je pense qu'on y peut raisonnablement apporter, n'empêche pas, qu'elles ne soient d'ailleurs fort profitables. Comment l'Histoire, quelque fautive qu'elle se rencontre quelquefois, cesseroit-elle d'être utile pour cela? Si la Theogonie d'Hesiode, les Fables Æsopiques de Phædrus, & les Métamorphoses d'Ovide, ne laissent pas, nonobstant leur éloignement de la vérité, d'être très instructives, soit dans la Physique, soit dans la Morale. Les taches du visage ne le rendent pas toûjours difforme, & tous les vices du corps ne sont pas de telle nature, qu'ils le doivent faire passer

l. 4. c. 15.

pour monstrueux. Ce qui rend la plûpart des Histoires sujettes aux inconveniens, dont nous les avons reprises, c'est que les Auteurs veulent presque tous imiter ces Peintres, qui pour plaire aux femmes, qu'ils entreprennent de représenter, les peignent par complaisance beaucoup plus belles, qu'elles ne sont. Un Historien prévenu par interêt, ou autrement, du desir d'obliger ceux, dont il parle, ou de rendre les matieres, dont il traite, plus considérables qu'elles ne sont en effet, attribuë à ceux-là ce qu'ils n'ont pas mérité, & accompagne celles-ci de circonstances notables, & d'évenemens, qui ne furent jamais, que dans son imagination. Guicciardin est accusé de s'être conduit de la façon autant de fois, qu'il a parlé de ce qui concernoit particulierement les Florentins, s'y attachant de telle sorte & avec tant d'exaggération, qu'outre qu'il y est ennuieux, il en paroit ridicule. Ceux qui pèchent en cela comme lui, sont sujets à demeurer courts, & à ne se pas acquiter de leur devoir aux choses grandes & importantes, semblables, pour continuer nôtre comparaison, à d'autres Peintres, dont le pinceau ne fait bien représenter que les épines d'un Rosier, & qui n'arrivent jamais à bien exprimer l'éclat & le vermeil des roses. Lucien les compare encore à quelques-uns de cette profession, qui, selon l'usage de sa Réligion, prenoient bien de la peine à faire paroitre la beauté du thrône, & même celle des souliers de Jupiter Olympien, mais qui négligeoient, ou plûtôt étoient incapables, de donner une belle idée qui approchât de la majesté de son visage, & du reste de sa personne. Le vrai moien de ne pas tomber dans un si grand inconvenient, est de n'écrire jamais l'Histoire de son siécle pour la faire voir du même siécle, n'aiant jamais égard au tems présent, mais au futur seulement, & ne considérant presque pas ceux, qui vivent souvent, & dont l'on parle dans le corps de l'ouvrage, au prix de la posterité, qui doit prononcer un jugement équitable sur nôtre travail. On évite par cette précaution, & par cette attente, tous les soupçons, qui ont accoutumé de décrediter un ouvrage historique; ce qui est si véritable, que beaucoup de personnes, si nous en croions le même Lucien, ont été persuadées de la vérité de tout ce que Homere a écrit des proüesses d'Achille, par cette raison, que n'étant pas son contemporain, & ne les recitant qu'en une saison, où il ne se pouvoit rien promettre de lui, Homere n'avoit nul sujet de le flatter. Nous conclurons donc par cette maxime, que les bonnes Histoires sont de la nature de ces médicamens, qui ne doivent être emploiés que long-tems depuis qu'ils sont préparés; me souvenant fort bien, que Jean Mesué, Auteur Roial, comme descendu des Souverains de Damas, veut dans son troisiéme Livre, qui est des Antidotes, qu'on ne se serve ni du Philonium, ni des autres opiates, que six mois au moins depuis leur confection. Il y a beaucoup d'analogie entre ce qui doit servir à l'esprit, & ce qui se destine pour le corps; bien qu'eu égard seulement au tems, les proportions en soient si différentes qu'Horace demande neuf ans de retardement, où ce savant Arabe ne parle que de six mois. Enfin je prie le Lecteur, de se souvenir, que je n'ai parlé du travail d'aucun Historien vivant; non pas que je n'en connoisse, dont je me serois volontiers souvenu, à leur avantage & pour les estimer; mais parce qu'étant vivans, je me suis senti obligé d'en user autrement, par une loi, que je me suis imposée après Ciceron & Quintilien, de ne point nommer ceux, qu'on pourroit croire que j'aurois voulu flatter, & peut-être mendier leurs suffrages par une voie, que je n'ai pû jusqu'-ici que desapprouver.

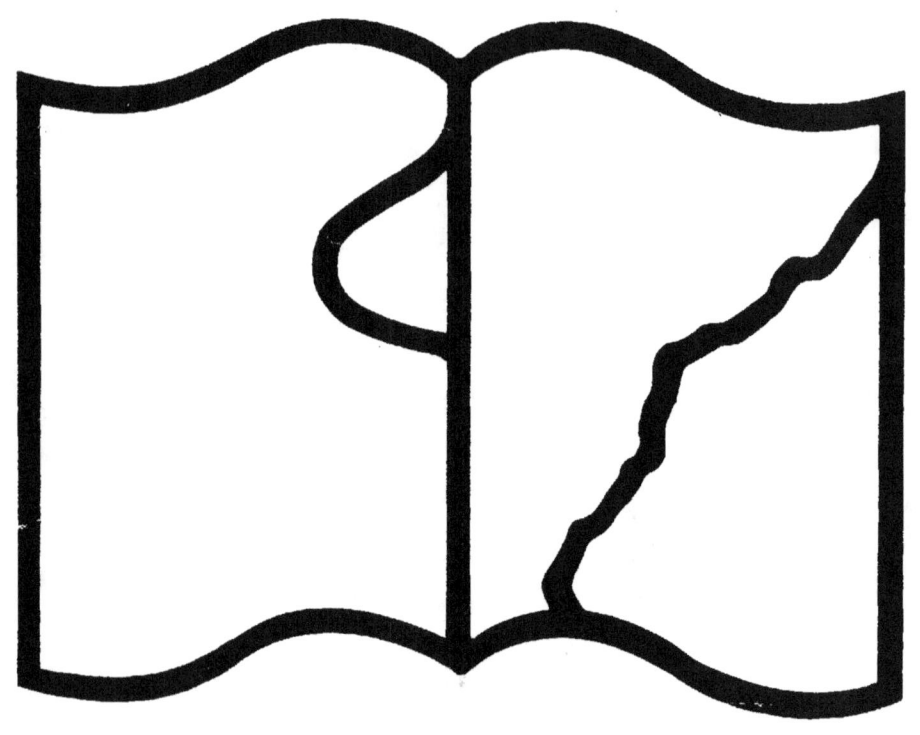

Texte détérioré — reliure défectueuse

**NF Z 43**-120-11

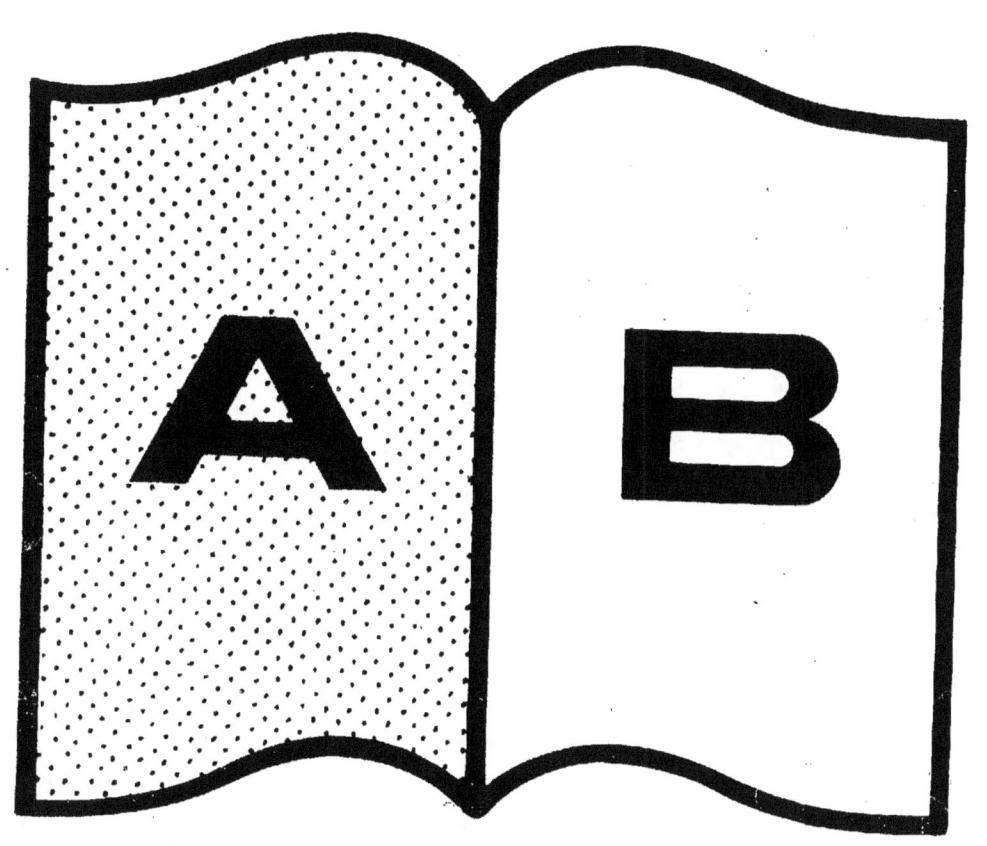

Contraste insuffisant

**NF Z 43**-120-14

www.ingramcontent.com/pod-product-compliance
Lightning Source LLC
Chambersburg PA
CBHW060226230426
43664CB00011B/1564